本丛书的出版得到华东师范大学历史学系战争与和平基金会、
上海市高峰学科发展基金的支持

大夏世界史文丛
史学家文萃

王令愉教授纪念文集

华东师范大学历史学系 编

全国百佳图书出版单位
时代出版传媒股份有限公司
黄山书社

图书在版编目(CIP)数据

王令愉教授纪念文集 / 华东师范大学历史学系编—
合肥:黄山书社,2020.12
(大夏世界史文丛·史学家文萃)
ISBN 978-7-5461-8909-3

Ⅰ.①王… Ⅱ.①华… Ⅲ.①王令愉(1949-2017)
-纪念文集 Ⅳ.①K825.81-53

中国版本图书馆 CIP 数据核字(2020)第 001945 号

王令愉教授纪念文集
WANG LINGYU JIAOSHOU JINIAN WENJI

华东师范大学历史学系 编

出品人 贾兴权
责任编辑 秦矿玲
责任印制 李 磊
装帧设计 李 昕
出版发行 时代出版传媒股份有限公司(http://www.press-mart.com)
黄山书社(http://www.hspress.cn)
地址邮编 安徽省合肥市蜀山区翡翠路 1118 号出版传媒广场 7 层 230071
印 刷 安徽新华印刷股份有限公司
版 次 2020 年 12 月第 1 版
印 次 2020 年 12 月第 1 次印刷
开 本 700mm × 1000mm 1/16
字 数 400 千
印 张 21.5
书 号 ISBN 978-7-5461-8909-3
定 价 69.00 元

服务热线 0551-63533706
销售热线 0551-63533768
官方直营书店(https://hsss.tmall.com)

编委会名单

总 序

经过两年多的策划和准备,“大夏世界史文丛”终于问世了。本套丛书由三部分组成:资深学者的个人文集、反映华东师范大学世界史学科队伍最新研究水平的论著和着眼于人才培养的教材及读本。

世界史学科是华东师范大学历史学系的传统优势学科。1951 年建校时便汇聚了林举岱、王养冲、郭圣铭、王国秀等一批知名教授。20 世纪 80—90 年代,在法国史、二战史、非洲史、俄苏史、美国史、德国史等研究领域在国内学界都确立了自己的地位,拥有孙道天、艾周昌、陈崇武、王斯德、李鉅廉、钱洪、孙炳辉、余志森、尤天然、洪波、潘人杰等一批知名学者。1984 年,华东师范大学历史学系获批成立世界史博士点,1987 年获得博士学位授予权,为改革开放后我国世界史学科的发展培养了一大批青年才俊。1995 年华东师范大学世界史又成为上海市教委重点学科。1998 年,设立历史学一级学科博士后流动站,2000 年获得历史学一级学科博士学位授予权,确立了地区国别史、断代史和专门史(思想史)等三个重点发展方向。

华东师范大学世界史学科目前所取得的成就和影响力与老一辈学者打下的良好基础密不可分。今天我们编辑和出版这些老先生的个人文集,不仅是重温他们的学术思想,了解他们的学术发展轨迹,更是对他们治学理念的回顾和传承,管窥他们对学术的孜孜追求和敏锐的学术洞察力。

进入 21 世纪后,华东师范大学世界史学科发展获得新的发展机遇。2007 年,被教育部批准为国家重点学科(培育),同年被上海市政府批准为上海市重点学科。在国家 211 和 985 工程建设中,世界史学科也一直作为重点学科建设对象,获得研究资金和人员配备上的支持。在调整学科布局和保持原学科优势的基础上,涌现出以国际冷战史、中国周边关系史、地区国别史、全球思想文化史、国际历史教育比较等为代表的5个学科群。其中国际冷战史研究已成为国内一流、国际影响较大的学科发展方向,形成一支实力强劲的优秀研究团队;继2016年华东师范大学成立中国周边国家关系研究院后,中国与周边国家关系,尤其是20世纪下半叶的双边关系史研究异军突起,研究团队几乎访问了所有的周边国家档案文献收藏机构,并搜集了数量可观的周边国家对华关系档案,总量有数百万页,搭建起了一个周边国家对华关系文献数据库,档案语种涵盖越南语、缅甸语、泰国语、马来西亚语、柬埔寨语、蒙古语、韩语、日语和俄语等。在此基础上,研究团队除了给有关部门提交了数十篇高质量的咨询报告外,还在国内外权威期刊上公开发表了数篇学术论文。在地区国别史方面,非洲史、德国史和美国史在继承老先生文脉的基础上又有了新的发展,其中非洲史侧重于中非关系、非洲文化和坦桑尼亚历史的研究,与达累斯萨拉姆大学联合成立了"坦桑尼亚研究中心",密切了双方的学术交流和人才培养机制;德国史主要关注20世纪德国历史的演进,特别是断代史、社会史、外交史、史学史及中德关系史,郑寅达教授当选为德国史学会会长;美国史则倾向于对美国城市发展过程中的内部治理的研究。在国际历史教育比较方面,引领中国历史教育走向国际化。本学科从21世纪初开始便积极同国际历史教育界建立联系,近4年已两次召开国际历史教育工作坊,邀请来自世界各地的专家与会,讨论如"各国历史教科书中的中国形象"等重大话题。孟钟捷教授当选为国际历史教育学会学术委员会成员,多次参加国际历史教育领域内的合作项目。杨彪教授多次前往国际教科书研究所。2015年起,本学科与德国奥格斯堡大学合作,创立国内首个历史教育海外研修学校,组织大学教师、中学教师、历史师范生前往德国。

"路漫漫其修远兮,吾将上下而求索。"经过60多年的学术积累和发展,华东师范大学世界史学科已经形成具有自己特色的研究领域和学科布局,并建立了从本科到博士后的完整专业人才培养体系,学术研究水平和人才培养质量在国内同类系科中位于前列,若干研究领域处于国际领先地位。在2016年全国第四轮学科评估中,华东师范大学世界史学科获得A+的评价。这既是对我们过去几十年来不遗余力地发展世界史学科的肯定,也是对我们未来学科能否成为世界一流学科的鞭策。我们倍感肩上的责任与重担,为此,我们本着有所为、有所不为的原则,在继承华东师范大学世界史学科前辈奠定的学科特色基础上，放眼全球，努力与当今世界著名高校的世界史研究相接轨，重点发展以下三个方面：

一是世界史学科在发展过程中主动对接国家战略，以适应社会经济发展提出的新需求。冷战史、地区国别史、欧洲社会文化史和历史教育国际比较研究等都涉及国家重大对外战略与重要学术创新。冷战国际史研究引领国内学术研究的潮流，同国际上的许多知名大学和研究机构建立了广泛而密切的学术联系，成为极具特色和优势的研究领域之一。结合华东师范大学“引领中国教师教育”的办学方针，世界史学科积极开展国际历史教育的比较研究，以“中国周边国家历史教科书中的中国形象”作为未来的重大研究课题。学科还积极参与上海市的智库建设，提交咨询报告。

二是致力于思考华东师范大学世界史学科人才培养的目标和方向，形成自己的学科特色和目标。那就是致力于培养热爱祖国，德智体全面发展，专业基础扎实、能力强、素质高，自觉为社会主义现代化事业，为繁荣历史科学服务的高级专门人才。其中以两类为主：一是基础教育的骨干师资，二是高等院校和科研单位的研究人员。人才培养过程中秉持“宽口径、厚基础”的理念，注重科研能力的训练和综合素质的培养。要求所培养的硕士研究生具有较系统的理论基础和正确的教育思想观念，熟悉国内外史学研究动态，打好扎实深厚的专业基础，能运用科学的研究方法进行专业领域的学术研究，熟练掌握一门外国语，毕业后能在本学科领域独立从事研究和教学工作，或在实际工作部门从事相关工作。博士研究生具有较深厚的理论素养和先进的教育思想观念，熟悉本专业领域史学研究成果和国内外最新研究动态，能够站在学术前沿，运用先进的研究方法和手段进行创造性研究，至少熟练掌握一门外国语，毕业后能在本学科领域独立从事高层次的研究和教学工作，或在实际工作部门从事相关的较高层次工作。目前，华东师范大学世界史学科下设世界断代史、世界地区国别史、专门史（冷战国际史）三个二级学科博士点和硕士点，同时拥有世界史一级学科的博士后流动站。世界断代史方向涵盖了世界上古中世纪史、世界近代史、世界现代史和世界当代史。注重世界通史观的培养，注意打破各断代史的壁垒，使学生形成宏观的世界史认识。地区国别史方向包括非洲史、美国史、德国史、日本史、法国史等国别地区史，其特色是注意将国别史中的国内史与对外关系史相结合。专门史方向主要为冷战国际史和中外关系史，目前是国内领先的学科方向，集合了国内顶尖的学者。学科以冷战国际史研究中心和当代文献史料中心为依托，将档案资料的收集与科学研究紧密结合，在利用档案文献研究社会主义国家关系史、中国与周边国家关系史方面已经形成了自身的特色，同时在研究生培养方面也形成了以档案文献整理为特色的理论与实践课程。

三是努力与国际接轨，及时跟进国际社会世界学科研究的新进展。早在2013年，就在美国著名智库伍德罗·威尔逊国际学者中心设立了“华东师范大学-威尔逊中心冷战研究美国工作室”。此后，从2017年开始，又陆续在日本早稻田大学、越南国家社会科学研究院、德国奥格斯堡大学和坦桑尼亚达累斯萨拉姆大学设立了工作站，目的是在世界历史研究领域内增进双方的学术交流、学生培养和联合研究等方面的深入合作。上述5个工作站同时也是开放式的，为中国其他高校世界史的师生进站研究提供必要的相关帮助。

当今国际学术界的世界史研究日新月异，国际冷战史、全球史、环境史、社会史、妇女史、城市史、医疗史、移民史等领域的研究成果不断涌现，华东师范大学世界史学科在跟踪这些领域研究动态的同时，也努力展现自己的学术研究成果，为建构中国特色的世界史学科体系、学术体系和话语体系贡献自己的微薄之力。

沐涛　孟仲捷

2019年10月

目 录

第一编 生平

第二编 学术

第三编　随笔

第四编　追念

第一编

生　平

王令愉(1949年9月28日—2017年11月12日),上海人,华东师范大学历史学博士、教授;中国法国史研究会副会长。教学和科研大致在世界近代史、法国近代史和西方近代思想史范围中。执教以来,发表法国史和西欧思想史论文20余篇,并编辑整理诸如《罗伯斯比尔生平事迹》《拿破仑生平事迹》等法国历史资料若干。译有法国学者论著《法国革命引论》和英国学者论著《市民社会:旧形象,新观察》等。2017年11月12日因病在上海长征医院去世,享年68岁。

史述高卢，学界同钦，精博无惭名父子；驾匆缑岭，士林相泣，悲摧来送大罗仙。（下联用王子晋缑岭成仙事，切其姓）

戴扬本策划，刘永翔撰，沃兴华书。

王令愉出生在知识分子家庭。父亲王养冲(1907—2008)出生于上海市南汇县下沙镇。因家贫,勉强上完高小,即不得已辍学,1922年起自谋生活,并照顾家庭。他完全依靠自学,先是在上海担任小学教师,1928年起在南京、香港担任辛亥革命元老、国民政府立法院院长胡汉民先生的私人秘书凡8年,直到胡先生于1936年去世。母亲钟慧中(1911—2010)出生在广州慈善之家。10岁时随同家长到香港生活,在香港和澳门接受中国传统文化教育和西方的天主教教育,学习中文和英文。青年时期,以晚辈之礼侍奉胡汉民先生,与胡先生的女儿木兰女士一起协助胡先生处理文案等工作。在1935年胡先生出访欧洲时,随行担任英文翻译。1937年,王养冲与钟慧中结婚,旅居法国。1941年,王养冲获得巴黎大学文科博士学位。1947年归国直到1993年退休,先后在复旦大学社会学系和华东师范大学历史学系担任教授,是我国法国史和西方思想史研究领域的重要奠基人之一。1991年成为首批享受国务院特殊津贴的学者;2006年12月年臻百岁时获得肯定其终生成就的上海市哲学社会科学"学术贡献奖"。图为1985年新年的全家合影,从右至左依次为王养冲、王令愉、钟慧中、朱莉。

图为1986年中秋节家庭合影，前排为钟慧中、王养冲夫妇，后排为朱莉、王令愉夫妇。

王养冲与钟慧中共有两名子女：令怡和令愉。两位老人均享有期颐之寿，有赖于亲属的悉心照料，晚年生活较为健康安顺。王令愉一直与父母共同居住，服侍生活起居，在老人病中更是寸步不离，在亲友和同事中都有孝子的口碑。图为2011年父母落葬后姐弟在墓前的合影。

1962年毕业于华东师范大学附小。图为1957年幼儿园毕业照(第三排右五)。

1965年毕业于华东师范大学二附中。图为2015年毕业50周年聚会合影(第三排左二)。

1977年参加高考，进入华东师范大学历史学系2班学习，学号7705233（第二排右五）。在2010年毕业同学会上，王令愉集《论语》句赠同学："博我以文，约我以礼。（《子罕》）敏而好学，乐以忘忧。（《公冶长》《述而》）"

图为大学时期的证件照。

1981年毕业后曾经在华东师范大学图书馆做西文编目工作。照片是2010年由好友也是当时的同事林火拍摄于曾经工作的图书馆门口。

离开图书馆后进入在华东师范大学历史学系工作，直到2010年退休。他说自己只是一名普通的教师，曾经在文章里写道："我们须廓清'黯黮''末俗''糟粕'，矫正时人之'承误'，还原后人之'乱真'，化除'千秋纸上尘'，让学生去领悟真正的历史和历史所体现的'真、善、美'。"图片摄于1999年。

曾担任1989级华东师范大学历史学系班主任。这一届同学人数极少，只有17人，然而师生情谊尤其深厚。图为和部分1989级同学的合影（第二排右二）。

1999年获得博士学位。图为答辩会后与导师陈崇武教授合影（左一）。

1999年获得博士学位。

1999年获得博士学位，与父母合影。

1998年起担任硕士研究生导师。图为2000年与陈崇武教授、李宏图教授及当年毕业生的合影(第二排左一)。

2003年10月,中国法国史研究会访法小组在法国(右一)。

2011 年 1 月农历新年前，探望陈崇武教授与师母。

2013 年 11 月，受法国人文之家基金会邀请，在巴黎作关于中学历史教学的报告。

1986 年在黄山旅游。

1986 年在江苏宜兴善卷洞。

1993 年在长风公园的全家合影。

1998 年与夫人朱莉在扬州大明寺旅游。

1999 年在绍兴柯岩。

1990 年带领学生在河南少林寺考察。

2000 年夏在长风公园。

王令愉爱好书画，尤其对甲骨文感兴趣。2001 年在河南安阳访问殷墟后，请当地书法家李长立创作一幅甲骨文立轴，挂在家中。

进入历史学系后，与同在历史学系工作的父亲王养冲教授成为同事。图为1989年法国史研究会举办法国大革命二百周年国际学术讨论会合影（第四排右六为王令愉，第一排右六为王养冲）。

2007年，父子合著出版《法国大革命史（1789—1794）》。该书为国内学界半个多世纪以来这一研究领域的代表性著作，获得上海市哲学社会科学学术著作出版基金资助。

2002 年，父子在家中接待从北京来访的端木美教授。

中法历史文化研讨班是由华东师范大学历史学系联合中国法国史研究会、法国人文之家、法国巴黎第一大学等学术机构共同举办的。从 2004 年第一届研讨班开始，王令愉一直深入地参与工作，直到退休（第三排右七）。

2004 年 7 月在中法历史文化研讨班发言。

2010 年在闵行校区办公室。

2011 年 9 月在敦煌鸣沙山。

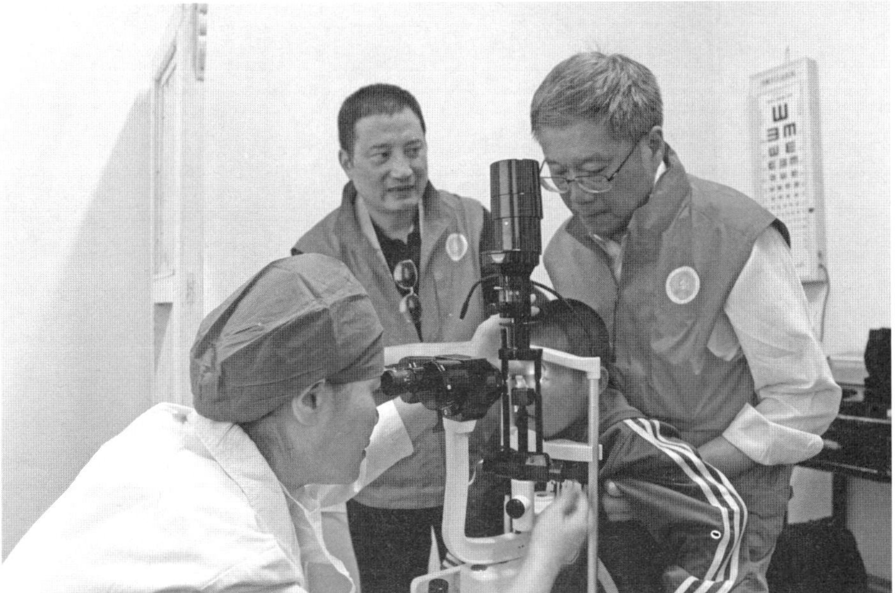

2012 年 8 月，夫人朱莉作为主刀医生参加“你是我的眼”慈善助医活动，在西藏拉萨为当地盲童完成了数例手术。全家人一起陪同前往，承担了部分心理陪护和医疗辅助工作。夫妇俩一个是主刀医生，一个是辅助志愿者，正在为准备接受手术的盲童做检查。

在西藏军区总医院，全家与刚做完手术的盲童、盲童家长和当地医生的合影(右一)。

2013 年全家在瑞典斯德哥尔摩旅行。

2015 年 2 月全家一起在北京、天津、唐山访友。

2015 年 12 月在杭州灵隐寺。

退休后，与金志霖、郭海良、沈坚等历史学系老同事的友谊一直保持着，经常集体活动，教授们自称“白丁俱乐部”。图为 2016 年参观虹口区犹太难民旧居、犹太纪念馆、霍山公园时的留影（第一排左一）。同行的还有发小周季平，表弟钟锦昆，华东师范大学教师朱伟明、肖琦等人。

2016年12月在西安岳父家中。

2016年6月，体检时发现血液指标异常，在夫人陪伴下多方求医。医生们对病因的诊断有时一致，有时相左。图为2017年3月借赴北京北大人民医院、陆道培医院就医的机会参观国家博物馆。

病程起初，人虽然消瘦许多，但是身体没有感到太多不适，平常依然可以读书、散步，甚至进行短途旅行。图为2017年5月留影。

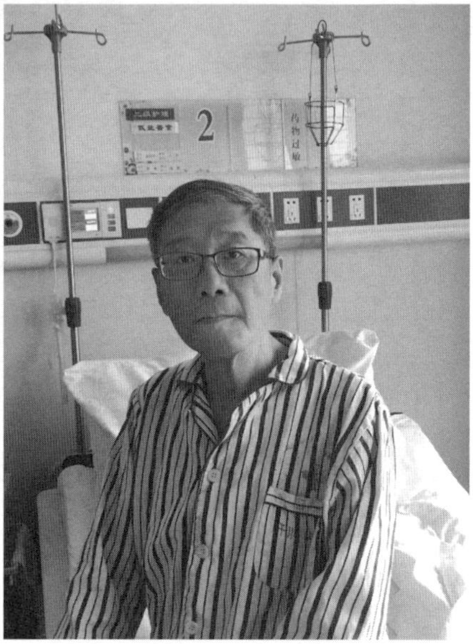

2017年6月，入住东方肝胆医院，接受各项检查。

2017年以来接受两次化疗，收到良好效果，血液各项指标一度全部正常。图为2017年9月，法国史研究会领导来家中探病，左起依次为李宏图、王令愉、端木美、王加丰。此时人虽然消瘦了，但精神状态很好。不料不久后病情急转直下，10月31日急诊入住长征医院血液科，11月12日宣告不治。

图为2017年12月16日，华东师范大学历史学系举办的王令愉教授追思会现场。

2017年12月16日，华东师范大学历史学系举办的王令愉教授追思会现场。

2017年12月30日，部分学生在王令愉教授家中祭拜灵台。

第二编

学　术

对法国大革命的思考

法国大革命的研究，在过去半个世纪中，尤其是在改革开放以来，取得了重大的成就。这些成就，值得庆贺，也值得总结。这里，我根据史学界的看法，就若干问题谈些看法，这些看法包括值得肯定的，也包括值得反思的。

一、关于大革命的分期

历史学家为了叙述和理解的方便，对历史进行了分期，世界近代史是这样，法国大革命史更是这样。其实，历史本身是没有分期的。法国大革命这样的历史事件，时间长，规模大，影响深远，论述、研究它的史学家也多，当然就有了各种分期方法，可谓众说纷纭。关于法国大革命内部的分期（分段），难以统一。

中国史学界为了更好地理解和掌握这场内容丰富、曲折多变的革命历程，也为了更好地认识和总结大革命的发展趋势和经验教训，有人把它分成5个发展阶段。

第一阶段，是大革命的开始阶段。大革命是什么时候开始的？法国著名思想家和史学家托克维尔在其名著《旧制度与大革命》（1856年）中，就提出大革命是1787年开始的。因为这年法国的贵族开始反叛，与王室发生冲突。以后，法国的历史学家如马蒂埃、勒费弗尔等也都认为1787年的贵族反叛是大革命开始的标志。他们把这个阶段的事件称为“贵族革命”。

托克维尔曾经认为，贵族和君主的上百年的斗争是旧法国的主要特征之一；法国贵族迫使路易十六召开中断了175年的三级会议，所以法国大革命不是1789年在第三等级的发动下开始的，而是1787年就已开始了这个革命的第一阶段。

阿尔贝·马蒂埃似乎同意有一个第一阶段的“革命”，他的《法国革命史》（1922—1927年）第一卷第二章的标题是《贵族的révolte》，第四、第五章的标题分别是《巴黎的révolte》和《各省的révolte》。把“révolte”这个单词不管是译为“反叛”或“反抗”，还是译为“起义”或“骚乱”，总之，“贵族”“巴黎”和“各省”同是“révolte”。

1948年，乔治·勒费弗尔发表《世界历史中的法国大革命》一文，同托克维尔一样，认为法国大革命开始于1787年，这是这个革命的第一阶段，“人们可以称之为贵族革命”，并认为这个革命显然于1788年9月取得了成功，使路易十六不得不同意召开三级会议。他又说：1789年6月23日，路易十六既不拒绝立宪政体，也不拒绝实行各项自由政策；但是，他站在贵族和教士一边，否定权利平等；正是在这个问题上引起了冲突，于是“大革命的第二阶段开始了：资产阶级革命”。

但是，他们的论述有自相矛盾之处。

托克维尔在其《旧制度与大革命》第三编第六章中说“旧制度以其许多方式为这一大革命作好了准备”；又在第八章中说“法国大革命是由这个国家的最有教养的阶级所发动的”。而在第五章中，当他把法国大革命同16世纪的宗教革命进行对比，提到老百姓也投入这场革命时，指出：优秀分子以强烈的热情，把老百姓的怨恨和渴望带到更大的行动中去，并真正地引发了革命。托克维尔笔下的优秀分子，就是属于“最有教养的阶级”的分子，即资产阶级分子。革命的成就，也只能是资产阶级的成就。他在该书第一编第五章中说：“法国大革命的主要的、持久的成就，是消除掉了那种通常被描述为封建的政治制度：这是许多世纪以来曾被作为无可争辩地支配着多数欧洲国家的制度，大革命用一种既简单又更划一的，以人人平等的概念为基础的新的社会、政治组织去代替了它。”

阿尔贝·马蒂埃在以（模糊的、足以引起争议的）《贵族的révolte》为标题的那一章中，明白记述了1787、1788年这两年间的极度的封建反动：贵族反对任何改革的意图，少数特权等级坚决拒绝分担国家的任何负担，也拒绝和上层资产阶级分享权益，激起了业已成长、壮大的资产阶级的革命。

至于乔治·勒费弗尔对1789年革命的探讨,是深受饶勒斯的影响的。饶勒斯对于历史研究,虽然主张既要用马克思的唯物主义,也要用米什莱的神秘主义,但是他的《法国革命的社会主义史》,为从社会、经济的角度去研究法国大革命开辟了道路。"经济条件、生产和所有制的形式,是历史的最深远的根源。"法国大革命的原因,在于资产阶级经济和知识力量的成熟,革命的结果是使这种力量得到法律的承认。

勒费弗尔坚持了这样的论点,把法国大革命看作有其经济根源的事件来进行研究,并把这种研究扩大到农民问题上去,指出:法国大革命是一场社会革命,取消封建权利、什一税、贵族等级免纳赋税的特权以及允许土地所有权的转移等,标志了这场社会革命的内容,而所有这些,又都是资产阶级革命所要求达到的目标。

所以,自相矛盾的地方就在这里了。托克维尔、马蒂埃、勒费弗尔自己的论述,就说明了不应该把所谓"贵族的反叛"和"贵族革命"同法国大革命混淆起来。1789年的革命既然是资产阶级革命,那么在这样一个革命中就不存在有与之性质截然不同的"第一阶段的革命"。

不过,在法国,更多的历史学家认为大革命是从1789年开始的。米涅、梯也尔直至索布尔,都认为1789年7月14日攻占巴士底狱是大革命的开始。

我国史学界认为,把1787年的贵族反叛作为大革命的开始是不合适的。因为贵族的反叛不同于资产阶级的革命。贵族本身就是封建特权阶级,它可以与王权有冲突,包括激烈的冲突,但是它不能把反封建的斗争进行到胜利;贵族反叛说明封建统治集团内部有矛盾,而且矛盾很尖锐,难以用固有的方式统治下去,这为革命造就了条件和可能,其本身则不是革命。7月14日的攻占巴士底狱事件作为大革命的开端,符合大革命的本意,而且很富有典型性。为什么呢?首先,巴士底狱被攻占,意味着法国封建制度的堡垒被攻克;其次,此举成功后,成立了巴黎市政府常务委员会,这是革命的权力机关,并选出市长和国民自卫军司令,表示革命政权已经建立;再次,革命群众已经控制了巴黎,国王也承认了革命,权力转移,革命继续发展。总之,7月14日的反封建特权的人民斗争,反映了大革命的本质特征,理应成为法国大革命开始的标志。因此,到19世纪晚期,法兰西第三共和国就通过法律,确认7月14日为国庆节,直至今天。

第二阶段，是大革命的发展阶段，即君主立宪和吉伦特共和国阶段。这个阶段的特点是革命沿着上升路线发展。过去在我国史学界，把君主立宪派和吉伦特派的统治时期看作保守的（甚至是反革命的）统治，这是不对的。事实上，这两个派别都分别在特定的历史环境中领导了大革命，推动这场大革命不断上升，不仅不是反动的，更不是反革命的，而是名副其实的革命的领导者和推动者。正是他们从根本上动摇和推翻了封建特权统治，为法国政治现代化奠定了基础。

我们知道，君主立宪派在位 3 年，为反封建革命做了很多事情。例如，颁布《八月法令》，废除封建特权，允许贸易自由，明确宣布封建制度灭亡；又例如，通过制宪会议公布影响深远的《人权宣言》，宣布人生而自由，在法律面前人人平等，被称为“新制度的诞生证书”，从而确立了资产阶级的治国基本原则，成为大革命的基本原则纲领；君主立宪派还在制定和颁布许多反封建法令的同时，于 1791 年 9 月颁布宪法（1791 年宪法），这是法国历史上第一部宪法。它规定法国是君主立宪国家，《人权宣言》置于宪法之首，强调国家主权属于人民，实行三权分立。新宪法开创和奠定了法国资产阶级革命的现代国家管理制度。只是后来王室勾结敌人制造动乱，君主立宪派无力抗争，才被持有不同政见的吉伦特派推翻。但是君主立宪派基本上完成了破除旧制度、建立新政权的历史使命，他们不愧是大革命的创业者。

至于吉伦特派，他们在反封建的斗争中无疑比君主立宪派更激烈。他们的执政时间虽然短，却很有建树，为大革命立下汗马功劳。例如，他们发动共和运动，结束了君主制度在法国的历史，庄严宣布法国为共和国；他们出台一系列政治经济措施，把反封建特权的斗争推向深入；他们发动组织群众与国内外敌人斗争，取得反对外国武装干涉的初步胜利。只是在治理共和国的方略上，他们与雅各宾派发生严重分歧，因政见不同最终被雅各宾派推翻，这是革命内部的分歧和斗争，不能以此断定吉伦特派是反革命派。事实上，正是吉伦特派的努力促使大革命平稳发展。

第三阶段，是大革命的高峰阶段。这就是雅各宾派共和国的阶段。雅各宾派上台后，在内外敌人夹攻的特殊环境中，在群众的压力下，采取了一系列果断激进的革命措施：颁布三部土地法，把反封建斗争推向最高点；颁布 1793 年宪法，以民主自由原则改造国家，成为历史上最民主的资产阶级革命宪法；

颁布总动员令,改组军队,严厉镇压国内叛乱,回击外敌入侵;实行统制经济政策和全面限价,严厉打击囤积垄断的投机商人;颁布嫌疑犯法令,实行恐怖政策,镇压一切反对者。这些非常措施,使得雅各宾专政在反对封建势力和保卫巩固大革命的既得成果方面,做出了杰出的贡献,彰显了革命的彻底性。但是雅各宾派毕竟走得太远,以至于超过了资产阶级革命的目标,它的斗争矛头指向了资产阶级,侵害了资产阶级的利益,终于招致不满和反对,雅各宾共和国终于被热月党人推翻,革命的上升路线中止。

国内和国外都有人以热月政变作为大革命的终点,此说不当。因为大革命的任务还没有最终完成,法国资产阶级的现代国家还没有建立,革命的前程未定。

第四阶段,是大革命的转折阶段,即热月党和督政府共和国阶段。热月党并不是反革命,督政府也不是腐败政府。因为两者都没有反对大革命,而是希望维护大革命的成果,克服动乱,实现稳定,建立资本主义的正常秩序。因此,大革命至此,是从雅各宾派的非常时期进入正常时期的转折点。热月党登台后做的第一件事情,就是结束人人不满的恐怖统治,释放嫌疑犯,实行平反昭雪;第二件事情是终止统制经济体制,废除普遍限价,提倡经济自由发展和竞争,为资本主义国家发展准备条件;同时,热月党坚持共和,镇压王党复辟叛乱,击退外敌入侵,维护民族独立;还制定和颁布共和三年宪法,即1795 年宪法,实行两院制,建立法治政权。如此等等,对稳定社会秩序和维护革命成果的作用是很大的。

至于根据宪法组成的督政府,则继续坚持热月党的方针和政策,努力建立正常的资本主义秩序,一度还惩治腐败;至于督政府中的腐败分子,并不能代表整个督政府。由于时局的动荡和督政官的软弱和分裂,督政府没有形成强有力的国家权力。尽管如此,他们还是守住了大革命的阵地,维护了革命的成果。

第五阶段,是大革命的最后阶段,即拿破仑统治时期。拿破仑于 1799 年发动雾月政变建立执政府,5 年后称拿破仑帝国,这个阶段是军事独裁统治,在形式上是一种倒退。但是这也是当时形势的需要,是一种新形势下的稳定。拿破仑上台后,继承了督政府的内外政策,维护和发展大革命成果,并且用强制的手段实现了社会的稳定。在政治上,他通过改革,建立高度集权的新型国家权力机构，并颁布《民法典》，使集权和严密的法治相结合，确保资本主义的统治；在经济上，改革经济体制，发展工业、农业、商业以及交通运输业，促进经济发展；在军事上，多次粉碎反法联盟的进攻，镇压王党叛乱，确保社会安定与民族独立和尊严。可是到了后期，拿破仑妄图称霸世界，在联合起来的欧洲反动势力的打击下，遭到失败。但是，拿破仑毕竟完成了大革命所没有完成的事业，建立了资产阶级的现代国家，确立了资产阶级在法国的统治。因而拿破仑时期是大革命的稳定和巩固时期，实际上是大革命的继续。

第五阶段其实有两部分，即1799—1804年和1804—1815年。把后者（帝国时期）称为第六阶段也是可以的。因为拿破仑时期的很多事情及其衰落等，都发生在后10年。

以1814年拿破仑帝国的灭亡作为大革命的结束是恰当的。国际史学界的大师，如米涅、勒费弗尔、索布尔等都有定论。索布尔多次强调，“波拿巴继承督政府的事业，改善机构，加强国家的权威。但是他并未改变其性质”。拿破仑时期是“稳定和巩固革命的时期”，是拿破仑“完成了这种稳定，巩固了革命”。作为摧毁旧制度、建立新制度的革命，从新旧权力的转移和现代制度的确立来看，只有到1814年才可以说基本完成。同时这样的分期也更能反映这场革命的激烈、曲折和反复的全过程，体现出这场革命的法兰西民族性。

二、关于民主和人权的研究

多年来，人们不敢正视资产阶级民主，认为那是骗人的东西，完全否定其合理性。在研究法国大革命时，尤其在分析《人权宣言》时，往往比较多地谈资产阶级民主的缺点和《人权宣言》的虚伪性，企图全盘否定其进步性的倾向。改革开放以后，中国学者解放了思想，发表了很多论文和著述，真正从唯物史观出发，实事求是地论证《人权宣言》的巨大历史进步性和对近代社会的影响，同时看到资产阶级民主为无产阶级民主起到的借鉴作用。这无疑是一个进步。但是评价中不公允的现象也还是有的。法国《人权宣言》所宣布的是超越时空限制的全人类的人权。这个宣言不仅仅是为法兰西人制定的，而且是针对整个欧洲乃至全人类的。这个宣言的“目的不仅在于解放个别人，也不是解放一部分人，而是解放全人类”。中国人接受了一位法国教授的意见："自由的"英国和"民主的"美国早在法国以前就宣布过人权方面的法案。英国有《权利请愿书》(1628年)、《人身保护法案》(1679年)和《权利法案》(1689年)，美国有《弗吉尼亚权利法案》(1776年)和《独立宣言》(1776年)。但是英国的宣言仅对英国人是适用的，没有人敢说它对所有人都是有效的，无论什么地方都可以适用；美国的宣言虽比英国的稍微广泛些，但是它是专对白种民族说话的。而"1789年《人权宣言》的特点，就是它跨越了一切边境，对着广大的人群呼吁。它宣布了'人类的权利'……它给人类下的定义是这样广泛，所以一切人类无例外地都可以利用。法国革命的代言人，曾想到一切人类，不论他们的种族、阶级、肤色或家世怎样"。正如基督教说的耶稣的福音是对一切人类说话一样，法国《人权宣言》充满了对人类的感情，它鼓励个人的思想自由，甚至唤起反抗。从此以后，凡是人类的尊严、自由和生存权利受到威胁，人们第一个冲动便是转向法国。"它不但在当时的法国，当时的欧洲，发生极深刻的影响，并且给将来一切为人类的自由平等而奋斗的人们以热情的鼓励和伟大的启示。"(《沈炼之学术文选》)

三、关于热月政变的性质

热月政变是反革命政变，这是中国学界几十年来一贯沿用的苏联学者的论点。为什么呢？因为雅各宾专政是最革命的，颠覆雅各宾专政，当然就是反革命的。改革开放之初，率先有人发表文章，明确否定传统观点，提出热月政变不是反革命的。文章认为，在当时衡量革命或反革命，唯一的标准是看是否反对封建制度，是否坚持资本主义制度，而不能以雅各宾派的主张和政策为标准。雅各宾派自然也是革命的，但是它的政策和主张超越了资产阶级革命的范围，热月政变实际上是结束了雅各宾派的非常措施和过激行为，是建立资本主义正常秩序的转折点。热月党推翻雅各宾专政，似乎是历史的倒退，但是热月党人坚持资产阶级革命阵地，这恰恰是历史的正常。热月政变使资产阶级革命回到正常的轨道。这一观点已经被中国的学术界接受。

四、关于反革命现象的研究

法国大革命中有一件大事。以旺代省为中心的几个省，几十万农民参加武装叛乱，反对巴黎的革命政府。对此，我国学界一直认定其是反革命事件。1989年，有一篇文章《1793年法国旺代农民叛乱原因新探》引用大量新颖资料，对农民的心态作详细的分析，提出反对革命不是反革命，农民叛乱不能以反革命论处的结论。为什么农民拿起武器反对革命就不是反革命呢？文章认为根本原因在于守旧保守的农民对于大革命推进的政治现代化的不满、抵制和反抗。例如大革命的非基督教化运动引起广大农民教徒对宗教政策的不满；乡镇行政区划的改变，引起农民心理上的不适应和生活上的不方便，对行政政策也不满；抽壮丁更让农民对征兵政策不满。以致几十万农民既反对旧贵族，又反对新政府，在行为上构成了对政府的对抗。但是，这样的对抗，并非要复辟封建制度。因此农民反对革命不是反革命。这样的研究和结论是可以接受的，也是有意义的。

五、关于历史人物的研究

过去，世界历史研究中，只对无产阶级革命家和杰出的工人运动领袖有若干研究。改革开放以后，对历史人物的研究和评价被人们重视了。在法国历史方面，研究对象主要还是大革命的人物，如拉法耶特、圣茹斯特、罗伯斯比尔、丹东、罗兰夫人、拿破仑、塔列朗等，学界都有了新的评价。当代人物戴高乐也是研究的热点之一。其中，以罗伯斯比尔和丹东的评价最为突出。陈崇武从20世纪70年代末开始发表文章评价罗伯斯比尔，既指出其进步性，又指出其后期对恐怖扩大化应负有的责任。楼均信、张芝联从20世纪80年代开始发表一系列文章重新评价丹东。他们否定了长期压在丹东头上的“叛徒”“反革命”等帽子，认为丹东反对恐怖扩大化，实行宽容和人道，是为了维护革命、巩固新制度，而不是反革命。丹东主张和敌对国和谈，是为了维护国家的主权，是保卫祖国，而不是通敌叛国。丹东曾经贪财受贿，但不同于出卖祖国，他有过妥协动摇，但还是一位革命家和爱国者。他在关键时刻的表现是出色的。例如，1792 年秋，强敌压境，不少政府中人主张离开巴黎，另设首都。丹东力排众议，还把年迈的母亲从外地接到巴黎，决心全家与巴黎共存亡。他还发表演说："勇敢些，再勇敢些，法国就得救啦！"他的这种表现是与众不同的、杰出的。后来革命派内部派系斗争激烈，反对派决定逮捕丹东，有人劝告他逃离。丹东镇定自若，说："走？难道把自己的祖国也放在鞋子底下带走吗？"表示自己决不离开祖国。他被捕后被送上断头台。在去刑场的路上，他一度垂头丧气，但是跨上断头台的一刹那，却坚定、沉着和自豪。他觉得自己是为祖国、为革命献身，是有意义的、光荣的，于是抬起头对刽子手大吼："把我的头拿去给人民看看吧，它是值得一看的！"根据丹东的各种表现，称之为爱国者、革命家，他是当之无愧的。

六、关于大革命与政治现代化

什么是政治现代化？一般认为，政治现代化就是政体上实现"集权化、平等化和民主化"。我们认为这样的提法基本上概括了政治现代化的立论要点。所谓"集权化"，就是要从封建君主的专制化中摆脱出来，实现选举基础的中央集权制；所谓"平等化"，就是要从封建特权化中解放出来，实现法制化，在法律面前人人平等；所谓"民主化"，就是要"创造大众社会"，"对民众开放普选"，实现大众参与和主权在民。

法国大革命不仅开创了政治现代化的新局面，而且大革命本身也表明，它称得上是政治现代化的新典型。因为这场革命，使法国大步走向依法治国的历程，始终强调人权和法治的原则。革命中不仅提出建立现代国家的立论框架，而且提供了如何建立现代国家的实践模式。这种理论框架和实践模式，正是法国大革命的真正的价值所在，也成为许多国家在实现政治现代化过程中的宝贵经验和精神财富。李大钊说："十九世纪全世界之文明如政治或社会之组织等，罔不胚胎于法兰西革命血潮中。"

法国大革命提出的现代国家的理论框架集中反映在从《人权宣言》到《拿

破仑法典》的各种宪法和法律条文中，其基本要素可以概括为人人自由、人人平等、私有财产不可侵犯、主权在民、三权分立、法兰西统一不可分割、普选制和议会制、契约自由等。简言之，就是建立民主、自由、平等、博爱的资产阶级国家，实现人权和法治。

根据以上理论框架，在大革命中形成的政治现代化实践模式也就是在大革命中建立起来的三权分立的中央权力机构——民主共和国。

一个政治现代化理论框架，一种可操作的政治现代化实践模式，这就是法国大革命的创造。它大大推动了世界政治现代化的进程。

政治现代化的核心是民主化，这在法国大革命中表现得十分突出。这首先表现在法制化。法律高于一切，依法行事成为革命的最重要的武器。因此，革命者十分重视立法，在1789—1815年，不同阶段制定的宪法有6部。至于具体的法律法令更多。例如《八月法令》《组织国民自卫军法令》《创设国民法庭法令》《创设救国委员会法令》《粮食法令》《土地法令》《严禁囤积垄断法令》《全民动员法令》《全面限价法令》《风月法令》，还有《拿破仑法典》等，数以百计。革命者对立法的态度十分严谨，每一部宪法、每一项具体法令都经过充分准备、反复辩论、逐条逐句敲定后才公布执行。这些法令和法律成为全面改革旧制度的工具和新国家的最高权威。革命者对执法也极其认真严肃，任何个人、任何派别不得随意更改和违抗，更不许凌驾于法律之上。在法律面前不许有任何特殊和例外。即使是国民功臣，一旦确认有罪，也必受制裁。当然，在恐怖时期，也发生了不少乱杀无辜、背离法制的事情，但在大多数情况下，人们还是依法行事的。罗伯斯比尔剪除政敌丹东，也是通过法律程序判决的。因此，依法治国，依法行事，实现国家法制化，无疑是国家政治现代化的重要标志，也是一切国家走上政治民主化道路的重要保证。

在法国大革命中，民主化还表现在根据法律确立了一整套坚持三权分立的国家权力机构，使立法、行政、司法严格分开，分开成立专门机构：行政实行从自治转向中央集权的元首制，立法实行民选议员组成的议会制，司法实行独立审判的法院制。三者各自独立，相互制约。尤其强调司法独立的原则，例如1791年宪法就明文规定："在任何情况下，司法权不得由立法议会或国王行使。"当然法院也不得干涉立法权的行使或停止法律的执行。至于议会，在大革命开始后，虽然在形式上经历过一院制、两院制和多院制的变化，但它在国家政治生活中一直起着重要的作用,是国家的决定力量。即使是对议会不满的拿破仑,也不敢取消议会这个重要的立法机构。不过,由于特殊的环境,大革命期间对三权分立的执行不完美,但是毕竟开始执行了。

在法国大革命中,民主化还表现在大众参与政事。法国现代议会制就是在大众参与下确立的。正是大众的参与,才使法国传统的议会,即三级会议转变成为国民议会,从而使法国议会迈向了现代化之路。正是在大众参与下,议会成员不再由君主指定,而是民选产生;议会代表的构成,不再只是三个等级的代表,而是多成分、多层次的代表构成,其中中产阶级和知识分子占据多数;议会的职能也从国王的附庸成为国家最高权力机关,成为政治活动中心,成为政治民主化的象征,为日后许多国家提供了模式。

在法国,大众参与不仅表现在议会的选举和辩论上,还表现在社会活动的参与程度上。例如在舆论宣传方面,通过启蒙运动的传播,抨击性小册子的出现和革命报刊的发行,极力宣扬人民的无限主权思想,使大众主动关注国家的政治生活。还通过众多俱乐部和民众社团的活动,广场政治、街头演说辩论、议会旁听、公民请愿等,热烈讨论国家大事,积极宣传人民民主思想,发动并组织民众表明自己的政治观点和主张,甚至采取抵制、抗议乃至暴力等强制方式来干预国家的政治生活,迫使政府做出让步,推进革命按照民众意愿发展。这种广泛而非理性的大众参与,使得革命表现得异乎寻常的彻底和激烈。

轰轰烈烈的法国大革命正是在大众直接参与之下,靠大规模的群众运动,才真正把反封建斗争进行到底,与“旧制度”完全决裂,建立现代国家的。

改革开放以来,法国大革命的研究层面拓宽了。例如,以往中国人研究法国大革命都局限于政治层面,并且局限于“阶级斗争”这个范围。至于政治体制的研究和管理,是不涉及的。改革开放以来,人们的研究从所谓“政治”转出来进而研究经济、社会、思想、文化、宗教、人口等各个层面,大大拓宽了研究范围。其中比较突出的是运用政治文化来研究法国大革命史,从而深化对法国大革命的理解。法国大革命如此激烈和反复,有一个原因就是民众的心态。这种心态就反映在政治文化上。什么是政治文化呢?即是指整个社会文化中带有政治色彩的文化现象,这是一个民族的群体政治心态。这在法国大革命中表现在各个方面,如革命的语言、标语、口号,革命的崇拜物三色徽、自由树、小红帽,还有日常生活中的人名地名革命化、服装一色化、日用品政治化、私生活公开化,跳舞也从舞厅转移到广场,并带上政治色彩,表现政治上的欢庆。法国大革命中的政治文化还有一个重要内容,就是谣言。在大革命过程中出现了各种谣言,促使大革命更加激烈。例如,1789 年 7 月 14 日,有谣言说国王的军队要屠杀人民了,于是几十万人上街革命。1791 年 9 月初,又有谣言说犯人要造反了,于是成千上万的人冲进监狱,一夜杀掉上千犯人,制造“九月屠杀”。谣言说粮食卖光了,于是粮店门口兴起了抢购风。1793 年,反对派为了打倒罗伯斯比尔,造谣说罗伯斯比尔是暗藏的保王派,他将和路易十六的女儿结婚;还在报纸上刊登中伤罗伯斯比尔的漫画,于是罗伯斯比尔从一个为人崇仰的革命领袖一下变成了坏人。研究大革命的政治文化的种种表现,可以加深对大革命的理解,而且很有现实意义。

七、大革命的负面效应

大革命的负面效应,就是其消极面是存在的,难以预料的。这一点在中国史学界很少提及。其消极面表现在两大方面:非理性的群众运动、扩大化的恐怖统治。

群众运动是大革命的力量源泉。从国民议会召开到雅各宾专政的确立和发展,群众的支持和参与无处不在、无时不在。在决裂信念和危机意识的支配下,强调“政治透明度”,冲决一切封建特权;在横扫一切、怀疑一切、达到一切的感情冲动中,出现了人名地名革命化、语言统一化、服装一色化,甚至跳舞政治化和各派之间的对立化,加大了各派之间斗争的暴烈性,以致派系的斗争到了无可调和的境地,使政治斗争为感情而不是为理智左右。于是大革命中形成了一种各派之间无休止的内战式的风格。托克维尔说:“当我考虑这个民族本身时,我发现这次革命比它历史上的任何事件更加惊人。它在行动中如此充满对立,如此爱走极端,不是由原则指导,而是任感情摆布。”

正是法兰西民族中隐藏着这种任凭感情摆布、爱走极端的性格,才使大众参与群众运动同时引发了无节制、无约束、难以驾驭的过激行为,出现了领导者被群众所左右,或群众被领导者所利用的局面,导致民主秩序和法制被破坏，造成了政局的动荡和社会的混乱。可见非理性的群众运动，如果过于激烈，走上极端，就有可能变成一支无法控制的野性力量，给社会安定带来严重的破坏。

至于大革命中出现的扩大化的恐怖统治，是可以想见的。大革命之初，就有人高呼："革命绝不能半途而废。""革命应当踢开一切绊脚石，坚定不移地进行到底。"在这样的思想支配下，革命集团的精英分子，越来越趋于彻底、激进，终于合乎逻辑地出现了雅各宾的恐怖统治。为保卫和发展革命的成果，恐怖本身也有一定的必要，但是超过界限，滥施恐怖，用暴力对待一切持不同政见的人，以便排除异己，则大错特错了。恐怖从保卫自己的手段成为荒谬的东西。这样做的结果，不但没有保卫好自己，而且也难以保卫共和国。过度的恐怖正是雅各宾派的致命伤。他们在"彻底消灭一切温和派、骗子、野心家和叛徒"的口号下，"打倒一切"，把革命战友之间的分歧也看作你死我活的斗争，对对方通通采用一个办法，即送上断头台，消灭其肉体。屡屡同室操戈，先后处决了吉伦特派、忿激派、埃贝尔派和丹东派的许多代表人物，直到把丹东送上断头台后，还在大声疾呼："断头台工作越繁忙，共和国就越巩固。"于是，革命精英不仅把断头台用于不同政见者，而且用于普通百姓。在《牧月法令》通过不到50天中，巴黎一地处死1376人，最多时每天达到50人。据估计在恐怖时期未经审判而匆忙处死的，有4万人，其中80%属于第三等级。同时，大革命还把成千上万一时不理解大革命的农民，一律认定为反革命，进行大规模剿杀。"旺代战争"时，有10万~15万人死于非命。其实，这样大规模地把屠刀对准人民，连带受害的是共和国和革命的掌权者。最后，这些自称最爱国、最革命的精英，也被送上断头台。

（本文是面对硕士生开设的课程"法国大革命史"讲稿之一。课程共有10讲，约16万字。本文系第二讲）

大革命为什么会爆发在1789年的法国?

——兼论研究法国旧制度的意义

一

18世纪末,法国的革命者把腐朽没落的封建制度称为“旧制度”(Ancien Regime),这个名称如实反映了大革命前法国的社会本质,遂成为法国大革命史学中的专用名词。史学界普遍认为,旧制度指的是18世纪的法国封建专制制度,主要包括大革命发生前路易十五和路易十六统治时期;也有些史学家把“旧制度”的历史看作16—18世纪共约300年的历史。①

延续了若干世纪的古老的封建制度到了18世纪,不但与欧洲的几乎一切宗教法律混合交织,盘根错节,而且这些制度还产生了一整套意识形态,如思想、感情、道德、习惯等。要想一举摧毁它,或者革除其中的某一部分,都将涉及整个社会、人心,绝非一蹴而就的易事。1789年爆发的大革命用25年左右的时间大刀阔斧、直截了当地完成了对旧制度的摧毁和革除,使法国在一番艰苦卓绝的努力之后,完成了可能需要漫长的历史时期才能完成的变革。

法国大革命的实质是社会政治革命。这场革命的后果就是摧毁了几个世纪以来,尤其是18世纪以来在法国和欧洲占绝对统治地位的、通常被称为封建制度的那些政治制度,代之以资产阶级号称的以人人平等为基础的社会政治秩序。

法国传统的大革命史编纂学的历史学家阿尔贝·索布尔指出:“革命是在一种更新了的生产方式的基础上社会关系和政治结构的彻底变革。革命涉及经济结构和社会结构的变化，而生产方式的变化，是以社会关系为一方、以生产力的性质和水平为另一方之间的无法解决的不协调所引起的。生产力的水平越高，革命阶级的觉悟水平也越高，团结得越紧，能量也越大，革命也进行得越彻底。”②

持续25年的法国大革命正是这样一场十分彻底的革命。

18世纪末，社会正处于从封建制度向资本主义制度过渡的时代。尼德兰革命和英国革命促进了这个过渡，而在此历史前提之下发生的法国大革命，根本改变了两种制度之间的力量对比。进入19世纪以后，资本主义在世界范围中大行其道，直至几十年之后在世界范围内建立了资本主义体系。在这个意义上，列宁认为："法国大革命开辟了人类历史的新时代。"③

但是，这样一场大革命，为什么正是在法国而不是在其他国家爆发呢？除了通常说的资本主义的发展、封建制度危机的加深等原因外，在上文已就旧制度下的经济、等级制度、启蒙运动和贵族的反叛诸方面作了若干分析之后，再就1789年之前几十年的法国社会提出一些看法。

（一）封建制度越来越不合时宜

"封建"一词，含义相当复杂，在不同的历史阶段，其含义各有不同。封建作为一种制度，早就在变化和动荡中。因而在18世纪，如"封建""封建制度""封建权利"这样的词，往往会引起争论。法学家、历史学家、第三等级中的各个阶层，尤其是农民对"封建"都有各自的理解。对此，最适合的理解是，把"封建"一词确认为最受封建迫害的、占人口绝大多数的农民心目中的封建。索布尔也认定："重要的是，旧制度末期'封建'一词的社会内涵应是农民而不是法学家理解的内涵。"④

他认为："对农民来说，正如对从事土地业务的人一样，封建在18世纪略带夸张的语言中曾是'土地的奴役'，其中就有不可转让的地租、各种永久性捐税、土地变卖转移税、什一税，简言之，就是法学家所说的'封建复合体'。在整个大革命期间和大革命后的很长时间内重复使用这个含义。"⑤

旧制度时期社会的主要特征是：一方面，根深蒂固的封建制度残余顽固地存在着，经济和社会的自由发展要求扫除封建残余，包括使农民获得人身自由，使土地免除任何征敛、束缚，以便建立劳动的自由交易和产品的自由交易,迎接新的资本主义社会;另一方面,封建制度已经衰败,不再是一种完善的政治制度,它以民事制度的面貌出现,其影响所及的范围缩小,而影响所及的程度加深,在人们尤其是它的直接受害者资产阶级和农民中激起的仇恨更为强烈。

在18世纪末,法国农民的情况完全不同于它的邻邦德意志或其他国家。中世纪落后的农奴制度在德意志似乎原封未动,而在法国,一般来说,农民是自由的。法国传统的大革命史编纂学的代表人勒费弗尔和索布尔都注重从社会下层对大革命进行研究,尤其重视农民问题、土地问题。法国大革命史学者的研究表明,从14、15世纪以后,随着生产关系的变动,农民初步有了土地所有权。到1789年前,这种所有权是相对巩固的,比较引人注目的表现是农民的土地不断增加。百年战争以后,大片土地抛荒,乏人耕种,领主为吸引农民计,所收地租甚低,为农民积累土地创造了条件。16、17世纪以还,历代国王如亨利四世、路易十四都采取过保护农民利益的措施。亨利四世励精图治,繁荣经济,不仅偿还了巨额的债务,而且到晚年使国库有了可观的积蓄。在此前提下,他下令把人丁税由每年1600万利弗尔减少到1400万利弗尔,并豁免历年所积欠的税款2000万利弗尔。⑥他还废除由地方行政长官任意规定某些捐税的权力,禁止以拍卖农民的耕具和牲畜的办法偿还债务。路易十四的重臣柯尔柏在1667年曾奉命颁令:凡在1630年以前出卖或出租的公有地,应以相应的补偿还给公社。他又重申亨利四世关于禁止拍卖农耕用具或用牲畜偿还债务的法令。18世纪后半期,政府多次以免税15年、20年和减税的许诺为号召,鼓励农民积极垦荒。农民积累的土地因此又有增加。1789年前夕,如前文已经述及的,法国农民占有的土地约为全国耕地面积的35%⑦,居欧洲国家之首。阿瑟·扬首次在法国旅行时,曾为大量地产在农民中被划分而惊异,他估计法国已有大约一半土地归农民所有。这时的农民,既享有相当程度的土地所有权,又享有一定的贸易和耕作自由,成了有别于纯粹农民的小商品生产者,是一支坚定的反封建的革命力量。以上由多种史家论著确认的史料,当是可信的事实。

与农民占有一定数量土地这一现象并存的情况是,封建权利对农民的侵害无时、无处不在。据法国和国内的多种著作研究,农民占有的土地看起来虽然不少,但由于人数颇众,每个农民的占有量不仅不多,而且少得可怜,许多农民占地达不到平均数。前文已经提到，在利穆赞，能靠土地谋生的农民仅有10%。另外，农村中无地农民的大量存在，又是一个尖锐的社会问题。前文论及的无产者农民在不同地区分别占到农民总数的15%~75%。这些人如果租不到土地耕种，又没有被土地所有者雇用，或无力从事手工劳动及乡村工业生产，就得向城市流动或沦落为乞丐。随着人口增加，无地农民的人数在18世纪处于增长中。此外，农民增加的土地是买来的或是新开垦的，原来是归现在的无地农民所有还是归有地农民所有，是有区别的。拥有土地的人数增加并不等于农民占有的土地增加了，比如诺尔郡小土地所有者人数增加就是遗产分配的结果。旧制度末期的人口增加加剧了这种趋势。因此，往往有这样的情况：即使农民占有土地的总数增加了，每个农民所占平均数却在减少。有关农民人数和土地占有之间的矛盾造成的各地程度不尽相同的危机，在大革命初期的农民陈情书中都曾有言及。

和人民生活密切相关的封建权利还表现在，权势已经衰微的领主仍然在全国范围内征收集市税和市场税，领主享有“专有狩猎权”。尤其令农民切齿的是，领主还可以普遍征收如土地转移和变卖税之类的极为苛刻的捐税。在领地范围中，无论是谁，无论是出卖或购买土地，每一次都得向领主纳税。另外，在全国，土地都担负着年贡、地租、现金或实物税，这些形形色色的捐税由土地所有人向领主交纳，不可赎买。其中年贡的数额不能算多，因为它的固定金额是在很久以前货币还相当值钱的时候确定的；而地租，尤其是在征收实物地租的地区，则是农民的一项沉重负担；最为沉重的还是土地转移税，每次要付出的税金相当于土地价值的16%~20%。此项税收的总额据后来任巴黎市长的巴伊估算为每年3600万利弗尔。如上种种，均与土地及其产品息息相关，土地耕种者即农民是最大的受害者。同封建政权沆瀣一气的教会，在行使封建权利上与领主完全一致。各级神职人员依据其教职拥有采邑或得以征收年贡的土地，修道院也拥有领地甚至农奴。神职人员也征收集市税，市场上备有必须付税后才能使用的烤炉、磨房、压榨机、牲畜以聚敛财富。像欧洲各地一样，教士还有权征收什一税。这些被称为“土地的奴役”的封建权利，到法国大革命中才连同其他封建权利一起被清除殆尽。除此以外，17、18世纪以来增加了10倍的军役税也使整个第三等级尤其是农民怨声载道。托克维尔曾引用某位大臣的一段话来描述征收军役税的黑幕：“军役税在摊派上是任意的，在征收时是连带责任的，在法国绝大部分地区都是对人不对物的，随着每年纳税人的财产状况的变动，军役税也不断发生变化。”他评论说：“没有比这几句话更巧妙地形容这个人们以此自肥的弊端了。”⑧军役税额不断变化，每年由教区规定，每年临时指派新上任的收税员，因为没有人愿意连任。由于群情抵触，收税员的差事极难完成。他们不但遭纳税人唾骂和怨恨，在执行任务时面临着危险，而且自己也很可能因有辱使命被上司责难而破产。

由此可见，到旧制度末期，不但以往的贵族大地产渐渐削弱，农民土地所有制有所发展，而且在农民经济分化的前提下产生了一部分有产者农民（paysannerie propriétaire）和富裕农民（paysannerie capitaliste），他们代表着法国农业资本主义的主流和革命因素。至此，同样存在于其他国家的封建权利在占人口绝大多数的法国农民的各个阶层中乃至全体人民心中突出地激起了不同寻常的强烈仇恨。因为，毕竟已经有一部分法国农民变成了小商品生产者，亦即享有一定耕作和贸易自由的土地所有者，他们要求完全的土地所有权和独立发展的自由，比其他国家的农民更具有反封建的革命性。

（二）经济繁荣促成了革命

大革命前夕的18世纪，法国的经济状况大有起色。18世纪60年代末出现了以经济繁荣为特点的“路易十五的黄金时代”，至1770年，经济危机遏止了经济发展，1774年以后，又出现“路易十六的衰退”。“黄金时代”的受益者是享有特权者，“衰退”的受害者则是广大的下层人民。这个矛盾也是导致大革命的一项原因。

经济的繁荣，是以资产阶级占有土地为前提的。前文在论述资产阶级时提到，食利者资产阶级在全国各地占有的土地为土地总数的12%～45%。如果加上资产阶级的其他阶层（主要是经营工、商、农、矿的实业资产阶级）的占地，则当在一半以上。这些土地都是向贵族领主购买的。饶勒斯曾引用富歇神甫的话来说明这种转移的意义：“好几家古老的贵族之家拥有的领地占王国土地的一半以上，由于终日过着荒淫享乐的生活，他们终于毁掉了祖辈留下的大笔遗产。这些大块土地要不是随着商业的发展、金融地位的巩固和上述贵族之家的堕落而部分地转到第三等级手中，始终受一个富有等级摆布的国民今天仍会处于一小撮暴君的奴役之下，因为其他所有公民必须依靠他们才能活下去。这样的话，公共自由事业的神圣力量现在就会无法联合起来战胜古老的奴隶制……第三等级之所以有着强大的力量，完全是因为它已占有旗鼓相当的财富。没有这一点，我们今天仍会处于奴役之下，民事上一事无成。”⑨

土地的易主，导致了农业经济的繁荣，大革命前的20~30年，惯于从事其他行业的资产阶级，已经用如同管理工业生产的办法去管理农业。米拉波伯爵之父、经济学家米拉波侯爵曾在他的《农村哲学举要》中说：“土地的地力如今已同荒漠一般，取消这部分动产，将意味着取消土地。”⑩所谓动产就是开发土地所必需的资金。投入大量必要的资金，是有效经营的先决条件。这一观点来自影响很大的重农学派，而将资本投入土地，当时已经是广泛流行的做法。有能力这样做的，主要是有产者农民和富裕农民，他们构成农村中的一个新阶层，即农业资本家。

农业资本家阶层在大革命前的几十年中有了很大的发展。他们拥有或租用大量的土地，直接经营或转租给他人。他们在经营中往往毫不吝啬地投资，如购买犁杖、牲畜、农具、肥料、饲料，建造存放大型车辆和肥料、饲料的房屋，而他们的投资，每每在巴黎周围的平原地带、佛兰德的沿海平原和庇卡第等富庶地区。资本主义深入农村，带来了农业生产的迅猛发展。1787年，财政总监卡洛纳在显贵会议上说：“这是因为，二十年来，这场富有成果的革命使土地收入增加了两倍，而国王的领地却没有参加到这场革命中来。”⑪政府对这种使农业得到发展的做法是持赞赏和支持态度的。前文已经提及，1785年，巴黎成立了以科学指导农业为宗旨的王家农学会。学会多次声明，它要推动农业的发展，并要使农民摆脱陈规陋习和技术上的弊端。1786年，王家农学会在巴黎财政区的各乡建立农业促进会，该会为提高各地畜牧业的质量做了很多工作。

把科学技术用于发展农业和畜牧业，是利国利民、深得人心的举措。封建政府一方面鼓励这样做，另一方面又难以解除它本身加之于农业的种种封建束缚。在资产阶级用他们的方式经营土地取得显著效果的时候，与以往的“粗放经营”相异的“集约经营”之风不期而至，不胫而走。确实也有许多土地所有者、许多地方具备了集约经营的条件。人们愿意对土地投入更多的生产资料和劳动,精耕细作,以获取产量的增加。农业越进步,越有生机,发展中的资本主义就越不能容忍来自旧制度的阻力。到大革命前夕,这个生产力和生产关系之间的矛盾,已经十分突出,终于成为促进大革命发生的因素。

妨碍农业发展的阻力表现在捐税的征收上。饶勒斯曾引用过的夏泰尔的陈情书道出了其中原委;"我们认为克服各种困难(土地贫瘠、出产可怜、牲畜稀少、价格昂贵)的唯一有效办法,是扩大天然草场。"对此,政府也予以认可,并且给予一定关照。但是费用仍然特别昂贵,因为除了兴建草场的直接投资外,人们还要购买种子和肥料,而且头几年还不会有收益。尽管困难重重,还是有人愿意尝试这种带有几分冒险的事。但是"少数税务官员在根本不该征收草场什一税(青草税)的各乡,很快就将这种积极性扼杀了"。原因是,"他们不仅对新建草场和人工草场征收这种什一税,而且以威胁和恫吓的手段强迫胆小者交纳"。这样做的后果是对农业的发展至少造成两个弊端:其一,对本来不该征税的、经营费用很高的葡萄园或新建草场也征了税,而且数额很高。什一税不低于净收入的1/5,一般在1/4,有时达到1/3。[12]其二,政府对经营原有的旧草场也照样征税,致使农民无利可图,旧草场乏人问津,造成把草场变成耕地、再把耕地变成草场这种有利于增加土地肥力的循环中断;封建政权谋征税之小利,却给蓬勃发展的农业造成了大害,这正是由农业经济繁荣引出的矛盾。

法国大革命是发生在一个比较富裕的国家。大革命不同于某些其他革命,它的起因不在于社会的极端贫困,而在于社会的繁荣。旧制度末期经济的发展,前文已经论述。随着经济的发展,传统观念中认为的造成人口增长缓慢的"三大灾难"(战争、黑死病、灾荒和饥荒)都有缓解。路易十四以后,法国国内的战争和黑死病已经基本消失,饥饿现象也大为减轻。在这样的生存条件下,从18世纪初到大革命爆发之时,法国人口从不足2000万增加到2630万。[13]这在法国历史上未曾有过。其实,财富比人口增长得更快。虽然,国家因为王室挥霍、七年战争、支持北美独立战争等原因负债累累,但是作为民族优秀分子的个人在发财致富,在整个民族中充满着创新精神和蓬勃向上的事业心。有人这样描绘旧制度末期的法国:"掩藏着两种极简单、极强大的动力,足以使整部机器结成一体,并推动全部朝着公共繁荣的目标运转:一个依旧非常强大却不再实行专制、到处维持秩序的政府;一个从上层阶级看已成为欧洲大陆最开明、最自由的民族，在它内部，每个人都能随心所欲地发财致富，可保住已取得的财富。”[14]经济的繁荣对于大革命的到来的作用并不是延缓，而是促进。

（三）封建行政的松弛与资产阶级力量的增长

旧制度末期的法国封建政府，面对统治对象的精神和力量变化而手足无措，“太阳王”时代的骄横和锐气都丧失殆尽。特权等级内部矛盾的发生和加剧，使得无论是国王还是贵族，作为统治者都变得苍白无力，国王要求进行的各次改革，每次都因为统治集团内部的原因而夭折，曾经坚强有力的国家行政机构，再也不能保持其封建君主专制鼎盛时的行政作风了。专制制度极盛而衰，趋于灭亡，封建行政疲软无力，长期与之相持的资本主义势力将代之而起。

一个很明显的表现就是在旧制度下的行政办事效率极低，而资产阶级分子成为掌实权的行政官员。

以贵族为主体的政府大臣从 18 世纪初起，不再仅仅甘心于养尊处优，他们滋生了权力欲，萌发了身居宫廷而知晓一切行政事务、亲自处理一切行政事务的愿望。后来，这种愿望更趋强烈。到 18 世纪下半叶，所有琐屑小事他们都要过问，如在任何一个边远省份建立一家慈善工场，都要由财政总监亲自监督其开支、制定规章、选定地址；又如，设立乞丐收容所，也必须把所收乞丐的姓名及他们进出收容所的准确时间报告中央，由财政总监干预。早在 18 世纪中期（1733 年），阿尔让松侯爵就写道：“委托给大臣的细务漫无边际。没有他们，什么事也办不了，只有通过他们，事情才办成；如果他们的知识与他们庞大的权力有距离，他们便被迫将一切交给办事员办理，这些人便成了真正的掌权的人。”[15]这些办事员中不乏具有很强的行政能力但缺乏社会地位的资产阶级分子，也有自由派贵族。

贵族们为了身在巴黎而能了解、过问、干预一切，往往借助于形形色色的审核手段。这使中央和地方上下往返的书面文件更加冗杂繁多，行政程序蜗行牛步。即使像某个教区重建钟楼或修理本堂神甫住所这样的简单易行的事，最通常也需要两年或三年才能获准，在一年中获准是不可能的。

在贵族之下办事的行政官员几乎“全是资产者”，他们实际上已经在旧制度下参政，成为与众不同的、有其独到的精神境界和独自的经济利益的社会集团。他们的参政，既是执政前的演习，又使掌权之心大为膨胀。资产阶级已经成熟，正在生气勃勃地发展，孜孜谋求着大革命将为他们带来的社会地位，他们就是未来的新社会的主人。

间接地掌握部分权力的资产阶级（包括自由派贵族）是与王权严重对立的，他们参政的程度越高，就越憎恶封建王权。封建王权对他们既依赖，又防范，尤其畏惧、禁止他们结成社团以干预政府的决策。不过社团一旦结成而活动不甚出格，也可以合法存在。政府允许他们自由地讨论一些普遍的和抽象的理论。

如此，资产阶级力量的增长不仅表现在经济方面，而且突出地表现在思想理论方面。封建王权企图干预资产阶级思想家的活动已经心有余而力不足。思想家就得以在宽松的环境之下，“极为自由地讨论有关宗教、哲学、道德乃至政治种种普遍的和抽象的理论”。“只要人们不恶意评论政府的芝麻小官，政府甘愿容忍他们攻击社会当时赖以存在的基本原则，或者甚至讨论上帝的问题。封建政府往往自欺欺人地认为那种事与它无关”。[16]于是，理性的威力在各个方面传播，意味着以抨击法国旧制度、赞美英国的新政治制度为其部分内容的启蒙运动蓬勃展开了，它正是在强弩之末的封建王权之下发展起来的。

到18世纪中叶，使用已久的“哲学家”这个词的含义变得明确了。索布尔在一篇演说中引述了17世纪以来人们给“哲学家”下的种种定义之后，把哲学家的特点归结为：“斗争性，宣传的热情，祈祷社会和改善人的命运的责任感，反对不平等和偏见。这种对社会负有责任的意识加强了团体的一致性：‘小羊群’‘贤人教会’‘哲学战线’——伏尔泰是这种团体的教长。”1760年以后，志同道合的社会精英人物或在沙龙中聚而论道，或在书斋中著书立说，为改造社会而并肩协同作战。“促使他们集合起来的，是他们意识到对社会所负的责任，而不是由于什么哲学学说，因为正如伏尔泰所深表遗憾的那样，哲学学说方面的深刻分歧使他们疏远，而不利于团结。”[17]

启蒙思想家的地位在旧制度下明显地提高。18世纪30年代，伏尔泰还对英国的自由空气羡慕不已。他被迫流亡英国3年之后，1734年在《哲学书简》的第23封信《谈人们对于文人应有的尊敬》中着重指出，尊重作家，英国就是法国的榜样。“我承认我所见到的惊人奇事之一,就是英国议院竟愿出两万几尼的奖金付给那发现经度的人……实际上在英国,对国家的功绩可以得到其他更光荣的报酬。这便是英国人民对于才能的尊敬,一个成绩卓著的人总能在英国获致财富的……牛顿先生在世的时候曾经受到尊崇,死后也得到了他所应得的荣誉。”⑱当时,法国的情况还远不如英国。但是若干年后,欧洲各国的封建君主们就以结交享有名誉的哲学家、作家和各学科的学者为荣了。例如,德意志和俄国的君主就竞相礼贤下士,为结交和聘请著名学者而明争暗斗。这些声誉日隆以至于引人注目的学者们,就是以天下为己任的启蒙思想家。他们的影响深入社会的各个角落,成为舆论的主宰。蓬巴杜夫人曾问:“谁在指引王国?”魁奈答曰:“舆论。因此,必须对舆论施加影响。”阿尔让松侯爵在1752年的日记中有句很概括的话:“舆论支配着世界。”1750年,杜洛克在他的《论本世纪的习俗》中这样评论启蒙思想的传播:“在所有的统治权中,并不那么明显的思想家的统治权是最广大的。权力者指挥,思想家统治,因为从长远来看,思想家培育公众舆论:这种舆论迟早要制服或推翻各式各样的专制主义。”1775年狄德罗在给内克尔的信中对舆论作了评析:“舆论在您所了解的对善和恶都极有力量的这种动力,其开端不过是少数人在思索之后发表的看法,这些人不断在社会的不同部分形成知识中心,建立在推理基础上的错误和真理从那里渐渐传播,直到城市的各个角落,它们就在这些地方被确定为信条。”⑲

启蒙运动的最后一位思想家、大革命的杰出代表孔多塞,在大革命发生的1793年,于逃亡中完成《人类精神进步史表纲要》,其中有这样一段论述:“这样,对哲学以及对知识传播的进步的这一史表——我们已经阐明了它那最普遍的和最易于觉察的作用——就把我们引到了一个时代:这时,这些进步对舆论的影响、舆论对各民族的或对他们领袖们的影响,突然之间就不再是缓和的和不可察觉的了,而是在某些民族的整体之中就产生了一场革命,这就确凿地保证了会有一场席卷全人类整体的革命。”⑳

在大革命之前,1750年11月,杜尔哥在巴黎大学作题为“人类精神持续进步的哲学概述”的演讲。这篇演讲继承了德国哲学家莱布尼茨关于历史持续性的观念。莱布尼茨认为,因为上帝是无限的,不可能被完全认识;人类的幸福应该是在于对于新的有趣的事情和新的完满的不断追求和进步之中。

杜尔哥的演讲可以看作对这一思想的阐释。他说，人类如同一个人，有其童年和进步。在人民和文明遭受创伤中，习俗变得柔和起来，人类的精神展现出光彩，鼓励各民族彼此相互靠近；贸易和政治终于把地球上所有的部分都结合起来，而整个人类通过安定和动荡、幸福和苦难的交替，虽然步子慢了些，却始终在向更大的完美前进。如此，莱布尼茨的持续性理论演变成了人类具有无限可完善性的理论，它成为孔多塞理论形成的前提和基础，也诱发着行将到来的大革命。

封建王权对启蒙思想家的活动表现出无可奈何的容忍，但是又时时暴露出镇压的一面。例如，对启蒙思想家采取关押、驱逐、禁止著作出版等手段；又例如，它对报刊的出版发行十分苛刻。由于无力随意取缔，它便努力使报刊转而为自己所专用。1761 年政府致王国各总督的通告宣布，路易十五决定从今以后，令法国的第一家报纸，即 1631 年 7 月创办的《法国报》由政府监督编排。通告称："鉴于国王陛下欲使该报饶有兴味，确保它凌驾于其他报刊之上，你们要寄给我一份简讯，载明你们财政区内激发公众好奇心的一切，尤其是关于物理学、博物学的奇闻趣事。"[21]后来这些决定未被贯彻，以有关大臣发出第二份通告，斥责外省无能了事。至于狄德罗主编《百科全书》所经历的艰难困苦，更是为人们所熟悉。

启蒙运动终成洪流，封建王权的螳臂当车已经无济于事了。拿破仑认为，大革命主要是哲学家的业绩。这是不无道理的。

（四）封建制度的没落已经无可挽回

法国的封建专制制度在 16、17 世纪曾经起过重要的积极作用。马克思说："如果说君主专制从前保护过工商业，以此鼓励过资产阶级上升，并且曾经把工商业看作使国家富强、使自己显赫的必要条件，那么现在君主专制到处都成了工商业（它们正在成为已经很强大的资产阶级手中日益可怕的武器）发展道路上的障碍。"[22]那时，封建政府以重商主义政策扶植尚未发达的工商业，以减税、统一度量衡和货币、打击地方大贵族的势力来为资本主义创立统一的国内市场，又以包税制度和国债制度促进金融资本的发展。进入 18 世纪以后，高岸为谷，深谷为陵，一切都变了。首先，重商主义政策虽然未被废止，但是工业法规和行会制度已经成为生产发展的障碍，工商业税收也成为资产阶级的负担；其次，封建政府在财政危机中不能自拔，觊觎、征敛、勒索金融资产阶级的财产以缓和危机，以致在第三等级中天怒人怨；同时，王权和特权等级捐弃前嫌，求同存异，抱作一团，把整个第三等级视为财源和压榨对象。等级间的矛盾也足以把法国推向革命。

封建政府有时也表现出积极、认真的态度以改善自己的处境，但是往往毫无结果，甚至弄巧成拙，因为它对于自己想做的事已经力不从心。路易十六组织了多次改革，企图缓解矛盾，但是阻力重重。改革的主事者投鼠忌器，其措施常因力图理顺与某阶层或某权臣的关系而朝令夕改，令人无所适从，以致逡巡不前，虎头蛇尾，结果是反而加深了原有的矛盾。

改革中，既定的法律、规则得不到不折不扣的执行。即使法律、规则本身没有变更，执行法律的方法每天都在变动。托克维尔说，若不是从封建政府遗留下来的秘密文件中看到这种混乱、无效的工作状态，真无法设想法律最后竟如此遭人蔑视，甚至遭执行法律者的蔑视的情况。因为那时既无议会，又无有权威的报刊，大臣及其官署的任意胡为、专横跋扈和变化无常是不受限制的。国王的敕令、宣言、诏书虽然都经过庄严的登记注册，可是在执行中无不受到重重变更。它未必明显地破坏法律，但它每天都根据特殊情况，为了办事方便起见，悄悄地偷梁换柱，将法律向任意方向扭曲。“确实，按照我刚刚引证的敕令和判决的严格规定，对于这些捐税，王国内人人都得交纳，无一例外；但是谙熟法律事务的人都知道，这些硬性摊派和随之而来的各种处罚一样，尽管有确立税制的种种敕令、宣言和判决，却从未妨碍例外措施。”[23]关于这一点，马蒂埃概括说：“在自由主义的命令之后，马上建立以纯封建精神的反动措施，而且此类措施反能见诸实行。”[24]徒有虚名、不见实效的改革，反映了旧制度的实质，它的特点是条规强硬严峻，实行起来软弱松怠。

王权色厉内荏。例如，1757 年国王颁布的一个宣言称，凡编写或印刷书刊违反宗教或现行制度者，将一律被判死刑。贩卖这类书籍的商人，也应受此刑罚。即使是这样的严刑峻法，也仅仅是虚设。这以后，启蒙运动仍然生意盎然，人称法国正当“伏尔泰威临文坛的时代”。

第三等级的各阶层群众即使在旧制度下怨声载道，也依然按照以往形成的习惯服从着政府或王权。一旦那里的愤慨激起即使是微小的波动，也会立即把人民引向使用暴力。这时镇压人民的也总是封建政府暴力和专权，而不是法律。1788—1789年频繁发生的农民起义及其后果,正可说明这一点。实质上,各种法律都已经不再真正生效。但是,王权就是最高权威这一观念,在一般人的心目中似乎依然未变。

在18世纪,大革命前的法国王权已经弱化了所有中间政权机构,因而在王权和个人之间,只是一片空白。因此,在平民百姓眼中,王权就是社会机器的唯一动力,是生活中不可缺少的动力和因素。这一点,恰与特权等级相同。在这里,"王权"与常用的"中央政府"或"封建政府"是同义语。

例如大革命前,有关改善社会和政府的改革规划纷纷问世。改革家们提出的目标虽然不尽相同,其手段却始终一致。他们无一不以王权为中心,欲借王权之手破旧,又借王权之手立新,最终的目标是为了维护王权。他们认为,王权的力量应该像国家权力一样,是没有限制的;把这种力量用在最适当的地方,一切问题都会被解决。改革家们忽略了一点,即对"最适当的地方"的理解,人各不同。路易十六即位以后的历任财政总监,如杜尔哥、内克尔、卡洛纳、布里埃纳,他们的改革设想和措施,莫不以王权为中心。立宪派领袖米拉波伯爵之父米拉波侯爵就是个极端迷恋贵族权力的人,米拉波本人也只信任"中央政府",认为只有依靠中央政府的行动才能实现他的宏图。而路易十六的王权权威实际上已经崩溃,仅有其名而无其实了。

法国国王素称贵族中的贵族。以往,在遍布各地的贵族中,国王剿灭了拥兵自重、犯上作乱的人,为巩固自己的战果,又收买了降心相从的贵族,并在自己周围建立了贵族宫廷。贵族这一特权等级从此成为王权的基础。到旧制度末期,经历了路易十一、黎塞留、路易十四和路易十五历朝名君名臣统治的王权的权威,已经近于崩溃。路易十六登基后,为获得经济利益,王权可以鼓励、促进资本主义工商业的发展;为加强统治,王权也可以在政府各个部门聘用资产阶级行政人员。但是这些具有实效的举措与贵族的利益冲突时,王权则毫不犹豫地维护贵族,因为贵族,尤其是大贵族,是法兰西王国和王权的体面外表与强大象征。王权长期以来对贵族的政策往往是自相矛盾的,既处处维护着贵族的利益,又对他们有一定限度的掣肘,以维护自身的尊贵和威严。两者之中,前者居先。

王权倚重贵族,贵族则未必始终与王权同心同德。旧制度末期的贵族尤其起着双重作用:一方面,他们竭其全力地卫护着残存的封建制度,而结果却适得其反;另一方面,他们比以往更加不择手段地以自己的特权侵吞国家的财产。实质上,这两种矛盾着的作用,却有一点是完全一致的,那就是它们都促使旧制度走向实质性的崩溃。

法国国王不可能如同日本明治维新时期的天皇而与贵族分道扬镳,只为第三等级(资产阶级和农民)谋利益,并为铲除封建残余出力。如果是这样,1789 年的革命就不会爆发了。

旧制度末期的王权,例如路易十六的政策,往往呈现出两面性:对贵族,既倚重又提防;对教会,既视其为倚重,以得到神授权威和封号,又得容忍其残民自肥、聚敛财富。这使王权在与贵族、教会、资产阶级、农民的关系中进退两难,莫衷一是,以致政治上一无建树,只能听凭日渐尖锐的各种矛盾把它推到大革命的边缘。

在整个旧制度之下,守旧的王权为资产阶级、为新兴的工商业开放便利之门,也为启蒙思想的传播提供了条件。如饶勒斯指出的:“在这个旧制度中,教会思想和伏尔泰思想,中央王权和地方封建势力,资本主义生产方式和陈旧的行会方式在一片混乱中冲突着,什么问题也不能得到解决。”[25]这样,到1789 年,大革命就适时地爆发了。

二

大革命是怎么爆发的?法国传统的大革命史编纂学的历史学家从法国社会内部经济来探讨大革命的内在原因,传统的大革命史编纂学从著有《法国革命引论》(1792 年)、首先研究大革命原因的巴纳夫(1761—1793)算起,已历 200 余年。从巴纳夫,实证主义历史学家托克维尔,自由派历史学家基佐、米什莱,注重从社会经济角度探讨大革命的饶勒斯、阿尔贝 · 马蒂埃,直至第二次世界大战后的勒费弗尔和索布尔,在这个行列中的历史学家们从各个方面、各个角度对法国大革命进行了深入细致的研究,取得累累硕果。尽管他们的成果屡屡受到挑战,但是其功绩不朽,其权威地位也未被动摇。这些成果令人信服地揭示了大革命的原因。其中,巴纳夫对法国大革命原因的解释是他对历史唯物主义诞生的贡献。

笔者曾研读、翻译巴纳夫的《法国革命引论》，尽管他的理论和思想不可能完美无缺，却能令人深深地体会到他对创立经济唯物主义的贡献。1901—1904年，饶勒斯的名著《法国革命的社会主义史》前四卷陆续问世。1922年，阿尔贝·马蒂埃写道："饶勒斯的文章是不能改的。这位杰出历史学家写的东西一个字也不能动。"㉖饶勒斯在这部书的导言中指出，大革命只是经济和社会的长期演进的结果，这个结果使资产阶级成为政权和经济的主人。"我们知道，经济条件——生产和所有制的形式——是历史的根本。"㉗在该书的第一章中，他设专节《巴纳夫和革命的经济理论》评价巴纳夫的理论的主要内容，其中引用了巴纳夫的论述20余段。他高度评价了巴纳夫用社会、经济原因分析1789年革命的做法，认为巴纳夫是第一个"最明确地提出了法国大革命的种种社会原因和人们可以称之为经济理论的人"。这本在巴纳夫蒙难后50年，即1843年才出版的书，被饶勒斯认定为"确实是一篇马克思经济唯物论的原始初稿"。㉘

大革命是怎么发生的？

巴纳夫说："要判断大革命的性质并且指明它的那些真正的原因，有必要把眼光放得更远一些，应当看到我们在一个更广阔的体系里所占有的位置，也就是要冷静地观察从封建社会到现在一直在导致欧洲一些政府连续地改变其形式的这种普遍运动，人们将会清楚地觉察到我们现在已经达到的这一点和引导我们达到这一点的普遍原因。"㉙

巴纳夫把政府分成三种：贵族制政府、君主制度和民主制政府。"在欧洲的一些政府中，贵族制的基础是土地所有制，君主制的基础是国家力量，民主制的基础是动产性财富。""这三种政治因素的演变就曾是政府的演变。"㉚巴纳夫认为，君主制政府在三者中间只是两种政府形式（即贵族政府形式和民主制政府形式）之间的一种过渡形式，它转变为民主制政府是必然的事。"有朝一日，人民将获得足够的力量，就会拒绝把金钱给君主，他们将提出一些条件；他们要求监督金钱的使用，要求他们所支持的那个权力能为了他们的更大利益来进行组织。他们将要求由自己来处理那部分他们有能力处理的事务和监督那部分他们不会管理的事务。""那时，将会创建自由的和有限制的君主制政府，这是从来没有在地球上统治过的最幸福、最美好的政府。"㉛

巴纳夫认为，三种政府各有其成因。贵族制政府由封建贵族凭借其占有的、当时唯一的财源——土地而建立；君主制政府由君主借助新兴自由城市的市民的财力，击败君主和自由民的共同敌人——贵族而建立；民主制政府则是人民凭借工艺、工业的发展，贸易的扩大，动产性财富的增长而建立的政府。三种政府体制之间嬗递的原因何在？巴纳夫从社会经济的发展和历史的发展入手，发现正是这种发展决定了社会嬗递。他通过不同时代和不同地域的各种例子，说明生产力、生产方式和经济条件就是推动政府形式变化的力量。提出这一卓越见解，巴纳夫是为天下先的。

至于旧制度末期的法国，土地是唯一财源的古代、“新兴自由城市”与自由民阶层兴盛的中世纪都已成过去，贵族制政府和君主制政府也将风光不再，因为工业和工艺进步了。巴纳夫精辟地指出：“工艺和贸易一旦渗透到人民中去，而且成为劳动阶级获取财富的手段时，就按政治规律准备一场革命；财富的新的分配准备着权力的新的分配。正像土地占有曾提高贵族的地位那样，工业所有制正在提高人民的权力。”[32]到旧制度末期，“人民正在赢得自由，他们到处活跃，他们开始对各种事务发生影响”。巴纳夫笔下的“人民”和“劳动阶级”自然是指第三等级，首先是第三等级中拥有最多财富和领导着启蒙运动的资产阶级。未来的“民主制政府”的核心正是他们。

巴纳夫强调大革命的社会和经济的原因，也重视思想和舆论的作用。他认为，社会经济的进步在前，相应的思想意识的产生在后。与人类的文明进步同时发生的有三项因素：人口、财富和舆论的独立。“工艺使我们富足，并且由于增加养活人的手段而扩大了人口的数目，产生了那些最卓越的知识，给所有被轻信的事物带来了推理之光。大胆的思想同各种类型的勇气一样，是从力量的感觉中产生出来的。”[33]这些“大胆的思想同各种类型的勇气”正是越来越成熟的资产阶级思想意识，这是一支很有能量的知能的力量。

另外，巴纳夫也看到了大革命的一些直接原因，如“在工艺、贸易和奢侈使一部分的人民富裕，使大土地所有者贫困，从而使这些阶级的命运逐渐接近的时候，科学和教育也使他们的生活习惯接近起来，并使人们想起远古的平等思想”；又如，路易十六“既不是提比略，也不是查里曼”，“他过于驯良，他的统治是为了善而展开的软弱和无能的行动的一系列尝试”[34]；另外，封建政权没有处理好贵族和第三等级的关系，以至于“舆情的发展和宫廷的行事，争先恐后地推动国家向革新和摧毁古老权力的威信前进”；以及内克尔和卡洛纳等人理财无方等。以巴纳夫的论述对照旧制度末期的法国社会状况，是丝丝入扣的。

总之，“当不幸的路易十六登上王位时，法国的民主革命已经准备就绪，而政府的行事又有力地促进了这场革命”。[35]

读巴纳夫的《法国革命引论》，除了了解大革命的原因外，还可以得到几点启示。第一，巴纳夫提出阶级产生的原因是由于财富的不平等。“土地分配将会根据每个人所具有的地位、势力和畜群的数量来进行”，这样，“一个民族从最初耕种土地的时刻起，他们占有的土地份额通常是很不平等的”。“大地主必然要慢慢地吞并小地主，这是一条确切无疑的原则”。[36]于是，“某些公民就这样轻而易举地取得了财富、权力和知识这三重统治权，并且把国家的行政司法权、军事指挥权、圣职都确定地抓在自己手里”。[37]阶级和贵族制就这样产生了。

第二，社会中既有了阶级的分野，巴纳夫又从社会和经济原因来解释大革命，就自然形成了他的阶级斗争的观点。这是最早的阶级斗争观点。1852年，马克思曾写道：“无论是发现现代社会中有阶级存在或发现各阶级间的斗争，都不是我的功劳。在我以前很久，资产阶级的历史学家就已叙述过阶级斗争的历史发展，资产阶级的经济学家也已对各个阶级作过经济上的分析。”[38]“资产阶级的历史学家”指的就是复辟时期的“阶级斗争学说之祖”《诺曼人征服英国史》的作者蒂埃里、《法国革命史》的作者米涅和《法国文明史》的作者基佐等以阶级斗争观点解释历史的人，他们受到了马克思主义经典作家的很高评价，而巴纳夫更早于他们用阶级斗争观点来研究法国的革命，堪称复辟时期历史学家的先驱。如果马克思主义经典作家能读到1843年才问世的《法国革命引论》，将会给予被饶勒斯称为提出“马克思主义经济唯物主义的第一张草图”的巴纳夫以更高的评价。

研究旧制度对于历史唯物主义的诞生有什么意义呢？

大革命爆发前的27年，卢梭（1712—1778）在《爱弥尔》中写道：“我们正接近危机状态和革命时代，那时候，谁知道你会变成什么样子呢？”两年后，即1764年，伏尔泰在一封信中这样写：“种种迹象表明，种子已经播下，革命必将到来，但我大概不能是目击者了。”旧制度的末期，法国已经是“山雨欲来风满楼”了。

法国传统的大革命史编纂学的历史学家重视旧制度的研究，重视从经济和社会的角度考察大革命的原因。

巴纳夫在《法国革命引论》的第一章中就说明："种种政治事件都是在许多原因交互影响下产生的。其中有一些原因和事物的本性的关系如此密切，而事物的本性的不断的和规律性的活动有以下那样的优势支配着偶然的原因的影响，以至到了某一时期，几乎必然要发生它们的作用。"[39]他指出，大革命植根于旧制度下法国社会的内在结构之中，正是欧洲大陆各个国家共同的工艺进步的影响，使欧洲的政治体制和社会形态发生了变化。于是，"正是欧洲所有的这种共同的推进，在法国准备了一场民主革命，并且在十八世纪末爆发了"。

对于大革命的这种解释，饶勒斯（1859—1914）作了很高的评价。索布尔（1914—1982）也认为："卡尔·马克思 1847 年写的《共产党宣言》和 1867 年出版的《资本论》第一卷都遵循了这一条思路。"[40]

复辟王朝时期的自由派历史学家基佐（1787—1874）似乎不在传统的大革命史编纂学史学家之列，但是他重视旧制度的研究。在《法国文明史》和其他著作中，他发展了关于第三等级反对封建制度的斗争乃是历史进程的主要动力的论点。基佐说："没有人不知道第三等级曾在法国起过的巨大作用，最后分析起来，它曾是指引和确定其性质的法兰西文明的最活跃和最有决定性的因素。从社会角度和从我们国内共同存在的不同的阶级关系来看，这个被称为第三等级的阶级逐渐扩大、提高，曾经首先是有力地改变了、超过了，随后是吞没了，或者是几乎吞没了所有其他阶级。"他还说："在整个欧洲，有些情况是共同的，但只有法国才有真正的第三等级。这个第三等级在 1789 年完成了法国革命，这是属于我们历史的一种命运、一种威力，你们在别处是无法找到的。"[41]

基佐对大革命的研究，引出了历史上阶级和阶级斗争的结论，得到了马克思主义经典作家的称赞。马克思在 1854 年致恩格斯的一封信中，誉之为"法国史编纂学中的'阶级斗争'之父"。就在这一封信中，他还赞扬了另一位强调阶级斗争的历史学家、著有《第三等级的形成和发展史概论》的蒂埃里。[42]至于基佐的英国史研究招致马克思和恩格斯的批评，则又当别论。尽管如此，马克思和恩格斯仍然在同一篇文章里嘉许基佐的旧制度研究，称之为

“Ancien Regime(旧制度)下最聪明的人物”“无论如何也不能不认为是天才历史学家的人”。[43]

托克维尔的《旧制度与大革命》,对旧制度和大革命两者作了详尽的分析性研究。作者似乎更加重视对旧制度的研究。在先于这本书问世的另一部名著《论美国的民主》的《绪论》中,托克维尔对1789年之前的700年法国历史作了概括的回顾。他说:“翻阅一下我们的历史,可以说我们在过去的七百年里没有一件大事不曾推动平等。”“如果我们从十一世纪开始考察一下法国每五十年的变化,我们将不会不发现在每五十年末社会体制都发生过一次双重的革命:在社会的阶梯上,贵族下降,平民上升,一个从上降下来,一个从下升上去。这样每经过半个世纪,他们之间的距离就缩短一些,以致不久以后他们就汇合了。”他认为,民主和平等的进步,在大革命前的700年中,就是无人能违抗的趋势。“因此,身份平等的逐渐发展,是事所必至,天意使然。这种发展具有的主要特征是,它是普遍的和持久的,它每时每刻都能摆脱人力的阻挠,所有的事和所有的人都在帮助它前进”,“以为一个源远流长的社会运动能被一代人的努力所阻止,岂非愚蠢!认为已经推翻封建制度和打倒国王的民主会在资产者和有钱人面前退却,岂非异想!在民主已经成长得如此强大,而其敌对者已经变得如此软弱的今天,民主岂能止步不前!”[44]托克维尔认为,带来平等和民主的大革命不仅来自我们所指称的“旧制度”,而且是法国100年历史逐步演进的必然产物。

巴纳夫、基佐和托克维尔等人都研究过1789年大革命,尤其着力于阐述大革命的原因,但是他们都没有写过堪称“大革命史”的专著。尽管如此,他们的研究方法和成果都已经初步克服了马克思主义以前的历史观的根本缺陷。即他们在说明社会历史时,不仅仅停留在人们历史活动的表面,仅仅考察人们活动的思想动机,而且进一步揭示了思想动机后面的物质动因,即经济根源。而使他们得以获取这些成就的素材,正是弥足珍贵的法国旧制度的历史。

米什莱(1798—1874)在他的《法国大革命史》占44页篇幅的《导言》中,论述了中世纪的宗教和从前的君主制度等大革命发生之前的问题。他详细考察了旧制度下的危机,着重指出在路易十四统治末期,尤其是1698年《里斯维克和约》签订后,封建统治已经难以为继。他还引用1715—1723年任路易十五摄政王的奥尔良公爵的话:“如果我是臣民,我肯定会造反。”对于群众起事,他说:“人民是有理由的,受那么多苦,太善良了。”米什莱重视旧制度下的社会经济结构、阶级和阶级斗争。在剖析了旧制度的前提下,《导言》一开头就称,大革命是“法的来临,权利的复活,公正(或正义)的反抗”。[45]论证了一些历史事实后,他又总结说:“革命不是别的什么,而是敌对善意的政府和神启的宗教的为时已晚的正义的反抗。”

饶勒斯的治史态度和方法与巴纳夫一脉相承。在《法国革命的社会主义史》这部巨著中,饶勒斯一开始就从旧制度下的封建制度、王权、教会、财政赤字、经济生活等方面探求大革命的原因,也从启蒙运动、资产阶级、巴黎状况等方面论证大革命的必然性。比如,饶勒斯重视旧制度下的农民问题、土地问题。他分析有关陈情书、研究公有财产、集体劳役、农村公社等。诚如索布尔所说:“饶勒斯第一个指出,法国大革命是一种社会现象,因而它的根源是在经济方面。”[46]

马蒂埃和勒费弗尔都自称是饶勒斯的学生。马蒂埃从饶勒斯关于旧制度末期人民生活和社会运动的研究入手,探讨大革命时期资产阶级各阶层之间和群众之间的分歧,揭示这场革命不断深化的原因。勒费弗尔则从饶勒斯重视农民问题和土地问题的做法中得到启发,于这方面用力颇多。他的博士论文《法国革命期间诺尔郡的农民》(1924年)用计量方法说明革命前后土地所有权的转移和封建特权的消灭,在当时的大革史研究中自成一家。1939年,勒费弗尔发表《1789年》一书,深刻地分析了法国革命前的旧制度。他认为,法国中世纪时期一直是由土地贵族统治的社会,土地是唯一的财富形态,其弊病日见明显。于是,经过了好几个世纪的人数和财富的增长的新兴资产阶级得到了“新型的社会流动和商业财富”的支持,也得到了“启蒙主义者”、经济学家和已经形成的新意识形态的支持,终于推翻了封建制度的残余,即经济上已经崩溃却依然统治着法国社会的土地制度,建立了最能根据新的经济实力进行分配的政府。[47]勒费弗尔的这一观点和他对民主原则的赞颂,使上台伊始的维希政府下令销毁他的这部著作的所有版本,但是这并未影响勒费弗尔对大革命的起源的解释被广泛地承认。因为他在此之前写就的一系列关于法国农村、农民的论著[48],对旧制度的状况和大革命的社会原因作了令人信服的解释。

拉布鲁斯曾对1789年以前的价格运动作过详尽的分析，证明1789年社会各个阶级不满的根源在于经济；后来，他又在另一部著作中极为详尽地叙述了1778至1789年酿酒业的危机。拉布鲁斯的这一研究成果可视为对勒费弗尔的解释的补充。[49]

索布尔以研究革命中的城市平民著称。他注重马克思主义理论对历史研究的指导意义。他的主要著作之一《大革命前夕的法国：经济与社会》以近300页篇幅描绘、分析旧制度下的法国。他认为，1789年革命是马克思说的“生产者变成商人和资本家，而与农业的自然经济和中世纪城市工业的受行会束缚的手工业相对立”在法国条件下的必然结果。即在旧制度末期法国社会的结构之中，要完成从封建主义到资本主义的过渡，必须走一条由下层实行的“真正革命的道路”，必须摧毁全部旧的经济和社会制度。他认为，马克思的话与大革命的传统的社会经济的解释是一致的。另外，索布尔并非仅仅从社会经济角度来解释革命，他也重视意识形态的作用。

索布尔在《传统的大革命史编纂学与修正的企图》一文中，对这一编纂学的传统作了总结性的回顾。“经过一百多年漫长的历程，用社会原因对法国大革命的解释在逐渐完善着。这种解释由于它始终注重旁征博引，由于它的批判精神，由于它致力于理论思考和它对大革命的总体观察，确实称得上是唯一真正科学的方法。”历代坚持大革命史编纂学进步传统的历史学家，“不论他们之间有何差异和分歧，过去是、现在依然是唯一科学的指导性原则”。[50]自20世纪50年代起，传统大革命史编纂学受到挑战，在新的研究的基础上，出现了法国大革命起源的新的解释，但是它的权威并未发生过动摇。因为这些历史学家对大革命，尤其是对旧制度的研究，无论是在马克思主义诞生之前还是之后，都是与马克思主义唯物历史观相辅而行的。

一般而言，19世纪中期马克思主义诞生以前的大部分历史学说，往往把社会意识作为历史发展的最终原因，而社会存在则实际上被看作社会意识的派生物。如此，那些学说不可避免地带有如下两个根本缺陷：说明社会历史时，停留在人们历史活动的表面，仅仅考察人们活动的思想动机，而不能揭示出思想动机后面的物质动因，即经济根源；研究历史时，抹杀了人民群众在历史发展中的决定作用，而把少数历史人物的活动作为研究重点。如此言之，或许有失偏颇，但大醇小疵，未可厚非。

法国大革命本身就是一次不可多得的历史事件，而旧制度的历史是这次事件的酝酿期。索布尔曾在一次演说时强调，大革命开始前大约 30 年的 1760 年是一个转折点，也就是说，旧制度的历史至少是 30 年。一般而言，这段历史包括 1789 年之前的 18 世纪，也可以上溯到 16 世纪初。在连同旧制度在内的大革命过程中的一些未必是历史学家的学者或政治家，就形成了一些更为进步的看法。如卢梭、雷纳尔等就认识到风尚和法律状况在某种程度上受经济形态的制约。而在大革命业已发生，当人们对它作了较为全面的考察以后，就有人对这一认识作了若干补充：首先，经济利益决定了各个社会阶级的政治态度；其次，财富的差异决定了阶级之间的差别；最后，经济关系的变化决定了财富的分配，而财富的分配决定着权利的分配，财富或财产关系的建立乃是最为重要的因素。布里索、圣茹斯特、马拉等都持此说，其中尤其出众的是巴纳夫。

马克思喜爱研究法国大革命，有一个时期甚至渴望写这一段历史。他从法国大革命中获取的看法，有助于历史唯物主义的形成，并最终进入了他的整个思想体系。

马克思主义经典作家大约没有读过 1843 年问世的巴纳夫的《法国革命引论》。然而就在此后不久，马克思和恩格斯即把社会关系分成物质关系和思想关系，发现了物质关系是思想关系的基础，又进而发现物质关系即生产关系是由生产力发展的状况决定的。也就是说，社会发展的最后决定力量是生产力，是物质。历史唯物主义的基本原理由此创立。这项发现，令人看到了思想动机背后的客观的物质原因，即社会物质资料的生产方式。社会历史的发展不是由人们的思想动机决定的，而是一个由社会生产方式最终决定、合乎规律的必然过程。

从着眼于旧制度研究的传统的大革命史编纂学的历史学家们的著作中，我们通过他们对贵族、王权、教会、教士、赤字、资产阶级、经济生活、农民的陈情书、封建复合体、贸易、金融交易、地租、土地转移税、什一税、波尔多的造船业、南特的商业、里昂的工人以及启蒙思想家的沙龙等的描述和研究，似乎可以看到他们的思想轨迹渐渐地与马克思主义经典作家的思路接近，进入 20 世纪以后，自然而然地走上了历史唯物主义的轨道。法国大革命使人们对历史的认识作了正确的补充，而对旧制度的研究则从一个方面促成了历史唯物主义的形成。

马克思说:“社会的物质生产力发展到一定阶段,便同他们一直在其中活动的生产关系或财产关系(这只是生产关系的法律用语)发生矛盾。于是这些关系便由生产力的发展形式变成生产力的桎梏。那时社会革命的时代就到来了。”[51]

索布尔说:“如果不了解旧制度下的法国,就不可能理解法国大革命,因此,研究法国大革命不能从1789年开始。”“要比较好地了解这次革命,应当研究革命前至少三十年的思想动态和社会经济。”[52]

这就是研究旧制度的非同寻常的意义之所在。

注释:

①例如,法国阿芒·柯兰书店出版的居伊·卡布丹和乔治·韦亚尔合编的《旧制度法国历史词典》就把16—18世纪的法国史作为主要内容。

②王养冲编:《阿·索布尔法国大革命史论选》,华东师范大学出版社1984年版,第15页。

③《列宁选集》第2卷,第668页。

④同②书,第90页。

⑤索布尔:《理解大革命》,巴黎,1981年,第331页。

⑥波梁斯基:《外国经济史》上册,三联出版社1963年版。第143页。

⑦参见博士论文第一章。

⑧托克维尔:《旧制度与大革命》,商务印书馆1992年版,第161页。

⑨转引自饶勒斯:《法国革命的社会主义史》(全六卷)第1卷上册,商务印书馆1989年版,第210、211页。

⑩同⑨书,第212页。

⑪转引自同⑨书,第214、215页。

⑫引语、数据据⑨书,第215页。

⑬参见博士论文第一章注②。

⑭同⑧书,第208、209页。

⑮同⑭书,第101页。

⑯同⑭书,第103页。

⑰同⑭书，第 144 页。

⑱伏尔泰：《哲学通信》，上海人民出版社 1986 年版，第 107、108 页。

⑲此段材料引自同②书，第 147 页。

⑳孔多塞：《人类精神进步史表纲要》，商务印书馆 1998 年版，第 131 页，法文 1933 年版，第 206 页。

㉑托克维尔：《旧制度与大革命》，商务印书馆 1992 年版，第 104 页。

㉒《马克思恩格斯全集》第 4 卷，第 341、342 页。

㉓同⑧书，第 106 页。

㉔马蒂埃：《法国革命史》第 1 卷，商务印书馆 1973 年版，第 33 页。

㉕同⑨书，第 26 页。

㉖同⑨书，《本书 1969 年版出版说明》。

㉗同⑨书，第 11 页。

㉘同⑨书，第 107、108、119 页。

㉙安托万·巴纳夫：《法国革命引论》，华东师范大学出版社 1989 年版，第 1 页。

㉚㉛㉜㉝㉞㉟㊱㊲㊴均同㉙书，第 11、36、8、21、34、35、36、6、1 页。

㊳《马克思恩格斯选集》第 4 卷，第 332 页。

㊵索布尔：《传统的历史编纂学与修正者的企图》，载《理解大革命》，巴黎 1981 年版，第 324 页。

㊶基佐：《法国文明史》，巴黎，1956 年版，第 46 讲。转引自王养冲《近 40 年来法国传统的大革命史学的发展及其遇到的挑战》，载《历史研究》1989 年第 4 期。

㊷同㉒书，第 28 卷，第 381 页。

㊸同㉒书，第 7 卷，第 24 页。

㊹托克维尔：《论美国的民主》，商务印书馆 1997 年版，第 6、7 页。参见注㊶王养冲论文。

㊺米什莱：《法国革命史》（2 卷本），巴黎，1979 年，第 51 页。

㊻同②书，第 168 页。

㊼㊾据杨豫：《关于法国大革命起源研究的史学》，载《世界史研究动态》1990 年第 1 期。

㊽除上文提到的《法国革命期间诺尔郡的农民》(1924 年)以外,还有《恐怖时期的土地问题》(1932 年)、《法国大革命和农民》(1933 年)。

㊿同②书,第 169、170 页。

51同㉒书,第 2 卷,第 83 页。

52同②书,第 229 页。

(本文出自王令愉教授博士论文《法国旧制度研究》)

中国的法国大革命史研究:历史的回顾

我们有些文史知识的人,尤其是读文科的人都知道法国大革命的历史和它的重要意义,而法国大革命史的研究有个重要方面,就是考察它在国外的影响。法国大革命对中国的影响如何?中国人是在什么时候、以什么方式了解法国大革命的?中国史学界对这场翻天覆地的大变革有什么看法,这种看法有什么改变?这些,都是可以研究的课题。

一、19世纪50年代以前

关于中国人知道法国大革命,是在从1789年到1919年之间的130多年中逐渐实现的;而研究法国大革命,则是从五四以后才开始的。

首先给中国人带来法国发生革命消息的是敌视法国革命的英国人。1793年,英国派遣马戛尔尼到中国作通商谈判,他曾在热河避暑山庄朝觐乾隆皇帝。他可能是第一位把法国发生革命的消息带到中国的西方人。但是这影响不大,即使是件重大新闻,也只能在宫廷中流传。

法国革命期间的战争虽然在欧洲影响颇大,但是由于清政府对西方各国的政策,中国人没有能进一步了解法国大革命。在拿破仑时期和以后的年代中,法国天主教的传教士相继来中国,中国人也没有因为他们的到来而增加对大革命的了解。原因有二:传教士多半敌视大革命,他们接触中国社会的面也很狭小。

1840年鸦片战争后,中法有了更多的接触,但是,来华者多是传教士、商人、外交官,似乎没有学者。

19 世纪 40 年代后,中国知识分子中的少数人,认识到放眼世界、了解西方的重要性。他们从了解西方各国的概况入手,关注国际时事,了解外国历史,不过对历史的了解是非常简略的。晚清政论家王韬是首先全面介绍法国的人。(王韬旅居英国时于 19 世纪 60 年代末曾游历法、俄等国,他对卢浮宫印象尤深:"法京博物院非止一所,其尤著名者曰'鲁哇',栋宇巍峨,崇饰精丽,他院均未能及。其中无物不备……精粗毕贯,巨细靡遗。凡所胪陈,均非凡近耳目所逮,洵可谓天下之大观矣。"①"鲁哇"者,Louvre 之音译,卢浮宫是也。)王韬根据英文材料写了一部《普法战纪》,又根据日文材料写了一部《法国志略》。他在 1871 年(或 1867—1868 年)到过法国,但不通法语,只能间接接触法国的历史知识,而且对法国革命是抱反对态度的。据说,王韬的《法国志略》在学术上和影响上也比不上稍后的黄遵宪的《日本国志》。

因此,自 1789 年法国大革命发生以后的一个世纪中,中国还没有人深入地了解这场大事变,也没有人有兴趣研究这个课题。原因在于历史条件的限制。

二、19 世纪 50 年代到辛亥革命

到 19 世纪 50 年代,中国的政治斗争发生了性质的变化,法国大革命史被卷入了这个旋涡。康有为和梁启超在戊戌变法的过程中和失败以后,都曾经用法国革命史的经验来论证他们的政治主张。他们没有对法国革命史作过研究,只是利用这一事件为己所用。

戊戌变法时,康有为曾向光绪皇帝进呈《法国革命记》,他用法国国王路易十六作为反面教材,希望皇帝支持变法。也就是说,如果皇帝不支持变法,迟早将会引起革命,引来断头台,力求皇帝下决心用改良来阻止革命。

戊戌变法失败后,康梁用法国大革命恐怖时期被夸大的惨象,用 1789 年发动革命的法国领导人的下场来恐吓主张推翻清朝的革命派:发动革命容易,控制革命难,最后互相残杀,人人自身难保。1902 年梁启超写《罗兰夫人传》,称法国大革命为欧洲 19 世纪之母,罗兰夫人为法国大革命之母。梁启超强调罗兰夫人和吉伦特派的作用。他在这篇传记中留下了后来广为传播

的话：罗兰夫人受刑前就是在“自由雕像”旁慨然叹曰：“呜呼！自由，自由，天下古今几多之罪恶假汝之名以行！”这似乎表明改良派反对革命派的态度。1906年康有为写《法国革命史论》，梁启超为康有为的文章写了跋，这些文字代表着他们对法国革命的看法。这时同盟会已经成立，康梁的《新民丛报》已经跟《民报》论战，康梁提出革命不适合中国的国情。

面对改良派的反对，革命派在《民报》上反击。他们对历史经验采取的方法论无大差别，对法国大革命史的认识也近似。只要看到他们关于法国大革命的知识从哪里来，他们依据哪些书本立论，就可以发现他们政论的科学根据是十分薄弱的。戊戌变法后，梁启超对世界史的认识据说在读李提摩太（Timothy Richard，1845—1919，英国人）的《泰西新史揽要》的水平，以后，又增加了些从日文翻译过来的书。又，赞同法国大革命的革命派在《民报》上译载德国人耶利尼克的文章，其实这人是反对革命的。

革命派在借鉴外国的革命经验时不够重视1789年的法国革命。邹容1903年发表《革命军》，他在第一章《绪论》中说：“闻之，一千六百八十八年英国之革命，一千七百七十五年美国之革命，一千八百七十年法国之革命，为世界应乎天而顺乎人之革命，去腐败而存良善之革命，由野蛮而进文明之革命，除奴隶而为主人之革命。”

邹容对法国革命不谈1789而谈1870，说明他对1789年的事情不甚了了。邹容还庆幸中国革命得到世界各国革命的鼓舞：“吾幸夫吾同胞之得与今世界列强遇也。吾幸夫吾同胞之得卢梭《民约论》、孟德斯鸠《万法精理》、弥勒约翰《自由之理》、《法国革命史》、《美国独立檄文》等书译而读之也。是非吾同胞之大幸也夫！是非吾同胞之大幸也夫！……吾请执卢梭诸大哲之宝幡，以招展于我神州土。不宁唯是，而况又有大儿华盛顿于前，小儿拿破仑于后，为我同胞独立之标本……”

从这些话可以看出，卢梭在中国资产阶级民主革命中产生过巨大影响，也可以看出法国大革命的影响程度。邹容所说的他读过的五本书中，前三部都有原著者，《美国独立檄文》可以不必举出著者。而《法国革命史》没有举出著者，似乎可以说明当时（1903年）还没有有分量和价值的法国革命史著作。邹容提出的“标本”是华盛顿和拿破仑，而不是其他领袖人物。华盛顿和拿破仑在相当长的时间中一直是中国人民的革命偶像。拉法耶特、米拉波、西埃耶斯、马拉、丹东、罗伯斯比尔等在中国都不为人所知。罗兰夫人则由于梁启超的推介而例外。当时的人们,包括革命派,也不知道米涅、米什莱、奥拉尔、饶勒斯和克鲁泡特金等赞成法国大革命的史学家。当时流传的《法国革命史》也可能是反对大革命的人写的。那时的人们为了求真理,“什么书都看”,就是不知道选择,在研究法国大革命的时候也是如此。

三、从辛亥革命到抗战发生

1911年中国发生辛亥革命。孙中山先生是如何得知和理解法国大革命的,是个有意义的课题。他曾几次到过法国,但是,比之法国,孙中山更熟悉美国。他了解美国的历史,受到美国的政治思想影响很大。他对于法国革命的理解,据我有限的阅读,在1923年的一次讲演中提到。这是他的思想成熟后的看法。他的讲演《三民主义》第四讲中,有很大一段从民权的角度论述法国大革命,他的论点是:充分的民权反而成为民权的障碍。他说:“因为法国人民当时拿充分的民权去做头一次的试验……所以那个时候,便成暴民专制,弄到无政府,社会上极为恐慌,人人朝不保夕,就是真革命党,也又是因为一言不慎,和大众的意见不对,便要受死刑。……像丹顿那一流人物一样,因为一言不合,被人民杀了的也很不少。……像法国革命的的时候,人民拿到了充分的民权,便不要领袖,把许多有知识有本事的领袖都杀死了,只剩得一班暴徒。”

这就是孙中山先生对法国大革命,尤其是对雅各宾专政的评价。他和康有为一样,也把法国大革命当作反面教材。有人也许感到意外,伟大的革命先行者,怎么会把雅各宾的民主专政说成是“暴民专制”呢?我们可以思考。

孙中山先生在世的时候,我国对于法国大革命的研究还没有开始,当时的中国学界既没有一本自己撰写的法国革命史,也没有认真翻译过一部有学术水平的法国革命史的标准著作,对外国的研究状况也不甚了了。持有孙先生这样论点的革命民主派人士是不少的。

在五四以前,法国大革命史是由我国的政论家论述和传播的。那时只有法国大革命史的政论,还没有法国大革命史的史学。18世纪法国启蒙运动和大革命究竟对中国的五四新文化运动有什么影响,也没有定论。

1917年的十月革命对中国产生了巨大的影响，接着是1919年的五四运动和1921年的中国共产党成立，然后是1925—1927年的大革命。这个时期，法国大革命的史学也反映出中国国内不同派别的立场。所谓法国大革命的史学，无非是翻译和撰写；翻译的影响比较大，中国人撰写的只是通俗性的小书。我们说对于法国大革命这个题目，国外也有支持者和反对者。于是前者的著作被称为革命史学，后者的被称为反革命史学。

首先介绍到中国来的法国大革命的著作，不是历史学家的著作，而是心理学家的著作。法国有位重要的心理学家居斯塔夫·勒邦（1841—1931），他在1895年出版《群众心理》，在1912年出版《法国大革命和群众心理》。1913年起，后者被翻译成多种文字，包括中文，题目是《群众心理》[②]，由日文转译而来。这位心理学家是反对大革命的，他沿袭大革命史学中的反对革命的传统，认为当年的革命群众多是犯罪分子、品质恶劣的人和天生作乱的人，这些人是乌合之众，一旦形成"群众"，就没有了理性，被政治煽动家左右。当时革命民主派的刊物也对勒邦加以介绍。但是他的书严格说来不是历史著作。

翻译成中文的第一部法国革命史是路易·马德楞的《法国大革命史》。路易·马德楞（1871—1956），是法兰西学院院士，敌视法国大革命。原书于1912年出版。译者伍光建，是多产的译者，但不是历史学家。译本是1928年出版的。译序是1927年写成的。可见翻译工作是在中国的大革命期间完成的。著者和译者都不赞同法国大革命。例如把1792年6月20日的事写成"匪徒们进入王宫"，把1793年宪法说成"不伦不类"等。

此后，又出现了3个歌颂法国大革命的译本。

第一，1929年，德国人威廉·布洛斯的《法国革命史》出版，译者孙望涛。作者是德国社会民主党人，是"修正主义者"。原著是在法国大革命100周年的时候问世的。这部书是试图用马克思主义写历史的著作之一。译者为正文写了很长的序，引用了马克思和恩格斯关于法国大革命的语录，还讨论了无产阶级在资产阶级革命中的作用问题。

第二，1930年，卡尔·考茨基的《法国革命与阶级斗争》问世，译者刘隐。原著在1888年完成，也是为了纪念法国大革命100周年而写的。恩格斯曾参与了考茨基的写作，给考茨基写过信。

第三，1930年，俄国克鲁泡特金的《法国大革命史》上册出版，次年下册出版,译者杨人楩。原著于1893年用法文写成,1909年译成英文,1914年译成俄文,后来又译成日文等。克鲁泡特金在伦敦接触了大英博物馆的资料和法国史学家的成果,这些都是当时的最新成果。只是由于政治上的原因,他不能去巴黎。他以无政府主义的世界观来研究法国大革命。他有力地强调人民群众在大革命中的作用,称颂人民群众的直觉的自发作用,歌颂各地公社的作用,把基层组织和巴黎的国民公会的集权领导对立起来。

另外,还有8本中国人自己写的法国革命史和1本人物传记。这些大多是通俗读物,都是肯定法国大革命的重大历史进步作用的。

四、从全面抗战到20世纪40年代末

1937年7月抗日战争全面爆发,也带来了法国革命史研究的转变。五四以及五四以前是从政论中看历史,1925—1927年大革命时期是从史学中看政论。从全面抗战时期到20世纪40年代末,法国革命史的研究进入新的阶段。这个阶段有两个特点:

特点之一是,从政治含义上看,不再是争论革命和反革命的经验教训,而是从全民抗战角度探讨法国大革命的抗战胜利榜样。因为法国大革命也有个全民抗战的过程。1941年,卢逮曾著有《法国革命史》,其《导言》中认为法国大革命有两点可以借鉴:1.革命进程中鼓舞起至高无上的民族精神;在1793年国家危急的时候,正可以看出一个自觉向上的民族是怎样地集中意志和力量,为全民族的生死存亡而努力。2.革命时期激发奋进的建国工作。自《人权宣言》颁布以后,历次宣布的宪法和其他决议案,大半都包含着积极建设的精神,而革命政府所做的实际建设工作,亦所在多有。至如抗战中,他们的负责首领仍不忘小学教育的重要,也仅为其最显著的一端罢了。在书末附的《研究纲要》(类似我们的思考题)中提出这样一个问题:“设当时法国的各个政党,都能破除私见,精诚合作,则法国是不是就能建立起稳固的民主共和制呢?各党分崩离析的不合作状况,又给了革命运动多少阻碍?”卢逮曾的书共98页,充盈着浓厚的时代气息。

抗战期间,沈炼之先生在福建出版了《法国革命史讲话》。这本书是值得

特别提出的。大家知道,1941 年,正是日本侵略中国,中华民族处于生死存亡的关头。根据楼均信老师多年后的访谈,沈先生说,大革命史太感人了,中国需要爱国抗战的革命精神。他是怀着满腔怒火与激情来写这本书的,只希望中国的热血青年从法国革命精神中汲取力量,发扬爱国主义精神,奋起抗战,以拯救中华民族。这本书的确起到了这样的作用。这本书篇幅不长,只有 5 万余字,但对法国革命叙述得非常清楚和完整,而且,有两个方面值得重视。一是法国革命的精神,它指的是推翻旧制度,创建共和国的信念、决心和英勇的行动,书中他把《人权宣言》的十七条全部翻译出来,写在书里,这是以前的作品所没有的。另外则指的是捍卫共和国和法兰西民族的英雄精神。面对反法联军的多次干涉,法国人民终于保卫了自己的国家。二是选材得当,条理清晰,文字雅致。肯定法国大革命的战争的民族意义,就得肯定领导战争的雅各宾派。康有为、勒邦、马德楞等对雅各宾派的诋毁,在抗战时期得到平反。丹东、罗伯斯比尔等的形象,在中国人心目中树立起来了。1793 年法国的 83 个省中有 60 个省陷于外敌入侵和王党叛乱,而半年之中,外敌被驱,沦陷区被收复,艰苦抗战中的中国人民为之振奋。尽管卢逮曾认为雅各宾派的恐怖政策于革命无益,但是罗伯斯比尔受任于败军之际,奉命于危难之间,动员全民,让法国转危为安,令人景仰。

特点之二是,法国革命史史学水平提高了。刚才我们提到的翻译法国革命史著作的伍光建、孙望涛等都不是专业的历史学家。徐懋庸也写过法国革命史的书,并不太有价值。20 世纪 40 年代开始,专业的历史学家渐渐多了。例如,刚说的沈炼之先生就是 20 世纪 20 年代后期到法国学历史的,是马蒂埃的学生。杨人楩先生是 1934 到英国牛津大学学习法国革命史的。他们在全面抗战时期都回国在各所大学任教。于是,法国革命史在中国进入大学课堂。武汉大学、中山大学、四川大学和北京大学都开过法国革命史的课。

杨人楩先生还翻译了 3 本书:马蒂埃的《法国革命史》、戈特绍克《法国革命时代史》和他自己的学位论文《圣鞠斯特》。他还和吴绪合作选译了《十八世纪末法国资产阶级革命》(世界史资料丛刊初集)。我们刚才提到,他 1930 年翻译过克鲁泡特金的《法国革命史》。

刘镜园也翻译了克鲁泡特金的书。唐虞世翻译了马蒂埃的书。

五、20世纪50年代以后

20世纪50年代以后，法国革命史的书籍集中在两个时期问世。第一个时期是1955—1957年，局势相对稳定；第二个时期是1963—1965年，反右以后、"文革"之前，也还算稳定。"文革"来到之前的17年，法国革命史的教学在中学和大学都得到重视。在出书方面，有翻译，有著作。

翻译方面，苏联人曼弗列德的《十八世纪末叶法国的资产阶级革命》、卢金的《罗伯斯比尔》、罗伯斯比尔的《革命法制和审判》，都是从俄文翻译的。

这一时期重版杨人楩先生译的马蒂埃的《法国革命史》、周进楷译的马蒂埃的《法国革命史论》、端木正译的索布尔的《法国革命：1789—1799》、何新译的英国乔治·鲁德的《法国大革命中的群众》、罗大岗译的拉法格的《革命前后的法国语言》以及上面提到的杨人楩先生和吴绪合译的《十八世纪末法国资产阶级革命》。

著作方面有胡代聪、孙娴的《罗伯斯比尔》、刘宗绪的《法国资产阶级革命》、王荣堂的《十八世纪法国资产阶级革命》、曹绍濂的《法国资产阶级革命》。

附：中国高校的法国大革命史教学③

一、概说

在有着丰厚历史学传统的中国，历史教育历来都受到重视。但作为世界历史的教育则要到20世纪初。1901年，清末开始仿效西方建立近代教育体系。1903年颁布的《癸卯学制》就规定高小的历史课都要做到"知古今世界之变迁"。辛亥革命后，外国历史在大学和中学教学中的地位得到了确立，于是，编写教材成为了当务之急。国内政治经济社会在这一时期的变迁，使具有一定文化教育水平的民众对了解外国历史，尤其是西方的历史的需求有了较大的增长。而大约从1915年开始的中国社会史、中国出路问题的论战，较多地涉及了中外历史的比较问题。

我们中华民族有优良的史学传统，历来重视历史研究和教学。在旧时代，蒙童教育以"四书""五经"为主要教材，辅以《三字经》《千字文》等含有丰富历史知识和自然、社会以及道德伦理等知识的读物，这些书籍教化了一代又一代人才。但是，它们毕竟不是系统的历史教科书，除了部分地普及历史知识之外，未必能起到其他作用。更何况一般学子惑于科举虚名，往往埋首于研读应试的经书，而不遑真正钻研历史。至 1902 年和 1903 年，清政府先后颁布被称为“壬寅学制”和“癸卯学制”的《钦定学堂章程》和《奏定学堂章程》。根据新制定的学制，小学教育（初等小学和高等小学）为 9 年、中学教育为 5 年。这 14 年中，都设置历史课程：初等小学为“历史”，高等小学为“中国历史”，中学为“历史”，依次讲授中国史、亚洲各国史和欧美史，意在“省悟强弱兴亡之故，以振发国民之志气”。当时的大学堂也设立“中国史学门”和“万国史学门”。1905 年清政府废科举、兴学校，于是近代意义的历史教科书应运而生。当时诞生了一批汉译和编译的历史教科书。在这一时期，外国史课程在中学初高中阶段都有设置。

在大学的历史学系，西洋通史属必修课程，并开设断代史、国别史和专门史。通常远不止文科的学生选修这些课程。由于年代久远，我们已经不知道这些老师们如何教授西洋历史，特别是法国革命史。但我们今天能够从他们所编写的教材中看到他们所做出的努力。例如，王绳祖先生参阅了数百种西文著作写成了《欧洲近代史》（1935 年），这是该时期断代史教材中的佳作。1949 年出版的周谷城的《世界通史》堪称新中国成立前通史著作的一个高峰。作者强调要把世界史作为一个整体来研究，强调各地区间的相互交往、相互影响，世界历史不是国别史的总和。同时，他还反对欧洲中心论历史观。这一时期，一些大学者撰写了很多中学世界史教材。如陈衡哲的《西洋史》（1926 年）、杨人楩的《高中外国史》（上下册，1931、1934 年）、何炳松的《外国史》（1937 年）、沈炼之的《法国大革命史讲话》（1941 年）等。

二、评论几本 20 世纪 80 年代以前的教材

1949 年之后，由于国家刚刚从战乱中走出，这是一个百废待兴的年代，世界史教材的编写还没有提到议事日程上来，这时我们所采用的大学教材基本上是从苏联引进的。20 世纪 60 年代后，随着中苏关系的恶化，我们自己编写教材的任务开始凸现。于是有了周一良、吴于廑编的《世界通史》，这是我们国家有组织地编写的第一本世界历史著作，它在很长时间内一直是我们国家

历史教材的“范本”。它于1962年由人民出版社出版,第一次就印刷出版了24700册,考虑到它的影响一直持续到20世纪80年代,印刷20万册应该是没有问题的。因此,解剖这本著作就格外有意义。

就这本著作的指导思想来说,由于新中国成立后很长一段时间里我们一直学习苏联,这本书也不例外。它主要脱胎于苏联的十卷本《世界通史》。其指导思想为:为了突出社会主义与资本主义的对立,为了突出苏联十月革命的伟大意义,它将近代的世界历史分为这样两条线索来理解:一是突出无产阶级与资产阶级的斗争,二是突出革命在历史上的作用。因此,我们看到,在这样的指导思想下,法国大革命、大革命中的雅各宾专政就成为了重要的内容。对这一内容的处理,重点是高度评价法国大革命在历史上的地位,抬高雅各宾专政对资产阶级所采取的种种措施,雅各宾专政被认为是法国大革命中的第三阶段,它也被称为“革命民主专政”。它代表了人民的利益,代表了历史的前进方向。随着热月政变和雅各宾专政的崩溃,标志着法国资产阶级革命的结束,进入了一个政治上的反动时期。就法国大革命的意义或者地位而言,它是一次“彻底”的革命。为什么“彻底”? 主要是由于人民投入了革命之中。正是为了突出无产阶级与资产阶级的对立,所以,书中始终包含着资产阶级的革命只是建立了资产阶级的统治,它并没有体现与代表无产阶级的利益这一内涵。如《人权宣言》被理解成这种自由和平等只是资产阶级的,是资产阶级保护自己阶级利益的工具。

如果说周、吴本《世界通史》还不完全算是教材的话,那么,由刘宗绪教授主编、高等教育出版社出版的《世界近代史讲义》(1960年)则完全可以归为教材了。

在这本书的绪论中,刘宗绪教授这样表达了他的指导思想:世界近代史是资本主义的历史,是资产阶级产生、发展和衰亡的历史,同时也是无产阶级产生、壮大并准备夺取政权的历史。因此,世界近代历史是一部阶级斗争史。在这样的指导思想下,他把世界近代史分为两个时期。第一时期为1640年英国革命到巴黎公社时期。在这一时期中,又分为两个阶段,第一个阶段就是从英国革命到法国大革命。

在这样的指导思想下,这本书把革命看作从封建制度到资本主义制度的过渡方式,把法国大革命的作用提高到这样的高度来认识,即列宁所说的“整个十九世纪，即给予人类以文明和文化的世纪，都是在法国革命的标志下度过的”。因此，法国大革命的性质被定义为资产阶级的民主革命。什么是资产阶级的民主革命？他按照列宁的观点来说明：即是人民群众，大多数人民，遭受压迫和剥削的社会最“底层”，都站立了起来，提出了自己的要求，要按照自己的方式建设新社会来代替正在被破坏的旧社会，他们影响了整个革命的进程。这样，在对大革命的具体理解上，则表现为，拔高雅各宾专政的地位，批判资产阶级革命的局限性等。

三、评论几本20世纪80年代的教材

到了20世纪80年代以后，虽然我们国家在政治上已经开始拨乱反正，开始走入正轨，但在世界近代史的教学中，特别是在教材对法国大革命的处理上，依然还是沿袭了20世纪60年代的旧有的观点。由此，我们想到，学术上的更新与政治上的更新没有同步，学术上的更新远远落后于政治上的更新。我们列举在整个20世纪80年代最有影响的三部教材来说明。

第一本为北京大学历史学系所编的《简明世界近代史》，它在1974年出版了第1版，然后在1979年出版了第2版。这两次印刷了26.8万本，可见影响之大。

在这本书中，编写者注重突出把法国大革命与英国革命进行比较研究，突出了以下几点：第一，法国革命的爆发是在资本主义因素更加发达、阶级矛盾更加尖锐复杂、人民群众更加觉醒的条件下进行的；第二，领导革命的资产阶级不是同土地贵族结盟，而是同人民群众结成同盟；第三，法国革命抛弃了宗教外衣，而以“理性主义”作为思想武器；第四，在人民群众运动的推动下，保守的派别依次被激进的派别所代替，使革命沿着上升的路线发展，最后达到资产阶级革命的极限——建立雅各宾派革命民主专政，而雅各宾派革命民主专政的失败，则意味着革命的上升路线到此被打断。这表明，革命出现了曲折，它被大资产阶级的专政所代替。

但不管怎样，法国革命还是取得了胜利，其原因在于：第一，人民群众的参加，资产阶级与人民群众结成了联盟；第二，建立了民主专政，对敌人实行了革命的恐怖；第三，在革命中，资产阶级表现了两面性，即革命性和反动性。

第二本为华东师范大学历史学系所编的《世界近代史》，它于1982年由上海人民出版社出版第1版，到1984年出版第2版时，其印数也已经超过了20万册。

这本书关于大革命的篇幅为40页，居中等，在内容的叙述上，没有太多的空洞的表述，更为实在。但透过这些内容，其指导思想仍然为，法国大革命是一场彻底的革命，这是因为人民群众起了重要的决定性的作用；雅各宾派专政为革命的上升路线，热月政变标志着革命的高潮已经过去。法国大革命的结果是，一个剥削阶级（资产阶级）代替了另一个剥削阶级（封建阶级）。值得注意的是，关于雅各宾派专政为“革命民主专政”的提法没有了，对热月政变也没有作过多的批评。这是在当时情况下的比较大的进步，尽管其基本的思想仍然没有太多的变化。

第三本为王荣堂和姜德昌主编的《新编世界近代史》，吉林人民出版社1980年出版，它在第一次印刷就有8240册，考虑到在整个20世纪80年代这本教材的影响，印刷10万册应该是没有问题的。

法国大革命在本书中占了43页，篇幅算是很长的了，但在基本内容上，与上述两本无太多的差异，故不再多陈述了。

实际上，在整个20世纪80年代，在中国，整个世界近代史的教材不下30余种，但在内容上，基本上是“千人一面”，十分雷同。因此，对于法国大革命的理解和表述也都为一致。

四、20世纪90年代以后的教材

自20世纪90年代以后，随着学术研究的发展，特别是法国大革命史研究的发展，大革命历史上的很多问题都得到了重新的认识。在这种情况下，受众量大的教材自然也需要更新，把学术界的最新研究成果转化为教学内容。同时，学生也已经不满意于现有教材的这些观点和内容，教材的更新迫在眉睫。

在这种情况下，老一代历史学家吴于廑和齐世荣先生组织了国内很多历史学家进行了新教材的编写工作，终于在1992年出版了新版《世界史》的《近代史卷》，它由高等教育出版社出版。至1998年，这本书共印刷了近4万册。

在这本书中，法国大革命这部分内容为刘宗绪所写，这部分内容基本上反映了目前国内历史学界对法国大革命的认识。相比较以前甚至20世纪80年代的教材，这本教材从观点到表述都彻底抛弃了以前的旧套套。从《法国大革命》这一章的标题即可以看出,如《旧制度的危机》《89 年原则》和《旧法国的改造》《法兰西第一共和国》《雅各宾专政》等。在对雅各宾专政的评价上,该书认为它是一种战时体制,随着对敌斗争的胜利,表明恐怖统治已经完成了它的历史使命,下面是进一步恢复正常秩序。因此,热月政变结束恐怖统治,恢复和建立资产阶级的正常秩序就不再是"反动",而是一个重要的转折点,这是历史发展的客观要求,体现了从封建主义向资本主义过渡的规律。随后,1797 年的雾月政变是法国大革命结束的标志。

在 20 世纪 90 年代,刘宗绪自己还主编了一本大学教材,由于其观点和表述与此相近,这里就不再详细介绍了。

整个 20 世纪 90 年代,对法国大革命的理解的确发生了巨大的变化,如有的从政治革命的角度来理解大革命对现代工业社会的意义和作用(我们系所编的教材),还有的从生产力发展的角度来看大革命对资本主义生产力的解放作用(刘宗绪)。尽管在 2000 年,北京大学出版社出版了潘润涵和林承节所写的《世界近代史》仍然还坚持着原来的一些观点,但这本教材已经没有多少影响,并且在大学的教学中更加不占主导了。

从中国大学教材对法国大革命的理解的变化来说,我们可以看到,大革命的教学与我们国家的政治发展和社会发展状况紧密相连,同时,也与学术研究的进步密切相关,当然,从教与学的互动关系来说,学生对新知识的渴望也成为我们更新的动力。当我们不再把法国大革命作为一种政治符号或者政治神话,一定要预设一个阶级的对立时,我们不仅能够给予学生一种关于法国大革命的知识,而且会给予学生对大革命进行思考的多元化视角,把学生从一种既定的"话语权威"下解放了出来。我想,这就是历史教学的意义所在吧。

注释:

①王韬著:《漫游随录·扶桑游记》,陈尚凡、任光亮校点,湖南人民出版社 1982 年版,第 90 页。

②今天多半译作《乌合之众》。

③讲稿即有附录。——编者注。

(本文亦为"法国大革命史"课程的讲稿之一,此系第一讲)

从体制更新到“贵族的反叛”

18 世纪法国启蒙运动的扩大和深入，使反对专制王权、等级特权、教会权威和要求享有人的固有权利，几乎成为第三等级中广大群众的共识和渴望，并且取得了教士，尤其是下级教士和自由派贵族的共鸣和支持。

1770 年，法国发生了影响及于广大地区的经济危机，物价上涨，财政赤字有增无减。七年战争（1756—1763 年）生效后签订的《巴黎和约》，又使法国失去了北美（加拿大）、亚洲（孟加拉、德干）和非洲的几乎全部殖民地。1776 年起，法国参加北美反英战争，企图乘机削弱英国在海上和欧洲大陆的优势地位，结果损失了 15 亿利弗尔，却只收复了圣皮埃尔和密克隆群岛、德干沿海、波帝岛和塞内加尔，并且巩固了安的列斯群岛的那些贸易据点，但是财政情况大大恶化了。这首先引起了以资产阶级为首的第三等级城乡平民的不满和嗟怨。

早从 18 世纪中期起，王国各项旧体制的更新，在一些先进的政治家的推动和努力下，被提上了议事日程。一系列措施得以贯彻，并且在若干方面取得了一定的成果。但是，这种更新不可能是顺利的和彻底的。封建王权和特权等级各有各的打算，都不允许触及自己的既得利益，更不允许触犯旧体制的基础及其基本架构。而即便是这种不彻底的更新，在统治阶层内部还是引起了不少矛盾，出现了不少反复，最终演变成作为大革命前奏的“贵族的反叛”。

一

1748年，法国发生了严重的谷物危机。开垦大量荒原、沼泽地带和山区，增加农业生产，成为当务之急，但是并无进展。1761年，国王参政院下令奖励开发土地，旨在推动贵族、资产阶级为扩大耕地而积极投资。1766年，政府重申奖励开发土地令。在1767—1777年，政府曾几次下令减轻赋税；在洛林、贝亚恩、香巴尼地区取消共同畜牧权和公共牧场使用权；允许大佃农、小佃农等用竹篱、栏栅围住自己经营和耕作的田地；鼓励村民多劳作，少在村社财产上打算盘；对新开垦的土地不征收捐税，什一税也改为只征收收益的1/50的五十一税。

另一方面，为缓解粮食困难，政府禁止谷物出口，1763年又准许谷物在国内自由流通。重农主义者杜尔哥在1761—1774年任利穆赞总督期间，撤销境内关卡，鼓励自由贸易。1774年杜尔哥改任财政总监后，由于年景连续欠佳，谷物价格上涨，有些城市甚至得不到正常供应，他就取消了粮食贸易的限制。1775年四五月间，许多地方发生骚乱，出现所谓“面粉战争”，他又进一步在全国范围内大力推行包括粮食自由流通在内的农产品和酒类自由贸易政策。1776年杜尔哥下台后，局部地区出现过反复。不过总的说来，这项政策一直执行到1789年，并无多大变更。1787年，政府又曾下令准许谷物自由出口。这是一个农产品自由贸易的时期。所有这些应急性的改革措施，对扩大耕地、增加粮食生产和便利粮食营运，起到了一定的作用。

体制更新也波及工业方面。其时，行会、工业（也包括商业）规条是对手工业生产和商业营运的最大约束，但对于乡村行业或大城市的大规模企业并无影响。有些规条从18世纪中期起也开始失效。如原来禁止进口和生产印花布，1759年颁布的敕令允予解禁，并采取措施来放松原来的某些规定。1779年，准许凡制造未经规条规定的产品，可以不用行会标记而用制作者的特别标记来发售。随后，又同意手工工场主有权在按照他们原来的规条和一种完全自由的安排之间作出选择来制造产品。1780年，又取消了一部分有关工业生产的规条，准许实行一种非常自由的制造程序。

1776年1月，财政总监杜尔哥下令取消行会，目的在于实现产品的生产自由、商人的营运自由、从业者的劳动自由，促进技术进步和自由竞争。按照法令，任何人，包括外国人在内，都可以自由选择职业，只要到治安部门申报一下就行，只是带有危险性的印刷业和制药业除外。法令取消了师傅或行会管事这类职衔，也取消了行会法庭，一切有关工艺和经济纠纷的诉讼案都归普通法庭审理。这项法令先在巴黎实施，并且准备没收和分配各行业行会的财产，然后推行到各省。杜尔哥于同年5月被解职后，8月行会又开始恢复，但数量减少了，巴黎只重建了44个手工业工人行会和6个商人行会。不久，政府承认同时存在两种类型的职业：自由职业和有组织的必须出钱购买师傅职衔的职业。原来手工业行会的师傅可以自由选择所要从事的工艺，也可以继续参加到行会中去，并可以在两个行会中同时进行登记。那些自由开设店铺的商人的自由权利得到保护，只需到相应的行会中登记一下。这些措施和政府1779年起实行的一些改革措施，都是杜尔哥的工（商）业自由化改革的继续。

在贸易方面，体制更新的主要内容是实行贸易自由。关于大型贸易，首先是1769年取消印度公司的贸易特权。原先，在内克尔支持下，法国继续实行贸易保护政策，公司处境艰难、朝不保夕。取消贸易特权后，公司的股东们把他们放弃的权益转给了国王，而国王则扮演了一名负债者的角色。高等法院曾经反对这样做，但贸易自由很快使印度公司有了一个明显的跃进。这是这一时期经济上的一项成功。

1783年，曾开发敦刻尔克等海上贸易点的卡洛纳被任命为财政总监。1784年，国王参政院根据卡洛纳的建议，决定将安的列斯群岛的贸易向外国开放，这对法国商人的贸易垄断是个严重的打击。但是，这个决定使那里的贸易更加兴旺，也推动了生产的进一步发展。这样做对安的列斯有利，对法国的种植园主也有利。1785年，又重建东印度公司，它享有垄断好望角以外贸易的特权。

法国政府还设法与一些国家签订贸易条约，试图降低关税、互惠互利。1769年，法国与西班牙签订贸易协定；1784年和1787年又先后与美国和俄国签订贸易条约。其间于1786年与英国签订的贸易条约规定：允许两国之间对各自所属省（郡）、地区、领地航行的绝对自由，法国进入英国的商品的纳税额低于其他国家进入英国商品的纳税额，从而结束了两国之间的贸易战。但是，真正从这一条约得到好处的是英国。英国的先进工业产品如潮水般涌入法国，法国纺织业首先遭到致命的冲击，引起了国内各方面的反对。

二

从 18 世纪中期起，人们通常认为国家财政直辖区一般要比国家财政选管区更加繁荣些，并把这种繁荣归功于有一个独立的地方行政部门。重农主义者考虑在杜绝地方自治主义可能回潮的情况下，在选管区内成立地产拥有者大会，负责管理和征收捐税；政府则急于密切与各省不同等级，首先是与第三等级的联系，谋求其支持，减少拨给特权者的年金，并增加税收以弥补亏空。1774—1775 年的农业歉收和参加北美的反英战争，使得这个要求更加迫切了。

1778 年，根据财政总监内克尔的建议，政府以试验为名，在一个贫穷的属于财政选管区的贝里成立省级大会（Assemblée Provinciale），规定大会由三个等级组成。一部分成员由首相提名并由国王指定；第三等级成员的数目与第一、第二等级成员的数目相等，按人头进行表决。大会无权决定征税总额，但可就税额分配投票。它可以向国王呈递陈情书，有相当广泛的财务行政权，包括原来属于总督的那部分权力。在休会期间，由一个经大会组成的中转办公厅行使职权。这个试验是成功的，它在一定程度上体现了第三等级的愿望，也实现了政府的意图。随后，政府又在多菲内、波旁内相继成立了省级大会，并准备进而重新组建全部行政机构。1781 年 5 月，内克尔辞职，这一试验中断了。

1787 年，行政机构的更新或建置重又开始了。政府向显贵会议提交了一项计划，准备成立一些由居民不分等级地选举出来的大会，每三年改选 1/3 的成员。大会分基层（天主教堂堂区）、县区和省三个层次，上一层次大会的成员由下一层次的大会推选。同年颁布的敕令修改了这项计划，规定基层是由选举产生的市镇会议（成员中应有领主、神甫以外的平民）；上面一个层次是选举会，由 24 名成员组成，从市镇会议成员中选出（但开始时仅由 12 名经国王选任的成员组成,这些成员再自行遴选另外12名成员);最高层次是省级大会,由国王按等级任命的成员(其中第三等级增加一倍)和由选举会选出的成员组成,总共是48名成员。所有成员,不管是经国王任命的,还是由选举会产生的,都必须原是市镇会议成员。各省省级大会负责分配课税的基数和省内一切行政事宜,有向国王呈递陈情书和提出改革建议的权利。在大会里,各个等级的代表一起讨论,按人头进行表决。休会期间,也由一个中转办公厅和一些由大会推选的代理人以大会的名义执行任务。总督在事实上成了隶属于大会的一名执政官。这个方案经显贵会议通过,在全国各省实施。

这个方案与1788年的方案一样,是比较折中、温和的。它使用了选举、自行延聘、国王任命等方法产生会议或大会代表,在设法保证特权等级获得必需的席位之外,着重考虑到给予第三等级不少于特权等级所拥有的席位,并按人头表决,以满足第三等级的愿望。不过,这个方案实施后,在各地的各个等级之间引起了震荡,发生了混乱。由于总督们的权限已经缩减,他们对面临的动乱一时竟至无法应付。方案的实施对各方面来说都缺乏时间上和心理上的准备,因而也是不顺利的。

市镇体制的更新与成立省级大会相比,起步稍早,而结果似更差些。路易十五政府于1764—1765年间连续发布敕令,建立一种城市型的组织体制,规定显贵会议由城市的一些主要团体(教士、贵族、官员、医生、教师的团体和商行、行会等)选出三个等级的代表组成;市政府包括市长1人、助理长官4人、参事6人,除由城市参议会向国王提出3名市长候选人、由国王从中挑选1人外,其他有关官员按制定的选举法由选举产生。路易十五的敕令,在国王与王国的一些主要城市之间事先协商的基础上是不难实行的;在那些保持着种种习惯性体制的城市,经过全面说明,并采取一些灵活措施,也是能够适应的。但是,1771年发布的重新规定可以赎买城市官职的敕令,却使这种措施成了问题,也引起了市镇对政府的不满和政府内部对这一敕令的强烈批评。

杜尔哥曾竭力主张建立由地产拥有者组成的市镇大会。同时,人们也希望在王国内部能有一种作为最完全的结合体的市镇,而并非只有地产拥有者作出决定的市镇。1787年的敕令提出了一种全新的制度,消除了城市和没有市镇组织的村庄之间的区别。它规定在所有基层——天主教堂堂区成立市镇会议。这种市镇会议由领主、神甫、居民代表组成,其成员为3名、6名或9

名。他们都由堂区居民在地产拥有者中间选举产生,每年改选 1/3。市镇会议由领主或居民代表主持。这种市镇机构可以处理日常行政事务,但重大决定应由居民大会作出。所有市镇会议都归高等法院和总督监督。这是一种相对具有民主性的体制,它构成了重建行政组织的基础,构成了恢复法国在转变为绝对君主制以前原有的行政组织的基础。

三

有关社会方面的各项措施,主要在于实现人们社会生活中的自由、平等,大致包括出版自由、取消徭役和农奴身份、实行宗教宽容和对犹太人的宽容政策等内容。

1788 年,国王参政院作出决定,邀请所有学者和有文化的人通过掌玺大臣提出各自的意愿书,向政府陈述意见。这个决定等于允许人们可以自由发表主张而无须经过事先的官方检查。所以,大量未经当局同意出版的散页的批评性文章和小册子立即在法国各地出现。在几个月内,有近 2500 份印刷好的意愿书在公众中广泛传播。高等法院曾试图加以制止。它传唤了这些意愿书的作者,但没有敢指责任何一个人。

关于修筑道路的徭役,过去只有照章缴纳军役税的人才可以豁免。1776 年,杜尔哥把准予豁免徭役者的范围扩大到二十一税的附加税的缴纳者,人数甚多,包括了所有房地产业主。这样,徭役遂成为二十一税的附加部分,从而在事实上取消了这种徭役。这一法令遭到享有特权的有产者的强烈反对,国王不得不将它撤销。1787 年,改用在人人都应缴纳、而实际上历来只有平民才缴纳的人头税的基础上增加 1/6 的附加税的办法来取代徭役。不过,当时徭役已经大为减少。就修筑道路而言,贵族都安排好一笔特别支出,使用工人而不是征召应当服役的农民来维修道路。

为体现人道主义精神,1779 年,政府宣布取消农奴身份,但是法令规定的措施相当空泛。因为农奴作为领主的依附者,都从属于领主,国王要取消农奴身份,首先要向领主赎回农奴。但法令也取消了领主对他们的农奴的追踪权,从而有可能消除对农奴的人身奴役;农奴从领主那里得到的耕种的份地,改为缴纳贡金的土地;领主并被要求在他们的领地上像国王在王家领地上那样行事,借以无偿地解放他们的农奴。有些领主这样做了,但彻底取消农奴身份,尤其在闭塞或偏远的地区,不是在短期内所能做到的。

1787年,政府颁布法令,肯定1770年以来有关宗教宽容的一些做法:新教徒可以公开举行宗教仪式,总督和天主教会都不得干预,除非举行的公开仪式引起当地居民和过往旅客的对抗。法令还允许新教徒:1.可以担任各项公职或差事,但司法职务和教师职务除外;2.可以自由经营商业和工业,可以是各种财产的所有者;3.婚姻注册等不受留难,为他们的子女确立合法身份。法令并未承认新教徒有公开举行宗教仪式的权利,也没有承认他们可以建立自己的组织,但法令显然承认了早已存在的事实,从而摆脱了新教徒长期以来的困难状况。就婚姻而言,所谓合法婚姻的婚礼,历来只能是由一位天主教神甫主持的婚礼。但是,新教徒的婚礼自然只能由一位新教牧师主持。从法的观点看,这样的婚姻是不合法的,子女也只能算是非婚生的,不为法律所认可。

1787年法令确立了新教徒法律上的身份。不但他们的结婚证明书,而且出生、死亡之类的证明书都可以注册,不再与宗教信仰、宗教行为联系在一起。换言之,新教徒可以向王家的法官提请将这种证明书注册,或者甚至可以向神甫提请注册,神甫不得拒绝,而只能像一名户籍管理人员那样予以接受。

1784年,政府对犹太人作出了一项宽容的决定:取消犹太人的各种用实物纳税的通行税,以及一切由王国、领主和城市核实的在行旅中的犹太人应当缴纳的所有特别捐税。作为人身不平等的标志之一的这类捐税从此消失了。1786年,《梅斯犹太人共同体的习俗和习惯法汇编》编纂出版。还有人试图重新校订犹太人的全部法规,不过,这个计划到1789年还未完成。

四

司法的更新主要是更新高等法院。高等法院始建于卡佩王朝初期;到15世纪时,王国领土扩大,诉讼案增加,高等法院也陆续增加;到1789年,全国除巴黎外共有12所高等法院。高等法院是用国王名义对王国司法案件进行终审判决的法院。法院和法官都享有特权。巴黎高等法院除对司法案件作终审判决外，还负责签发密札；14世纪后又负责审议王国的法律、法令、法案、条例，并须经其同意注册才能生效，往往为此与政府发生矛盾，导致对立。此外，外省的一些高等法院和法官也常常利用特权与宫廷和大臣们产生摩擦。1764年，雷恩高等法院因反对捐税过重，有关法官遭到当地政府逮捕，导致法官集体辞职和全国各地高等法院法官的抗议，1766年还由此引起了巴黎高等法院和政府的直接冲突。路易十五在特权阶层的压力下，终以恢复雷恩高等法院的特权了事。

1768年，富有魄力的莫普被任命为掌玺大臣。1770年，颁布《规章与纪律敕令》。其重申：国王是司法之源，法院法官代表国王行使司法职权，必须恪尽职守、效忠国王，不得过问政治，不得与其他法院联系或擅自召开会议等。莫普认为，这是消除一些过分的特权和各种改革障碍的必要的一步。他要为宫廷收回历来被出卖并准备世袭的那部分官职，还革除了法官在处理诉讼案中接受当事人礼品的陋习。他首先削弱巴黎高等法院的活动能量，把司法权分散到五个裁判区。在每个裁判区里设立一个由司法官员组成的高级会审庭（Conseil Superieur），处理各项诉讼案件。这些措施大大减弱了巴黎高等法院的影响，但它仍然是巴黎的高等法院，仍然是王国的法律、条例、法令注册的一个权力机关。

巴黎高等法院拒绝接受这一敕令。路易十五按照惯例亲临法院，面谕将法令注册。敕令生效后，法官们集体离职，其中大多数旋被革职或放逐。随后成立由行政法院推事和审查官组成的特别法庭取代巴黎高等法院。各地高等法院有些被改为高级会审庭，有些辖区较大、诉讼案较多的被分散为几个高级会审庭。所有的司法人员，没有一个是贿买得官的。这次改革主要削除了穿袍贵族世袭的特权，也影响到所有贵族包括世袭权在内的多种特权，因而遭到特权阶层、顽固势力的抨击。

1774年，路易十六即位，为息事宁人、安定政局，又恢复了高等法院和其他法院的特权。直到1787年召开显贵会议时，巴黎高等法院又拒绝为王国政府提出的一系列法案注册，并且掀起了以法院为首的“贵族的反叛”。路易十六亲临法院迫令注册后，对法官进行镇压，在全国范围内引起了巨大反响。

1788 年,政府成立由国王遴选其成员的全能法院负责王国法令的注册事宜,并进行某些司法方面的改革,包括对地方上拜宜裁判区的改革,把所有拜宜裁判法庭一律改为初等法院,另设 47 个大拜宜裁判法庭为民事、刑事终审法庭。但是,任何终审法庭或法院受理的民事案件的钱财数额不得超过 2 万利弗尔;在刑事案件的量刑方面,也作了严格的规定,并正式宣布废止刑讯(已于 1780 年实行),罪犯在被处决前不得施以酷刑等。

财政问题是革命前夕最严峻、也最棘手的问题之一。路易十六于 1774 年即位,任命杜尔哥为财政总监。在国库空虚、旧债累累的情况下,杜尔哥向路易十六书面提出"不宣布破产、不借债、不增税",试图以更新财务机构、整顿财政收支来缓和危机。他希望减少浪费,宽恤民力,废除与土地有关的各种苛捐杂税。他减少输入城市的粮食的税收,免除农民的修路劳役,改为征收以产业额为根据、特权等级也须缴付的道路税。1776 年年初,取消领主酿酒专利权,实现酒类贸易自由。但所有这些措施都因遭到巴黎高等法院和顽固势力的反对而被废止,杜尔哥也被解职。

1777 年,内克尔出任财政总监。他在财务行政方面进行了某些温和的改革,着重推行举债政策来增加国库收入,通过抽签还本、发给终身年金等办法吸收了一部分民间财富。他获得了信誉,重建了公共信贷,也给国家的企业注入了活力。1780 年,法国的经济生活有了某些起色。但他同样遭到巴黎高等法院的抨击,并在法令注册等方面遇到刁难。为此,内克尔于 1781 年 2 月经路易十六同意公开发表关于财政状况的《给国王的报告书》(*Compte Rendu Au Roi*),说明他的举债政策的成就和财政管理方法,表明法国经济完全没有失控,并用 1000 万利弗尔的盈余掩盖了历来积存下来尚未获得平衡的 4600 万利弗尔的财政赤字。由于报告书如实开列宫廷和享有巨额年金的宫廷贵族的挥霍浪费,得罪了宫廷和权贵,内克尔于同年 5 月被迫去职。

1783 年,卡洛纳任财政总监。他为取得特权者的支持,替宠臣们偿还赌债,给他们增加年金。他还开展债券交易,增加公共事业投资,造成繁荣假象。他也鼓励修建道路,开凿运河,增辟港口,重新开办印度公司,试用扩大对外贸易以增加收入。为此,他继续执行内克尔的举债政策。但由于他的大规模开支,总是入不敷出。虽然债券的年息提高到 12%,举债却越来越困难。为了增加收入,他改铸钱币,扩大出售官职范围,出卖国有土地。在这个时期中,预算案支离破碎,收支账残缺不全,连卡洛纳自己也不清楚财政的真实情况。1786 年,卡洛纳提出一个总的改革方案,其中最主要的是创设一种每一个土地所有者无例外地必须缴纳的土地特征税(Subvention Territoriale),旨在使拥有大量土地的特权等级也承担一部分赋税,重申并贯彻取消各地关卡和谷物自然流通,建立由纳税人选举产生的省级大会等政策。然而,这个方案首先遭到巴黎高等法院的反对而被拒绝注册。形势显得更加严峻、更加棘手了。

五

卡洛纳以征收土地特征税为中心的财政改革方案遭到高等法院和其他特权者的反对后,国王采纳了他的建议,于 1787 年 2 月召开了显贵会议。这次会议的议题是:全国设立省级大会,实行市镇改革,实行税务改革。税务改革的内容是:取消国内关卡的关税,不同地区捐税平等,不同等级纳税平等,减轻盐税,用土地特征税或土地强制税取代二十一税,王室和教会的土地亦照章纳税。

这些议题中的税务改革因触犯了特权等级的利益而遭到与会者的冷落与反对。卡洛纳被免职,其努力亦付诸东流。继任财政总监布里埃纳虽然与卡洛纳意见相左,但是在严峻的财政危机面前,不得不重提前任的方案,还提出征收印花税等内容,显贵会议则拒不让步。5 月中旬,显贵会议被解散。贵族与王权的矛盾激化,进而演变成“贵族的反叛”。其时,与王权相抗衡的巴黎高等法院成为特权等级反抗国王、抵制改革的堡垒。王权与高等法院之间的关系持续紧张,斗争越来越激烈,斗争范围也越来越扩大。

1788 年 1 月 4 日,巴黎高等法院提出一个反对密札制度、要求恢复臣民天赋权利的个人自由的公诉状。5 月 3 日,其又发表一项题为《民族权利和君主制根本法》的宣言,主张限制王权,确认:只有作为国民代表的三级会议才有权决定如何征税;为反对逮捕和放逐,再次谴责密札式的暴行,并要求制定一项人身保护法,非依法,不得逮捕、监禁任何人;还强调必须维护法官终身任职制,尊重各省习俗。公诉状和宣言用天赋人权和人身保护,也用代表国民的三级会议来反对专制王权。当然,它们并没有放弃等级特权,并不主张权利平等,更不放弃贿买来的法官这种职位的终身制和世袭制。

王国政府对高等法院的宣言迅速作出反应。5 月 5 日至 6 日晚,高等法院反对派中的两名主要分子被捕;两天后,以掌玺大臣拉穆瓦尼翁的姓氏命名的司法改革法令被强行注册执行。这次司法改革几乎涉及全国的法院和法庭,旨在缩小巴黎和外省高等法院的权限,扩大并加强 47 个大拜宜裁判法庭的职能,还建立了一个由公爵、大臣组成的全能法院,负责王国的法律、条例、法令的注册事宜。同时,巴黎高等法院的法官在同一天内被流放。

对巴黎高等法院的严厉镇压,尤其是拉穆瓦尼翁法令的执行,触及了穿袍贵族的特权,激起了全体穿袍贵族的反抗,也激起了巴黎和外省其他等级和阶层对专制王权一意孤行的愤怒。这导致了外省以声援巴黎高等法院为名的骚动和一些地方法院与当地行政当局的冲突。"贵族的反叛"使宫廷一筹莫展,延至 8 月,布里埃纳在宣告财政破产后引咎辞职。国王参政院宣布中止全能法院的工作,中止未经巴黎高等法院同意注册的那部分司法改革。

事实上,在为维护自身的特权、特别是不纳税的特权方面,第一等级的教士、第三等级的佩剑贵族和以法官为首的穿袍贵族是一致的;而在反对王权专制、要求自由的口号下,以资产阶级为主体的第三等级也与特权等级比肩而战。

"贵族的反叛"是法国大革命前夕爆发的反对王权专制的重大事件,是旧法国贵族与君主上百年的斗争中唯一得到第三等级、特别是资产阶级的支持而获得全盘胜利的一次。法国历史学家、政论家托克维尔曾经认为,大革命不是 1789 年在第三等级发动下开始的,1787 年就已经开始了这个革命的第一阶段。此说得到了法国大革命史专家阿尔贝 · 马蒂埃和乔治 · 勒费弗尔的赞同。马蒂埃在他 1922—1927 年印行的《法国革命》(3 卷本)中就把"这个革命的第一阶段"称为"贵族的反叛"。1948 年,勒费弗尔在一篇题为《世界历史中的法国大革命》的文章中指明,法国大革命开始于 1787 年,这场革命的第一阶段"人们可以称之为贵族革命"。而 1789 年开始的革命则可称为"大革命的第二阶段——资产阶级革命"。

什么是大革命呢？大革命的任务是什么呢？托克维尔在他的名著《旧制度与大革命》的第三编第六章中说"旧制度给大革命提供了它的许多形式",

又在第八章中表明"大革命促进法国人去彻底摧毁中世纪遗留的一切制度，扫清场地后，去建立一个人道所允许的人人彼此相像、地位平等的社会"，并"促使法国人不仅要生活平等，而且要自由"，"这场革命是由民族中最有教养的阶级"引发的。马蒂埃自称是"饶勒斯的思想上的门生"，勒费弗尔是在饶勒斯的影响下研究大革命的，他们与饶勒斯一样，认为法国大革命的原因在于资产阶级经济和知能力量的成熟，革命的结果是使这种力量得到法律的承认。马蒂埃还提出，法国大革命具有"民主共和""达到社会民主的雏形"等内容。勒费弗尔则明白地指出，法国大革命是一场社会革命：取消封建权利、什一税、贵族等级免纳赋税的特权等，标志着这场革命的所有内容，又都是资产阶级革命所要求达到的目标。"所以，从托克维尔、马蒂埃、勒费弗尔自己的论述中，就说明了不应该把所谓'贵族的反叛'和'贵族革命'同法国大革命混淆起来。1789 年的革命既然是资产阶级革命，那么在这样一个革命中就不存在有与之性质截然不同的'第一阶段的革命'。"

史实很明白，巴黎高等法院和显贵会议抵制的是王国政府一切损及特权等级权益的改革，只是在他们以"反对王权专制""争取自由"和"人身保护"的名义进行"反叛"时，才得到了以资产阶级为首的第三等级群众的声援。"贵族的反叛"是为了消除王国政府干预他们行使特权的自由。而以资产阶级为首的第三等级所要求的是内容广泛得多的自由，并且还要求平等，首先是消除特权等级、实现权利平等，这是人的"自然权利"的全部回复。这就是为什么在"贵族的反叛"之后，以资产阶级为首的第三等级终于又与特权等级分道扬镳，而顽固不化的特权者还将是，而且必然是革命的敌人。

［原载《华东师范大学学报(哲学社会科学版)》1998 年第 1 期］

论君主立宪派的农业和工业改革

——法国大革命初期的改革研究之一

改革是与革命相辅相成的社会运动。法国大革命初期，主持颁布《人权和公民权宣言》与《1791 年宪法》的君主立宪派率先承担起为新的资本主义制度奠基的重任。在从 1789 年到 1792 年执政的 3 年中，他们筚路蓝缕、恪尽职守，力图全面变革旧制度。这些改革的后果，或彰明较著，或其效不显。本文仅就这一时期农业和工业方面的改革作若干探索。

一、农业改革

君主立宪派对农业的改革，在于挣脱旧的封建桎梏，实现农业经济自由。改革主要有三个方面的内容：废除封建权利、重新分配公有土地和确定新的所有制。

1789 年 8 月 4 日夜，制宪议会为缓解农村暴动和“大惊恐”所造成的严峻局势，紧急召开会议，试图作某种妥协。会议一开始，诺瓦耶子爵首先发言，提出安定大局的四项建议：王国所有的人按收入的比例纳税；此后人人都可以担任所有的公职；所有的封建权利可予赎买；领主的劳役、永久管业权以及其他人为奴役一律无偿废除。接着，埃基荣公爵作了内容类似的发言。发言受到议会的热烈欢迎。随后，等级特权、省和市的特权都被宣布废除。会议发言踊跃，从晚上 8 时起直到次日凌晨 2 时才在“国王万岁！”“法兰西自由的恢复者路易十六万岁！”的欢呼声中结束。这些决议还有待见诸适当的文字；有些问题也需要进一步探讨。从 8 月 5 日起，议会就开始此项工作，至 11 日，通过了《废除封建制度的法令》，即《八月法令》。法令共 19 条。法令第 1 条宣布，“国民议会完全地摧毁封建制度”[①]，这自然是溢美之词。国民议会废除的是领主的劳役和其他人身奴役以及为显示领主的荣誉的、或与这性质相类的各种权利。但一切其他涉及“实在”物权、“实在”贡赋之类的权利则需要赎买。国民议会承诺将就赎回的价格和方式作出决定。议会为确定哪些是无偿废除的权利，哪些是需要赎买的权利，于 10 月 9 日组成封建权利委员会，负责进行审议。委员会成员主要来自第三等级，也有一些贵族和教士，他们大多憎恨封建权利，其中有著名的法学家杜埃的梅兰和著名律师特鲁歇等。

封建权利委员会就有关问题经过审议后向议会提出报告。报告列举各种封建权利，如荣誉权，专卖权，狩猎权，征用权，围占土地权，垂钓权，对鱼塘、鸽房、磨房和榨汁机的绝对持有权，占有农奴权和征收死手捐、养路捐、通行税、入市税等权利，确认这些权利是通过暴力手段创设的，应无条件予以废除。但是报告同时又指明，诸如徭役、专卖、征用等权利，如领主能提供一份足以证实其起源的确凿证据或两张 40 年间未中断过的相同的有关凭据，便有权要求对这些权利实行赎买。除上述权利外，所有与土地相联系的封建权利都属于“实在”物权，均需要赎买。议会接受了委员会的报告，并于 1790 年 3 月 15 日以法令形式颁布施行。

法令规定，农民必须在同一时间赎买所有与一小块土地相关的封建权利，如年贡和额外税等。1790 年 5 月 3 日，议会又规定赎买的价格为每年现金贡赋的 20 倍、实物贡赋的 25 倍。一个农民通常要付出 1200 利弗尔；此外，还要为实际上已不存在的额外税，如土地转移和拍卖税付出 60 利弗尔。议会还要求农民在赎买时付清 30 年来所拖欠的各种债款。所有这些规定使赎买成为纸上空文。农民不愿也无力进行这种赎买，他们情愿把使用的土地当作国有财产。

农民原来对制宪议会的《八月法令》满怀希望，这大大缓和了农村的动乱局势，但是他们的希望落空了。1790 年 3 月 15 日至 5 月 3 日的法令把农民推入绝望的深渊。他们认为这是维护领主利益的法令，君主立宪派欺骗了他们。绝望变成了愤怒。1790 年夏，农民起义又在各地如火如荼地展开。面对农民的骚动，制宪议会直到解散为止也不为所动。

接替制宪议会的立法议会于 1790 年 10 月开幕后就着手解决由农民赎买

封建权利义务所产生的问题。立法议会严格要求领主出示权利的合法证明。1792年6月18日，议会无条件废除额外税，并作出了一些有利于赎买者的决定。这些措施推动了农民的赎买活动。当时，贬值的钱币——指券又帮助农民提高了赎买能力。不过，在君主立宪派执政时期，封建权利始终未被彻底废除。例如，在奥布省，封建权利一直保存到1793年；在杜省，农民甚至到拿破仑时期还在履行旧制度下的封建义务。

制宪议会在宣布废除和赎买封建权利义务的同时，又拍卖教会地产，并设法用分割农村公有土地的方法来解决农村公社问题。

1789年11月2日，制宪议会通过决议把教会地产收归国有。1790年5、6月间颁布法令准许公民分期付款购买教会地产。议会希望用这个办法尽可能地回收货币来偿还债务，弥补财政赤字。他们首先考虑的是财政、金融问题，其次才是农民问题。议会为大块土地购买者提供许多优惠条件，如低价、免税和减收注册费等，并特别强调优先照顾一次性付清款项的购买者。这些规定诚然有利于回笼货币，却使土地全部落入资产阶级、贵族和富裕农民手中。最贫困的农民全被撇在一旁。

教会地产的首次出售获得了很大成功。贵族和资产阶级由于农民赎买封建权利，国家又向他们清偿债务，手中积累了大量金钱；指券的发行和贬值又刺激他们急于购买不动产，保持固定产值，购买不动产的高潮由此掀起。而购买不动产的高潮，又使地价从开始出售起便飞速上涨。1789—1791年，议会出售土地的实得款项大大超过了预定数额（参见下表[②]）。不过，在回收的货币中，多数是贬值中的指券，国家受到很大损失。

省	预定金额（万利弗尔）	实得金额（万利弗尔）
诺尔	23.35	40.90
加来海峡	34.90	53.40
巴黎	20.28	44.32
奥布	10.80	18.00
上加龙	10.29	15.00
莫尔比昂	4.00	4.80

土地的买主，如上面提到的，主要是资产阶级、贵族和富裕农民，间或也有少量一般农民、个别教士加入了购买者的行列。在大部分地区，教会地产

更多地落入资产阶级和富裕农民手里。但是富裕农民的购得量远远不及资产阶级。以歇尔省为例,在桑塞尔县,资产阶级共购得的土地为156.7万利弗尔,富裕农民购得的仅为90万利弗尔,在奥比尼县,资产阶级购得的土地为74万利弗尔,富裕农民购得的仅为14.7万利弗尔;在桑库安县,资产阶级购得的土地为123万利弗尔,富裕农民仅购得的仅为27.5万利弗尔。③君主立宪派并不是不愿让一般农民成为新的小土地占有者,他们知道,给予农民土地,将吸引农民成为他们政策的拥护者。在一些教会土地原来就狭小和交错的地区,或受骚乱和暴动侵袭过的荒芜地区,或专家们在出售前对地价估计偏低的地区,一般农民往往合股购地;在康布雷齐、劳诺瓦和皮卡第平原,他们的购地量甚至超过了资产阶级和富裕农民。从全法国看,自耕农的数量大大增加了。广大农民无疑在这场地产出售运动中得到了好处。但是充当帮工、雇工和短工等的贫苦农民没有从中获得任何利益。

索布尔指出:"法国大革命不妥协地摧毁封建生产关系,加速了农村公社的瓦解过程。"④农村公社的公有土地同封建权利一样,阻碍着法国农业的进步。分割这些公有土地是瓦解农村公社的唯一办法。

对农村公社土地的分割,在革命前曾风行一时。许多领主利用围占土地权,对公有土地巧取豪夺。1789—1791年,经久不息的农民起义打断了这一分割过程,在被占土地上又重新恢复了许多公共牧场。农民的许多利益是同公有土地分不开的:根据传统,他们有使用公共牧场、草地、森林和拾穗等权利,这些都是他们,特别是无地、少地的贫苦农民维持生存的必要条件。所以分割农村公社的公有土地,将必然招致广大农民的强烈抵制。

制宪议会预计到了这一点。它将农村公社的公产分为两类:一类为房屋、可耕地;一类为牧场、荒芜地。分割暂时只限于后一类。前一类仍留给集体支配,农村公社可按大多数成员的意愿,或出租、或出售,并共同商定管理方法。对于第二类,在分割前,必须对分配的牧场和荒地作出确认。议会在这个问题上遇到了麻烦。过去几个世纪以来,由于领主不断蚕食公有土地,许多公有土地早已归入领主私人名下。1790年6月20日,议会宣布:农村公社的公有土地以它目前拥有的土地为限。这项决定使领主的非法占有合法化了,领主成了被围占的土地的法定主人。1791年4月13日,议会再次颁布法令,承认领主过去的占有,并要求保持领主与公社对公有土地的共同所有权。

1791 年 9 月 28 日，制宪议会宣布允许在全国范围内对公共牧场和荒芜地实行围占。无地少地的贫苦农民群起反对，甚至不惜使用暴力维护他们的集体权益。议会的这项政策因此受挫。在君主立宪派执政期间，始终未能实现彻底分割农村公社公有土地的计划。但封建生产关系已在不断消失中，由于农村资本主义因素的滋长，农村公社也将难以持久地存在下去。

在废除封建权利和完成土地权转让后，为保持和巩固这些成果，议会致力于确立新的所有制，以原来使用的罗马时代的私有概念为依据，确立一种新的完全自由的绝对所有制。

1791 年 9 月 27 日，制宪议会通过法案，宣布土地所有者能在自己的土地上自由耕耘，选择种植的作物，在自己愿意的时候工作，使用自己想用的农具，以及任意围圈土地和撤围。这正符合重农学派所主张的农业个人主义。勒费弗尔说："经济自由最终在 1791 年宪法和 9 月 27 日的乡村法典中得到确认。"⑤法案还规定，土地上的野生动物也相应地归土地主人所有。至于地下资源，则按照旧制度后期的规定归国家所有：1791 年 3 月和 7 月，议会分别颁布法令，重申地下矿藏由国家统一管理和处置，国家出让开采权。开采的个人或集体将给矿藏表层土地所有者一定的赔偿。为了维护绝对所有制法令，议会还补充规定：表层土地所有者可以占有全部露天矿藏及离地面 100 法尺⑥以内的矿藏。

在确立了新的土地所有权后，制宪议会又接着确立河流所有权。为了使沿岸所有居民都能得益，河流必须打破垄断。议会宣布，通航的河流、海洋、冲积地同公路、大道一样都应视情况分别归国家或公社所有，但承认沿岸居民可以按有关规定占有河流和冲积土形成的小岛。

制宪议会确立了完全自由的绝对所有制，但考虑到实际的经济利益，又对这种所有制作出某些限制：所有权不得妨碍他人，不能束缚或影响他人利益。为了防止土地所有者荒废耕地或将土地挪作他用，议会强制所有者垦荒、耕耘。

制宪议会还禁止个人随心所欲地制订土地出租契约。1790 年 12 月 29 日法令规定，土地出租以 99 年或家族的三代为限。属于已婚女子和未成年儿童的土地出租期不得超过 9 年。

旧制度下地产的转移方式五花八门。各教区都有对地产继承的独特规定。有些地区受罗马法影响较大，基本上采用自由立遗嘱的方式。另一些地区则按习惯法处理，实行长子继承制。制宪议会糅合罗马法和习惯法，制定了两者并行的继承方法。地产所有者可自由立遗嘱来转移其财产；在没有遗嘱的情况下，地产得以由其后人平均分配。但使用自由立遗嘱的规定引起了一些政治问题，地产所有者可能因此剥夺掉他儿子的继承权，使他的儿子丧失了积极公民资格。于是，一些民间团体要求取消这项规定；而议会中却有相当数量的代表，尤其是来自南方的代表竭力捍卫这项规定。在整个君主立宪派统治时期，一直为此争论不休，始终未能取得一致意见。

君主立宪派的农业改革，为推动资本主义生产方式在法国农村的全面铺开，迈出了坚实的一步。

二、工业改革

《人权和公民权宣言》中没有提到经济，更没有提到经济自由。但它解释自由的涵义说："自由是指可以做一切无损于别人的事。"(第 4 条)这就为以经济自由为核心的工业改革确立了原则，并在《1791 年宪法》中具体规定下来，在实践中得以具体体现。工业改革的内容有三方面：废除行会和师傅制度、通过影响持久的《勒·夏普利埃法》、革除有碍工业发展的陈规旧制而代之以新规定。

行会和师傅制度作为一种封建特权，是严重束缚资本主义经济发展的封建桎梏。制宪议会早就确认应当予以废除，只是一时还顾不上列入议事日程。1791 年 2 月 15 日，议会讨论营业税法时，原贵族达拉尔德代表国家税务委员会指出行会与垄断一样操纵生产、操纵价格，也是造成生活费上涨的因素，是必须废除的一种独占性特权。委员会就撤销行会与撤销假发师傅、理发师傅、澡堂师傅等一起提出了一个周密的提案。3 月 2 日，议会同意这个提案，通过《达拉尔德法》，决定该法于 4 月 1 日起生效，全面取消了行会和师傅制度，包括享有特权的手工工场，实现了工业经济自由。为使这项法案更具有权威性，议会在宪法正文的前言里写上今后"不再有行会监视人的职务，也不再有职业行会、技术行会和手艺行会”[⑦]。

一般手工工场主和工人、学徒们为废除行会和师傅制度而欢呼，工场主从此可以放开手脚，自由经营，人人都能成为雇主，这是资本主义生产力的解放。工人们认为消除了行会和师傅制度的约束，可以自由谋生或通过自由组合——工会，改善自己的工作和生活。不过事实并非如此。

随着经济危机的加深、物价飞涨和指券贬值，工人们不断展开要求增加工资的斗争，工会的作用越来越大。1789 年与 1790 年，巴黎、里昂及卡昂不断发生由工会组织的工人罢工，提出增加工资、减少工时和降低面包价格的要求。1791 年 4 月，巴黎木工联合请愿，要求增加工资。巴黎市政府企图加以镇压，不料引起了大规模骚动。工人们组成行业兄弟联合会，宣布日工资不得低于 50 苏，要求市政府迫使企业主接受。市政府对此束手无策，于是向议会求助。

制宪议会为稳定社会秩序、阻止工人罢工，采取了一系列措施，包括武力镇压和颁布戒严令，可是收效甚微。由巴黎木工开始引起的大规模骚动促使制宪议会最终制定反工会法。

1791 年 6 月 14 日，勒·夏普利埃代表宪法委员会提出目的在于禁止工人组织工会和罢工的法令草案。他在发言中指出，撤销行会，是因为行会给公共秩序带来巨大的危害，可是有人却已在组织手艺、技术会议，指定一些人充当会长、秘书、理事和担任其他职务，设法重建业已撤销了的行会。“我们有充分的理由相信，这些会议的组织已经在工人们的心灵中煽动起来的，不是通过他们的组合来达到增加劳动工资的目的，而是挑起动乱的那种隐蔽的意图。”[⑧]接着，他提出法令草案共 8 条。第 1 条说：撤销相同身份和行业的公民的各种行会是法兰西宪法的主要基础之一。因此，“禁止以某种借口和任何一种方式实际上重建这类行会”。第 2 条说：“相同身份和行业的公民，承包工、拥有营业的店铺的人，任何一种手艺的工人和伙计，当其聚在一起时，不得选举会长、秘书、理事，不得进行记录、作出决定和从事商讨，不得以所谓的共同利益制定规章。”[⑨]法令草案还规定，相同身份和行业的公民作出的决议或订立的契约，均应宣告为违反宪法、侵害自由和《人权宣言》；其肇事人、带头者和教唆者将分别按其违法行为的轻重处以 500 至 1000 利弗尔的罚款，剥夺积极公民权利 1 年或入狱 3 个月；承包工和工人的个人自由如果遭受来自这些组合的威胁或暴力行为而遭到打击，这种暴行的责任者将作为公共安宁的扰乱者被追究。

法令草案一经提出，制宪议会几乎未经讨论即予通过，这就是《勒·夏普利埃法》。该法的最初适用对象只是工人和小店主等，7 月 20 日，议会将它的适用范围扩大到包括农业工人和家庭雇工在内的所有雇佣劳动者。

值得注意的是，在议会讨论法令草案时，坚定的君主立宪派固然一致赞成，即使一些著名的民主派代表，如罗伯斯比尔、佩蒂翁等也并无异议。只有议会外的马拉在他的《人民之友》上抨击这个草案，指出它的主要目的是用禁止结社的办法把工人排斥在政治生活之外。议会内部之所以全都支持这个草案，很明显是基于一种深刻的社会经济观念，即从近代早期起流行的资产阶级的个人主义和经济自由主义。他们以为工人的各种组合以及这些组合的会长、秘书、理事之类确如勒·夏普利埃在他的法令草案中所指斥的，将会是行会和师傅制度的那种垄断、特权的恢复，却完全忽略了这一法令的实质是用以遏制工人运动的工具。法国工人阶级经过 70 余年的斗争，到 1864 年 5 月才初步废除了《勒·夏普利埃法》，取得了罢工的权利，而获得组织工会的权利则要到 1884 年。

在废除行会和取缔工人组合的同时，制宪议会还取消了一些有碍工业发展的陈规旧制：1791 年 9、10 月间，取消了行业业务督察委员和产品制造管理人，并废除了采矿禁令。这些决定是废除行会和师傅制度的必然结果。

为了促进工业自由发展，制宪议会在诺曼底商会的提议下，参照布列塔尼的法律，推行一种自由的发明专利特许证制度，以取代过去的工业特权。这项工作始于 1790 年，布弗勒尔骑士负责就此事向议会提交报告。1790 年的最后一天，议会通过了他的提案，1791 年 1 月 7 日公布。该法令把专利分为发明专利、改进专利和引进专利三大类。其中如发明专利规定：发明者为获得专利权，须付出一小笔税金，专利权 5 年为 300 利弗尔，10 年为 800 利弗尔，15 年为 1500 利弗尔。发明者不得把专利出让给外国人。法令特别指出，专利一到期，就成为公共财产。为使这一点得到证明，届时每位发明者在专利权期满时应将他的发明提交一份严肃、完整和详细的说明书。发明专利特许证制度使发明成了一项可以转让、可以出卖的私有财产，这大大促进了工业的竞争活动。

制宪议会不久还建立了由30人组成的工业咨询局,作为1790年12月31日法令的配套措施,专门负责处理工业发明、推广新经验和确定专利权等事项。咨询局的成员都是资历较高的学者,其中半数人是法兰西科学院院士。

到1792年,工业经济中旧制度的国家干预和行业垄断已被完全清除。经济自由主义在工业中取得了胜利。

君主立宪派对农业和工业的改革是卓有成效的。它消除了旧制度下束缚生产发展的障碍,为以后的农业和工业生产发展准备了条件。农业和工业的改革以及贸易、税制和金融等改革是在法国实现经济自由的重要步骤。如乔治·勒费弗尔在论述这一问题时所说:"在欧洲第一次宣告经济自由,这是资产阶级已上升为统治阶级的最好证明。"⑩

注释:

①比歇、鲁合编:《法国大革命议会史》第2卷,巴黎,保兰出版社1834年版,第259页。

②戈德肖:《大革命与帝国时期的法国制度》,巴黎,1968年,第198页。

③同②,第199页。

④王养冲编:《阿·索布尔法国大革命史论选》,华东师范大学出版社1984年版,第99页。

⑤乔治·勒费弗尔:《法国革命史》,商务印书馆1989年版,第143页。

⑥法尺,法国古代长度单位。一法尺相当于355毫米。

⑦比歇、鲁合编:《法国大革命议会史》第11卷,巴黎,保兰出版社1834年版,第407页。

⑧同①第10卷,第195页。

⑨同①第10卷,第195、196页。

⑩同⑤,第144页。

(首次发表于《历史教学问题》2004年第6期)

论君主立宪派的行政与司法改革
——法国大革命初期的改革研究之二

在旧制度末期发生的多次改革中,法国曾有过温和的行政改革,例如设置兼顾第三等级利益的省级大会,而实施并不顺利。18 世纪 60 至 80 年代,法国进行过市镇体制的更新工作,构成了重建行政组织的基础。在司法方面,高等法院与政府的摩擦自 14 世纪以来就时缓时烈,1766 年曾因捐税过重引起冲突,1787 年“贵族的反叛”也由高等法院为首掀起。事后,国王褫夺了沿袭已久的高等法院注册法令之权,并对司法部门作了若干改革。不过,法国的行政和司法体系远非井然有序。刚上台的君主立宪派面临的行政、司法体系是守旧、混乱而亟待变革的。

一、行政体制的重建

君主立宪派执政以后,为改革行政制度作出了巨大努力。在中央,确立了以国王为首、六部大臣具体负责的新体制,但是地方行政制度的改革困难重重。旧制度下的地方行政十分混乱,政区重叠、官制杂乱。省往往不是严格的行政区,而是交错着司法区、教区、军区和税区等的传统封建组合。在同一个省内,总督(或译巡按使)、省长、主教、卫戍司令各行其是。总督管辖司法、警务、财政等大事,却往往受到多方面的掣肘。旧制度末期曾试行的改革收效甚微。三级会议召开前夕的许多陈情书呼吁改革地方行政制度,然而积弊甚多,远非一朝一夕能够轻易消除。1789 年 7 月底,迪波尔首先向制宪议会呈交了一份行政改革提案，建议根据平等原则，将法国分成70个省，省下设县和市镇（Commune，又译公社）。当时议会正忙于讨论《人权宣言》，中间又一度讨论废除封建制度法令，这一提案被暂时搁置了起来。此后，议会中不断有人提出行政改革方案。8月底，拉利-托朗达尔提出一个提案，建议平均划分县，每县由15万居民组成。与此同时，西哀耶斯也提出了经过深思熟虑的提案，建议按地理状况将法国划分为89个省，另加首都巴黎；每个省由9个市镇组成。西哀耶斯的建议引起了宪法委员会核心人物图雷的注意。图雷根据西哀耶斯建议的精神，提出一个提案，于9月29日正式送交议会审查。提案建议，全法国除巴黎外，分为80个省，每个省分为9个县，每个县分为9个市镇。一个市镇平均由680名积极公民组成初级议会，由初级议会选出代表组成县议会，由县议会选出81名代表组成省议会，由省议会选出国民议会代表。

1789年的10月事件再次中断了议会有关行政改革的讨论。直到11月3日，讨论才恢复进行。许多人反对图雷的建议，认为他的方案并未彻底摧毁旧制度的行省制。巴纳夫反对图雷方案所拟议的选举制度。米拉波认为划分行政区应考虑到地区和环境的原有的特点，而不应是数学式的。行政区划分的目的不只是为建立按比例的代表制，而是把对人和对物的管理更紧密地结合起来，使公民能最大限度地参与管理。他主张，政区的划分可以容许既成事例甚至错误，能够同样满足各省的愿望，并建立在那种业已为大家熟悉的关系之上。[①]米拉波还提出把法国分成120个省。图雷面对各种非难，一面为自己辩解，一面进一步修改他的方案。他表示接受米拉波对划分行政区的指导思想，但不同意把法国分成120个省，认为行政单位不能小到那种程度。

1789年12月与1790年1月，制宪议会通过一系列法令，确立了新的地方行政体制。全法国分为83个省，每个省按不同情况设6至9个县，省和县之间设区，县以下是市镇，市镇是基层行政单位。区不是行政单位，而是为地方选举设立的选举单位。省的大致范围以马车能在一天内从其最远的边界抵达省的首府为限；县的大致范围则以马车能在一天内从其最远的边界到县政府所在地打个来回为限。各级地方行政长官不由中央委派，而由地方议会选举产生。地方行政区域的划分基本上以米拉波提出的原则为根据，也采纳了图雷的某些意见。

新的行政区域的划分工作非常艰巨。一些原来的大省区要分为几个省，一些小的省区要调整或归并为一个省。为了做好这项工作，议会推选杜邦·德·纳莫尔、比罗、戈絮安和奥布里-迪博谢4位代表组成一个委员会，承担划分任务。不久，委员会又延聘著名地理学家、后成为法国地图测绘者的卡森参加工作。

大省的划分比较容易些。普罗旺斯分为3个省，布列塔尼和诺曼底两个大省各分为5个省。一些小省区的归并却困难不少，许多省不愿意与别省合并。如韦莱和奥弗涅两省以及布里乌德省的一部分合并为上卢瓦尔省，委员会就为此做了大量工作。划分常会引起某一地区归属问题上的冲突，时常发生新成立的省争抢同一个地区的事。委员会通常把有争议的地区划给经济或政治影响更大的一方。此外，令委员会棘手的是一些大城市纷纷争当一省的首府，小一些的城市也要争当县治所在地，以图获得某种优惠。于是委员会不得不采取由一些城市轮流充当省府或县治的方法来平息争端。这只能是一种权宜之计，事实上也难以实行。1791年9月11日，议会通过决议废除了这种办法，还更改了一些省所沿用的旧制度时期的名称，所有的省一般都以山岭或河流的名称命名。

1790年2月15日，新行政区域的划分工作基本结束。米拉波评论道，新的地方行政区划体现了对长久以来由道德、风俗、习惯、生产和语言所建立的密切联系的尊重。[②]新的统一的“省—区—县—市镇”四级地方制度，取代了旧的重叠杂乱的地方行政制度，激发了全国的团结精神，清除了那些妨碍建立资产阶级现代国家大厦的障碍。

二、省、县、市镇行政组织

1789年12月22日，制宪议会对地方行政组织作了规定。省由省选举大会选出36名议员组成省参议会，再从中推选8名参议员组成被称为Directoire的常设行政机构，即省政府(或译政务厅)。参议会每年召集一次，为期1个月，议员的当选人必须是能缴纳相当于12个工作日价值的直接税的积极公民，任期两年，任职期间没有报酬，这无疑决定了只有富裕和有闲暇的公民才能充任参议员。省政府执行省参议会的各有关决定，具体负责省的税收、教育、农业、工业、监狱、公共事业等事务。

省政府设有1名总检察官,也由省选举大会选出,任期4年,可连任一次。总检察官监督法律的执行与贯彻。他常向省政府陈述意见和提供咨询,并直接与各部大臣保持联系。

新的省行政机构与作为法国最高行政首脑国王之间的隶属关系已不同于过去。国王无权解散那些拒不执行他的命令的省行政机构,只能暂时停止其工作,撤销其决议;但是省行政机构可以向国民议会陈诉,请求裁定。只有国民议会才有权解散和重新选举省行政机构。实际上,各省成了大资产阶级和自由派贵族掌握的小共和国。

不过,省政府基本上能与中央政府保持一致,一般也总能及时有效地执行以国王为首的政府下达的命令。总的来说,冲突并不在于省与中央之间,而是在于省与它的下级单位县或市镇之间。

1790年5、6月间,各省纷纷在首府召开选举大会,推选省参议会成员。各省选举大会成员300~600名,其中绝大多数是大资产阶级和自由派贵族。较为一致的阶级基础使大会很少出现大的分歧,即便有争论,也多是由城市与农村居民在涉及某些各自的利益问题上所引起的。当选的成员,除大资产阶级、自由派贵族外,也有开明教士。如在阿利埃省的当选者中,24名是大土地所有者,8名是法律界人士,4名是律师。总检察官当选人的阶级成分也基本相同。洛泽尔省的总检察官是一位自由派贵族、旧军队少将、制宪议会代表。真正的农民和工人无一当选。各级行政组织成员与制宪议会成员的阶级成分基本一致,体现了君主立宪派对地方的有效控制。

县的行政组织与省行政组织相仿,设有县参议会、县政府(或政务厅)和县检察官。县参议会议员共12名,从中选出4名组成县政府,作为常设行政机构,县政府负责处理县内的国有财产、税收、交通、建筑、救济和教育事务。县参议员和县检察官均由县选举大会选出,任期与省参议员和省总检察官相同。

国王和省政府都可以依法否决和取消县政府所下达的命令,国王无须征求省政府的意见即可暂时停止县参议会和县政府行使权力。省政府在认定县政府的命令有碍公共安全和稳定时,也可暂时停止其行使权力,但是必须要立即具文呈报国王。不过无论是国王还是省政府,都无权解散县行政机构,这一权力只归国民议会所有。

1790 年 6 月底,法国各地在地区初级议会的基础上举行县选举大会,每个地区推出 1 名县参议员。与省参议会相比,县参议会的成员多是中小资产阶级和中小土地所有者。如在纳夫夏托县参议会的成员中,7 名是司法界人士,1 名是商人,1 名是军人,3 名是占有土地的农民。

县政府与省政府之间常有摩擦。许多县政府不满意省政府的保守态度和拖沓作风,常常不理会省政府的指令而自作主张,把县政府的权力上升到与省政府同等的地位。在革命初期,县政府往往成为君主立宪派各项政策的实际执行者,其作用远远超过省政府。

区作为选举单位而不是行政区域,设有 1 个初级会议和 1 名治安法官。它在行政上与县不存在任何隶属关系。法国最基本的行政单位是市镇。根据 1789 年 12 月 14 日制宪议会通过的地方基层行政组织法,市镇的积极公民直接选举市镇总议会。总议会由两部分人组成:一部分是显贵或所谓社会贤达,人数依各市镇人口多寡而定,最少 6 名,最多不超过 42 名;另一部分是市镇政府公职人员,人数也不尽相同,3~21 名不等。总议会议员任期两年,每年更换一半成员。总议会选出市镇的市长和检察官。

1790 年年初,法国各地在热烈的气氛中选举市镇总议会。这是自三级会议选举以来第一次全国性的选举。由于是直接选举,民主力量比较能够发挥其优势。在大部分地区,中小资产阶级和大资产阶级、自由派贵族一起被选入市镇总议会。与省和县的行政组织相比,市镇总议会当选的代表更富有革命朝气和民主色彩。当然,也有个别地方例外。

新诞生的市镇政府拥有法定的广泛权力,在行动上保持着很强的独立性。所以它们敢于蔑视省、县政府的权威,自行处理重大事件,诸如确定税收基数和征税、动用国民自卫军、宣布军法管制以维持社会秩序和行使普通治安司法权等。为此,市镇政府与省、县政府之间的摩擦、龃龉,在君主立宪派执政时期始终存在着。君主立宪派统治结束后,它们之间的矛盾并未缓和,而且愈演愈烈,最后引起了法国的行政危机。

君主立宪派对法国行政制度的改革具有一个明显的特征,即摧毁中央集权,实行地方分权。这样做的原因有二:一是要彻底割断专制王权与地方的传统联系,使国王失去一种可能的依靠;二是顺应革命爆发后全国各地的自治要求,以实现地方的强烈愿望。行政改革一开始,制宪议会在 1789 年 12 月 14 日的法令中就授予地方、主要是市镇上面提到的广泛的自主权。这是类似美国联邦式的行政体制。1793 年雅各宾专政时期,曾一度恢复集权制,到了拿破仑统治时期才又实行高度的中央集权制。

三、民法体系改革

君主立宪派一贯关注司法,这与这一派中的许多人来自司法界有关。制宪议会中有 30 名代表是法院顾问、2 名是检察官、13 名是佩剑大法官、200 多名是司法官员,另有 200 多名是律师和公证人。他们既熟悉旧制度下的司法弊病,又理解司法工作的政治意义,是推动革命初期司法改革的重要力量。

法院是旧制度下的一个最保守的基地,君主立宪派对它一直怀有疑虑和警惕。从准备召开三级会议起,高等法院就曾积极维护 1614 年的开会模式,表明了它敌视革命的立场。进行司法改革必须首先打破旧的司法系统。1789 年 11 月 3 日,制宪议会命令所有法院实行"休假",为司法改革的顺利进行扫清了道路。

早在 1789 年 8 月 17 日,贝加斯以宪法委员会的名义向议会宣读了一份关于确定司法权力的报告,揭开了司法改革的序幕。贝加斯建议:创立一种新的司法体系,各区设 1 名治安法官;各省设仲裁法官和法院。法官候选人名单由初级会议提出,由国王从中选定。议会因忙于拟订《人权宣言》,对贝加斯的报告未作直接讨论,但报告中的部分意见曾被宣言草案所吸取。

1790 年 8 月 16—24 日,制宪议会就民事案件处理的改革颁布一系列法令,基本确立了新的民事法体系。

制宪议会法令把法官分为仲裁员、治安法官和严格意义上的法官 3 类。仲裁员可以各种方式提名,只需双方当事人认可。治安法官由初级会议选出,当选资格与县或省的参议员的当选资格相同,任期也是两年,但可领取少量酬金。一般每区设立 1 名治安法官。县级法官的产生方法与治安法官相似,只是任期延长为 6 年。候选人必须年满 30 岁,并有 5 年以上的司法经历。法官选出后,须经国王批准才能正式就任。专业法官制度从此确立。原来司法界出卖法官职位的陋习也随之消失。作为旧制度下法官的象征的长袍成了历史陈迹，只有黑色服装和羽翎帽被保留了下来。许多人对专业法官制度抱有敌意。但是议会认为，这个制度是有益的和必要的，它使司法职务不再只体现一种荣誉，更重要的是体现公平和正义。

民事机构分为三级。第一级是由治安法官和 3~6 名仲裁员组成的治安公所。这个基层机构的主要职能是调解民事纠纷，对价值不超过 50 利弗尔的案件有终审权；对价值 50 利弗尔以上、100 利弗尔以下的案件有初审权。第二级为县法院，由 5 名正式法官和 1 名由国王任命的检察官组成。它受理治安公所不能裁决的民事案件，对价值 1000 利弗尔以内的案件有终审权。第三级为最高法院，由各省选出 1 名法官组成。当选法官应具备 10 年以上的司法经历，任期 4 年，不得连任。最高法院负责审查经县法院判决后提出的上诉案件，它可以撤销原判，并由另一县法院重新审理。

民事诉讼程序分为调解、仲裁、县法院的判决和最高法院的复审四个步骤。

调解是君主立宪派极为重视的民事法改革的一项重要内容，旨在通过解决大量并不重大的民事案件，减少民事纠纷。制宪议会把调解这个程序正式写入《1791 年宪法》。这种做法为拿破仑以前的历届革命政府所继承。

调解工作通常由治安法官负责，争讼双方的财产在同一个地区，调解就由该地区治安法官负责；若财产分布在两个地区，调解就由县政府所在地的治安公所主持。调解的适用范围仅限于一般民事纠纷，不包括涉及国家、市镇和公共秩序以及贸易的事务。作为一种法律形式，调解带有强制裁判性质，治安法官在两名助手的协助下宣布调解裁定。

如果调解失败，当事人又不愿诉诸法庭，就可以依法求助于仲裁。仲裁普遍适用于家庭民事纠纷，如夫妻、父子、祖孙、叔侄、兄弟姐妹及监护人和被监护人之间产生的争讼。仲裁可以由仲裁员负责进行，也可由家长、邻居或朋友组成一个 4 人家庭法庭来主持。仲裁方式同样只用于一般民事纠纷。

如果争讼当事人不满调解和仲裁的处理结果，可以向县法院提出上诉。县法院是重大和较重大民事案件的一审机构，有关间接税、森林、河流及道路的争讼也由它审理。争讼当事人如对县法院的判决不服，还可以向最高法院提出上诉。最高法院经审查后，如认为判决违反法律和程序，可撤销原判，将案件交给另一个县法院重审。如第二个县法院维持原判，它可以回复最高法院,最高法院再把案件交给第三个县法院复审。如果第三个县法院认为原判正确,那么最高法院可将案件送呈按 1790 年 11 月 27 日颁布的法律建立的上诉法院(亦译大理院)裁处。

有关国家、市镇和公共秩序的案件由省政府或县政府处理。商务争讼则由专门法院裁定,这类法官在各大港口或商业城市工作,他们由商人、船主、银行家、工场主组成的专门会议选出。候选人须年满 30 岁,并成家 5 年。

君主立宪派一直向往制定《民法》和《民事诉讼法》,由于种种原因始终未能如愿。他们颁布的一系列处理民事案件的法令,构成了一套新的法治系统。但是民事诉讼程序似乎还未能摆脱旧制度下的惯例的束缚。

四、刑法体系改革

1789 年革命一经爆发,巴黎群众便敦促制宪议会改革早已声名狼藉的旧刑法。是年 8 月,君主立宪派制定《人权宣言》时,就提出了一系列新的刑法原则。9 月 10 日,议会的一个七人委员会专门就刑法改革向议会提出报告,要求各城市组成一个知名人士团,协助法官工作,并制定了一些保护被告合法权利的临时性措施,例如应在被告被捕后 24 小时内开庭、审判公开、被告有权请律师为自己辩护、不得对被告滥施残酷行为进行逼供、被告应先被推定为无罪等。10 月 10 日,议会通过了这一报告。不久,吉约坦医生又向议会提出:适当减轻轻罪的刑罚;罪犯处刑不得累及受刑者家庭;不一定要没收受刑者的财产;对于执行死刑的罪犯,如家属提出要求,可交还其尸体;从人道主义出发,执行死刑一律使用断头机。1790 年 1 月 21 日,制宪议会颁布法令,把以上除最后一项以外的所有建议宣布为临时性刑法条例。

制宪议会自 1790 年 12 月 26 日起,对刑事机构及其适用对象和范围作了多次专题讨论。讨论的结果构成了 1791 年 2 月 7 日法令;又几经斟酌,分别于 7 月 19 日、9 月 16 日颁布。

综合以上法令,刑事机构分为 4 级。第一级为市镇普通治安法庭。法庭由 3 至 5 名市镇成员组成,归市镇政府管辖。这个机构使司法权隶属于行政权,或者至少把两者混在一起。这实际上有悖于三权分立原则。凡在市镇范围内的一般违禁事件,由普通治安法庭处罚。它可以判处 500 利弗尔以下的罚款和不超过 9 天的监禁。第二级是设在县政府所在地的轻罪法庭,由 1 名治安法官和两名助手、或两名治安法官和 1 名助手、或 3 名治安法官组成,人口超过 6 万的大城市则由 7 名治安法官组成。它受理违反治安的轻罪案件,可以判处最高为两年的徒刑。被告如不服市镇治安法庭的判决,均可向县轻罪法庭提出上诉。第三级为刑事法庭,设于省政府所在地,由 1 名庭长、3 名法官、1 名检察官、1 名书记员、1 名国王的特派员和一个陪审团组成。庭长和法官从县法院人员中选出,检察官由选举大会选举产生,负责起诉;国王的特派员监督依法判刑。陪审团有两种:一为陪审起诉团,有陪审员 8 名,其任务在于决定某一案件是否应准予起诉;一为裁判陪审团,有陪审员 12 名,其任务在于决定被判的罪案是否成立。陪审员都从省检察官遴选的 2000 名能缴纳相当于 10 个工作日价值的直接税的积极公民中抽签产生。刑事法庭审理重大刑事案件,可以对罪犯判处极刑。第四级是最高法庭。它审理经县法院判决的民事上诉案,也审理经省刑事法庭判决后的刑事上诉案。审理刑事案方式与审理民事案方式相同。

制宪议会还设立了一个全国特别高等法庭,由最高法院法官和高级陪审员组成。高级陪审员在全国 83 个省每省各选出 2 人共 166 名候选人中挑选。特别高等法庭专门审理大臣和政府主要官员的犯罪案件和危害国家安全的重大罪行。

制宪议会于 1791 年 9 月 25 日至 10 月 6 日通过的各项刑事法令,构成了君主立宪派的《刑法典》。这些法令的主要起草人是原巴黎高等法院顾问勒佩蒂埃·德·圣法戈。《刑法典》废止了所有假想罪,即各种"宗教异端邪说罪"和"渎君罪"之类,并要求法官在量刑时严格守法,公正无私。量刑的级别有死刑、最多为 24 年的戴镣服役刑、徒刑、拘禁、流放、褫夺公民权等。罗伯斯比尔曾主张废止死刑,但是未被议会接受。按照《人权宣言》"法律只应确定严格的和明显地需要的刑罚"(第 8 条)的规定,旧制度下许多侮辱性的或残酷的刑罚,如枷号示众、烙印、断肢等,都被废止了。死刑的执行方式也有改变。1789 年还曾用车裂刑来处死犯人,后来改用斩首。1792 年 3 月 20 日,立法议会又终于决定采用上文提及的吉约坦医生发明的断头机(即通常所说的"断头台")。通常只是犯有叛逆罪如阴谋反对政府和国王,以及危害公共安全如伪造纸币、纵火、暗杀等才被判处死刑。《刑法典》的人道主义色彩，主要是受了意大利法学家塞扎尔·贝卡里亚的《论犯罪与处刑》一书的影响。

制宪议会同时也公布了新的《刑事诉讼法》。刑事法庭的诉讼采用文字和口头的混合方式。诉讼过程大致如下：在对被告正式提出起诉以前，先由一位县法庭法官进行预审，然后把预审结论交给一个由 8 人组成的起诉陪审团进行审议，确认是否具备起诉的理由，如认为理由充分，便可正式开庭。在法庭上，先由书记员宣读起诉条例，接着，庭长审讯被告和听取证人证词。被告有权对证人的证词提出异议。在检察官宣读对被告的公诉状、辩护人为被告进行辩护后，就由 12 人组成的裁判陪审团进行讨论，在陪审员中如有 3 人认为起诉证据不确凿，即可撤销起诉，开释被告；只有达到 10 票多数，才能作有罪判决。陪审团将讨论结果交给法官秘密商量，并征求国王特派员的意见，最后宣布判决。

君主立宪派还统一了公证制度。过去名目繁多的公证人被统称为公共公证人。律师的职业向全社会开放。人人都有权充当辩护人，旧的诉讼代理人由于工作效率低下，索取报酬昂贵而被取缔。

君主立宪派司法改革的成绩是巨大的。他们在全国范围内建立了法官民选和法院独立于议会与国王之外的司法制度。司法权虽然仍以国王的名义行使，但是已完全为大资产阶级和自由派贵族所掌握。对于冤、假、错案大胆撤诉，确保法官完整的独立地位，并用人道精神修订刑法等，都成了法国司法的永久性内容。这一改革促进了法国近代化的进程。

君主立宪派的行政和司法改革的成就是“1789 年原则”的胜利。《人权宣言》提出、并体现在《1791 年宪法》中的原则随处可见，诸如：人生而平等自由的原则；任何政治结合都在于保护人的自由、财产、安全和反抗压迫的权利的原则；主权存在于国民之中，任何个人、任何团体不得把主权据为己有的原则；法律是公民普遍意志的表现和人人在法律面前平等的原则；法律是公共意志的表现、所有公民都有权利亲身或者委托他们的代表参与制定法律的原则，等等，都体现在君主立宪派的意图中，并通过行政与司法改革付诸实践。无论实践是否完美，这些改革都将与“1789 年原则”一样，具有不可磨灭的普遍意义和普遍价值，因为它为封建专制下的各国人民提供了社会改造的范式。

注释:

①参阅索布尔:《法国大革命史简编》,巴黎,1972 年版,第 160 页。

②索布尔:《法国革命:1789—1799 年》,端木正译,三联书店 1956 年版,第 85 页。

(原载《历史教学问题》2004 年第 6 期)

论君主立宪派的宗教改革

——法国大革命初期的改革研究之三

神授王权是旧制度下法国的传统和信条。天主教会作为神在地上的代表,是封建社会中一股异常强大的势力,就卫护封建政权而言,其作用在军队和法庭之上。执行教会任务的教士是法国社会当然的第一等级。旧制度末期,教士的人数在12万~13万。天主教会是一个严密的组织。天主教会与王国的关系错综复杂,似乎是“国中之国”。大革命打击旧制度,也必然打击天主教会。君主立宪派在实现教会财产国有化方面的成就是对于大革命的突出贡献,而《教士公民组织法》的通过与实施则成败参半,大革命的宗教改革任务远未完成。

一、实现教会财产国有化

教会的财源有二:其一来自地产。自中世纪以来,法国教会就享有获取财产、首先是土地的权利。教会的财产(地产为主、兼有房产)随其组织遍布全国城乡。据吉伦特派国民公会委员拉博·圣·艾蒂安估计,教会所属耕地占全国耕地的1/5,至于来自地产的年收入,伏尔泰估计为9000万利弗尔,内克尔估计为1.3亿利弗尔,大革命史专家索布尔认为后者更接近于事实。其二来自什一税。犹太教自古以来就有征收什一税之举。大革命前教会什一税收入的总数,各家有不同的估计,但无疑在1亿利弗尔以上;这些收入名义上归教会所有,实际上首先中饱了高级教士的私囊。

制宪议会宣布“废除全部封建制度”的8月4日—11日法令，就宣布废除了教会的各种性质的什一税（第2条），教徒向乡村本堂神甫的各种捐赠（第8条），首岁捐[①]（第12条），以及一切有利于主教、主教代理、总本堂神甫教务会议等的种种捐献（第3条）。“8月4日—11日法令”揭开了宗教改革的序幕。

君主立宪派是教会自主论者。其中有主张自主、却不准备为国家而牺牲罗马教廷的高卢主义者——高卢派，也有为把教会置于政府管理之下而不惜排斥罗马教廷的一批法学家。教士，特别是历来反对改革、敌视革命的大多数高级教士对“世俗”权力干涉教会事务极其反感，尤其抨击议会有关废除教会封建权利和义务的决定。他们竭力恶化革命中的法国与罗马教廷的关系，怂恿教皇庇护六世出面反对法国的这些革命措施。对于法国这个具有悠久天主教传统的国家，教皇在广大群众心目中享有巨大的威望，如果他果真树起反对法国革命的旗帜，无疑会给革命带来麻烦和压力。不过，罗马教廷的威望已经今非昔比。神圣罗马帝国皇帝约瑟夫二世就以反对罗马教廷的教权而著称，而俄国女皇叶卡捷琳娜二世也不征求庇护六世的意见，擅自打乱了波兰的教区组织。正如议会中“三头联盟”之一的巴纳夫后来所说的，罗马教会已经失去半个欧洲，“而如果罗马教会还能保持住另外半个欧洲的话，那是由于连续放弃了它的那些最珍贵的权利的缘故，那是不停地牺牲它的实质性的权力来保有它的表象的缘故”。[②]对这样的教廷，作为当时革命中坚的君主立宪派是无所畏惧的。

1789年8月12日，即颁布“8月4日—11日法令”后的第一天，制宪议会选出一个教会委员会，以加速推进宗教改革。委员会由议会中思想较为保守的克莱蒙和吕松的两位主教、三位温和的修道院院长以及一些比较激进的法学家组成。

8月26日，制宪议会通过《人权宣言》，宣布“宗教的意见不受干扰”（第10条），承认信仰自由、宗教宽容，打破了天主教长期以来在法国的国教或准国教地位。1790年2月13日，议会决定取消各种修会或教派，修道者还俗的发给年金，其余的集中到暂时保留的几个修道院里去；从事教育和慈善工作的部门暂予保存。但是这些组织事实上已趋于瓦解、难以苟延残喘了。

君主立宪派懂得，只有剥夺掉教会的经济力量，才能真正掌握教会，而革命后面临的越来越严重的财政困难也迫使他们急于染指教会财产。早在

1789年9月29日,议会就通告全国的主教、本堂神甫等所有神职人员和各市政当局、制作所、社团“把为庄严的礼拜并非必需的一切银器于最短期内送交造币厂”[③]。于是教会财产收归国有的问题被提上了议事日程。

议会在讨论“8月4日—11日法令”时,比佐就教会财产收归国有问题于8月6日曾提出:教会财产是国家财产,国家有权处置它。10月10日,奥顿主教塔列朗向议会建议没收教士财产,指出:“教士不是同其他业主一样的业主。国家对一切团体享有一种非常广泛的权利,对教士行使物权;它可以摧毁这个等级中显得对社会无用的这个团体,而他们的财产必然地将为全国所合理分享。”[④]他认为国家只要保证神职人员生计所需的开支,并负担这些财产最初所曾承受的债务就行。塔列朗的建议在议会中引起热烈的争论。争论的双方分别是修道院院长莫里和米拉波。米拉波提出3点理由支持塔列朗的建议:第一,财产以成文法为基础,因此,法可以剥夺以它为基础的财产;第二,在国家面前,谈不上团体,“当这些团体不再有用时”,也应当不再存在;第三,教会财产的拥有者不再是神品,必然应当不再是教会财产的拥有者。米拉波还起草了议会没收教会财产的决议草案。米拉波的3点理由中,第一点借用了卢梭的论点;第二点表明不但教士的财产应当没收,教会本身的财产也应当没收;第三点曾被认为是法理上的错误。莫里以丰富的证据表明:教会收益的享有者不是教士等级,一般地说,甚至也不是天主教会,而是构成法人的每一个堂区、每一个教区、每一所修道院等,而财产则往往来自一些私人的捐赠。因此,没收这种财产是不正当的[⑤]。但是,议会急需教会财产。米拉波的主张从一开始就赢得了包括西哀耶斯、图雷、巴纳夫、勒·夏普利埃等一批有力的支持者,并且最终说服了议会中的多数成员。

对其财产的归属在教会内部也意见不一。低级教士拥护教会财产国有化,认为这将给他们带来较为优厚的年俸;高级教士则反对国家对教会财产的占有,他们担心教会一旦失去经济实力,就只能对世俗政权俯首帖耳。

议会经过大约20天的争论,在1789年11月2日,以568票对346票、40票弃权,修正通过米拉波的决议草案:所有教会财产都归国家所有,国家将为宗教活动、神职人员和慈善事业提供适当的经费。每位本堂神甫的年俸不低于1200利弗尔,另外免费提供其住所和所属的园地。议会又专门颁布一道法令,规定神职人员是其私人财产的所有者和管理人,这类财产不可侵犯。

制宪议会11月2日的决定意味着君主立宪派已完成了从干涉教会事务到控制教会事务的转变。接着，它还将限制神职人员的人数、重新划定教区，进而在体制上甚至观念上对教会实行全面改革。宗教改革迅速向纵深发展。

二、《教士公民组织法》及其实施

为了适应新的宗教改革工作，1790年2月7日制宪议会改组了原有的教会委员会。委员会委员增加一倍，新入选的委员都是热心改革的人士，如夏特勒·东·热勒、杜邦·德·纳莫尔等。思想保守的两位主教在委员会名单中消失了。委员会的任务是就全面改革教会事宜进行讨论和思考，并把结论提供给议会参考。

1790年5月，制宪议会就是否要起草《教士公民组织法》问题展开了讨论。议会中的意见分歧，不仅存在于具有教士身份的议员之间，也存在于一般议员之间。就教士来说，一部分高级教士认为，议会属于世俗权力，不能对教会制定规章；绝大多数低级教士则以废除什一税、收回教会财产为例，认为议会的计划势在必行，只要不损害教理就好。冉森派教徒、法律学家卡缪指出："国家包括宗教，宗教不包括国家。"他还说："我们肯定有改变宗教的能力。"他随即又急忙宣称："但我们不这样做，因为抛弃宗教是有罪的。"⑥卡缪的话深深地打动了议会代表。在讨论中议员的观点已渐趋一致。7月12日，议会通过了《教士公民组织法》（以下简称为《教士法》）。

《教士法》分4部分。第一部分重新划分主教管区和下属教区，规定主教管区与省相一致。旧的教区划分过细，按情况予以归并：6000名居民以下的市镇为一个教区。巴黎原有44个教区，改为33个。许多教堂被关闭，教务会议被取消。主教恢复到早期的教会那样，只是主教所在教堂的神甫。

《教士法》的第二部分确定主教和本堂神甫产生和任命的程序。主教和本堂神甫一律由地方选举产生。主教的选举方式与县政府成员的选举方式相同。选举一般在省或县政府所在地的主要教堂内进行。主教候选人必须具有15年神职的经历，如本堂神甫、副本堂神甫、议事司铎、布道士、代理主教以及在教会所属的医院和学校工作的医师和教师都可充当候选人。本堂神甫候选人一般只需有5年神职经历,大多数在副本堂神甫中推选。省选举会议选出的主教,须经大主教认可后方能正式任命。如果大主教拒绝承认,必须作出书面说明。被拒绝承认的主教有权请求世俗权力给予承认,但绝对禁止向教皇求助。县选举会议选出的本堂神甫须由主教进行信念和品行审查,并给予有关教会戒律的训示。如果主教拒绝承担这些任务,本堂神甫有权向世俗权力提出申诉。《教士法》的这一部分还规定,主教、本堂神甫在被正式任命前,必须庄严地作纯粹政治性的宣誓:"忠于国民、法律和国王,竭尽全力维护由国民议会通过并为国王所接受的宪法。"浓厚的政治色彩使一部分教士、尤其是高级教士难堪,他们觉得这是对宗教教理和信仰的轻蔑和侮辱。这一内容因而成为整个《教士法》中的敏感点,很快导致了教会的分裂。

《教士法》的第三部分规定各级教士的年俸,并规定年俸由国家支付。年俸按教士在教会内的职位高低分为若干等级。巴黎管区主教年俸为5万利弗尔,人口6万以上管区主教为2万利弗尔,其余管区主教为1.5万利弗尔;代理主教年俸分别为5000、4000和2000利弗尔;巴黎各教区的本堂神甫的年俸为6000利弗尔,人口逾5万的教区的本堂神甫的年俸为4000利弗尔,不到1000人的教区则为1200利弗尔;副本堂神甫的年俸为700~1200利弗尔不等。新的年俸规定使下层教士的经济状况与旧制度时期相比有了很大改善,不过他们的收入与上层教士相比依然差距很大。

《教士法》的最后部分对教士的行为作了一些限制,规定:未经特别允许,主教和本堂神甫离开其管区或教区不得超过两个星期。除了当选为各级议会议员者以外,神职人员一律不得在省或县的政治机构任职;禁止神职人员结婚。《教士法》还有很重要的一条是,授权省行政当局惩罚那些屡次触犯禁律的教士,直至褫夺神职、取消年俸。这一规定把教士完全置于世俗权力的监督和控制之下。

《教士法》的通过,实现了君主立宪派全面改革教会的愿望。但是这一改革引起的教会分裂和由此导致的巨大社会动荡,给君主立宪派带来了极大麻烦。

三、教会的分裂

1790年7月22日，路易十六在埃克斯的大主教布瓦热兰和波尔多的大主教兼司法大臣尚皮翁·德·西塞的劝说下，接受了《教士法》，但是包括高卢派在内的大多数主教认为，《教士法》这样一个有关教会改革的重大法案，既未召开全国主教会议讨论，又未经教皇批准，是不妥当的，他们对此表示不满。议会反对召开主教会议，只默许国王和主教们与教皇打交道，借以平息他们对《教士法》的反抗情绪。8月1日法国驻罗马大使贝尔尼接到了就《教士法》问题与教皇接触的训令。

教皇庇护六世自然反对法国革命和制宪议会改革教会，但从"8月法令"废除首岁捐等到通过《教士法》，表面上一直不置一词。教皇的沉默影响极大。许多教士和教徒认为，沉默就是不理睬，就是把《教士法》判为异端。在阿尔萨斯和中部地区连续发生了最初的宗教骚乱。虽然各教区的本堂神甫负责的民事登记和教育事项没有中断，但是教会组织已经濒于瓦解了。不过君主立宪派不能容忍他们的宗教改革因教皇的沉默或反对、因正在发生的宗教骚乱而夭折。制宪议会决定强制执行《教士法》。1790年11月27日，议会在大部分教士和右翼议员的反对之下通过法令，规定所有已是公务员的神职人员对宪法、也包括对《教士法》进行忠诚宣誓，违者将撤销其职务和积极公民权，职务由宣誓的教士取代；对这些人只保留发给一份生活费的待遇。凡对宣誓制造麻烦的将送交法庭审判。路易十六于12月26日被迫在这个法令上签字，批准执行。

君主立宪派的强硬措施加速了教会的分裂。由于教皇没有公开表态，许多教士坚持不作忠诚宣誓，有些作过忠诚宣誓的也马上反悔。但也有不少教士就在星期日做弥撒时宣誓。从而法国教会分成上面说过的作忠诚宣誓的"宪政派"和拒绝宣誓的"反抗派"两大派。分裂先从议会中兼任议员的主教或其他神职人员开始，很快遍及各个主教管区和下属教区。

在宣誓问题上，制宪议会中许多神职人员首当其冲，被点名表态。面对强大压力，拒绝宣誓的仍大有人在。阿让主教在被点名时回答道："我不为我的立场后悔,也不为我的命运后悔。”他直截了当地拒绝宣誓。70岁高龄的普瓦蒂埃主教倨傲地说:“我不会亵渎我的年龄,我决不宣誓。我将耐心地等待着死亡。”⑦法国绝大多数主教都持相同的态度,只有7名主教作了忠诚宣誓。

下层教士中宣誓与拒绝宣誓的人数比例因地区而异。在东南部,宣誓者占大多数;在佛兰德、阿图瓦、阿尔萨斯,特别在西部,宣誓者则寥寥无几。到1791年年初,法国有一半以上教士作为了宣誓,但西部、北部两个地区仍有72%的教士拒绝宣誓,在下莱茵省和摩泽尔省,竟然分别有80%和92%的教士拒绝宣誓。⑧

根深蒂固的宗教情感,使许多曾为巴黎人民攻占巴士底狱而在教堂鸣钟庆贺的下层教士也加入了反抗派的行列,这股巨大的势力马上被反动贵族所利用。君主立宪派对此深感震惊。他们一方面努力维护宗教改革的成果,并对某些做法作了修正;另一方面竭力设法缓和与教皇的矛盾。1791年1月7日,制宪议会根据米拉波的建议修改主教当选条件。把原来必须具有15年神职经历方可当选的规定修改为5年。主教以下各级教职的当选条件也作了相应的变动。这样做的主要目的是把宪政派教士推上教会的领导层,取代大批辞职、流亡或被撤职的反抗派教士。同月21日,议会发布一项指令,在为宗教改革进行辩护的同时声明:宗教改革的目的不是要建立一种新宗教,也不是要触动天主教的教理和信仰,只是要求教士像其他作为公职人员的公民一样宣布服从宪法而已。议会希望通过这一指令得到教皇的谅解和积极表态,缓和国内日趋严重的教会分裂。然而,庇护六世依然保持沉默。

1791年年初,君主立宪派决定按照《教士法》的程序选举各省主教,并不再请大主教主持授职仪式,而可以由省政府指定一位宪政派教士负责办理新主教的任命事宜。这是因为甚至在已经作忠诚宣誓的7位主教中也只有奥顿主教塔列朗和利达主教戈培尔同意为当选主教主持授职仪式。2月下旬,塔列朗和戈培尔承认和授任了一些新选出的主教。不久,塔列朗又主持了被选为巴黎主教的戈培尔的就职仪式。宪政派教会组织起来了。

教皇庇护六世终于打破了沉默。1791年3月10日和4月13日,他向法国反抗派教士发表了两次讲话,公开谴责大革命和《教士法》的各项原则。罗马天主教教理与《人权宣言》,与《人权宣言》所列的思想、言论、著述和出版自由是不相容的。⑨

君主立宪派对教皇的公开表态感到失望和沮丧，然而这也在预料之中。广大革命群众对教皇的态度表示愤怒，认为这是对革命的挑衅。愤怒情绪马上转向国内的反抗派教士。而反抗派教士和天主教的虔诚信徒则从教皇的讲话中得到鼓舞。教会两派的斗争大规模地爆发了。

宪政派教士借助国民自卫军的帮助，驱逐反抗派教士。许多地方政府已下达命令，不允许反抗派教士在教堂主持宗教仪式，一些居住着反抗派教士和修士的修道院被封闭。在巴黎和某些大城市，一些参加反抗派教士秘密主持的弥撒的教徒还在街头遭到人们的鞭打。反抗派教士为此援引《人权宣言》不干扰宗教意见等有关条文向议会提出强烈抗议。1791 年 4 月 11 日，巴黎省发布命令，同意反抗派教士在被认为可以容许的条件下行使其职务；天主教教徒能使用已被封闭的教堂；在教堂内有集会的绝对自由。5 月 7 日，制宪议会根据塔列朗、西哀耶斯先后提出的建议，把巴黎省的命令作为法令推行全国，并指明，只有在做弥撒时攻击王国宪法和《教士法》的教堂才应予封闭。

但是分裂并未结束。反抗派教士利用巴黎省和议会的法令，也利用他们在民间、特别是在农村的特有威信，指使教徒抵制宪政派教士，这类教徒把反抗派教士视为殉道者，对他们的话坚信不疑。在阿尔萨斯，至少有 9/10 的天主教徒拒绝承认作过法定宣誓的教士。新任巴黎主教戈培尔也遭到巴黎许多宗教团体，尤其是妇女宗教社团的冷遇。一些反抗派教士甚至积极策动和参加反革命暴乱。1791 年 6 月 9 日，莫尔比昂省政府报告，内务部教堂的忏悔室是宣传和推动叛乱的策源地。而在 6 月 1 日，科西嘉岛的巴斯蒂亚市的群众已经为选举新主教发生骚乱，并高呼口号："我们的宗教万岁！"6 月 5 日，议会宣读科西嘉省政府的信说：2 日，巴斯蒂亚已由骚乱转为叛乱，经告知该市政当局，公共安宁既已在危急中，应即采取措施制止一切混乱，违者以失职论处，同时"已向当地驻军求助。由于没有海军，省政府用一艘特别的船只送信给瓦尔省政府，让从土伦和昂蒂布港出海的军舰改变航向，驶往圣弗朗斯"。[10]各地陆续出现的类似骚乱或叛乱，使君主立宪派转而采取强硬的措施。6 月 19 日和 20 日，议会发布命令，取消那些业已宣誓而又公开反悔或正准备这么做的教士的年俸，撤销其职务。但是这个决定远远未能阻止教会分裂。骚乱还受到其他因素的影响，如粮食供应困难、指券贬值，甚至国际政局的演变等而继续下去。

君主立宪派的宗教改革，是他们建立新体制的一个重要组成部分。然而,宗教改革是一项比政治斗争更为复杂的事业,改革计划也难以全部实现;改革措施引起的教会分裂也对革命带来深远的负面影响。不过,根深蒂固的法国天主教势力却在改革中遭到前所未有的沉重打击。在以后的革命进程中,与革命相辅而行的“非基督教化运动”和“理性崇拜”等新事物破土而出,正是利用了这次改革创造的条件。更为有意义的是,改革也为以后真正实现政教分离作了尝试,尽管君主立宪派当时完全没有意识到这一点。

注释:

①首岁捐,是天主教会规定的一种捐献,凡初任神职的教士,须将第一年的俸金献给罗马教廷。

②安托万·巴纳夫著:《法国革命引论》,王令愉译,华东师范大学出版社1989年版,第23页。

③比歇、鲁合编:《法国大革命议会史(第3卷)》,法国保兰出版社1834年版,第46页。

④比歇、鲁合编:《法国大革命议会史(第3卷)》,法国保兰出版社1834年版,第156页。

⑤参阅拉维斯·朗博主编:《第四世纪至今日的通史》第8卷《法国革命,1789—1799年》,法国阿尔芒·科兰出版社1896年版,第502、503页。

⑥转引自乔治·勒费弗尔:《法国革命史》,顾良等译,商务印书馆1989年版,第148页。

⑦基佐:《法国史(第6卷)》,纽约,1885年版,第47页。

⑧戈德肖:《大革命与帝国时期的法国制度》,法国大学出版社1968年版,第204~206页。

⑨其实,庇护六世原来就不是真正沉默。1790年3月29日,他秘密谴责过《人权宣言》,7月间又两次宣称不能接受《教士法》,只是还未公开暴露而已。

⑩比歇、鲁合编:《法国大革命议会史(第10卷)》,法国保兰出版社1834年版,第204~206页。

(原载《历史教学问题》2006年第2期)

论君主立宪派的贸易、税制和金融改革
——法国大革命初期的改革研究之四

改革是无处不在，并与革命相辅相成的社会运动。法国大革命初期，代表大资产阶级和金融贵族利益的君主立宪派在他们执政的三年（1789—1792）间的经济改革，除涉及农业和工业的重要内容[①]外，在内外贸易、税制和金融方面的举措也同样是令人瞩目的。

一、贸易改革

与这一时期农业、工业改革相同，君主立宪派的贸易改革也以贯彻自由主义和个人主义为宗旨，大刀阔斧地扫除商业自由的障碍。

制宪议会于 1789 年 8 月底宣布，恢复布里埃纳（Brienne）实行过的国内粮食贸易完全自由的政策[②]，但仍不准出口。1790 年 11 月 5 日，议会又通过决议，取消省际关卡；1791 年 2 月 19 日，它再度颁布法令，规定在 1791 年 5 月 1 日以前，所有国内关卡包括征收入市税的市设关卡在内一律废除，但通行税则像某些封建权利义务一样需要赎买。与此同时，议会还废除了集市和商场的旧规章，为了活跃市场，给一些影响较大的集市以优惠权。此外，议会又统一了全国的度量衡，建立十进位制，以方便贸易。

君主立宪派的自由贸易政策深受商人欢迎，但众多消费者如手工业者、城乡的无产者、打零工和收获不足以维持生计的自耕农都深表不满，他们认为这有利于投机商囤积倒卖。1791 年，法国中部、南部粮食歉收，粮价一再猛涨。议会虽然大量进口粮食,但仍然无法稳定市场。由面包问题引起的骚动频频发生。但从 1789 年 10 月起至 1791 年 7 月,议会一再宣布:自由贸易原则不得改变。[3]

自由贸易必然促进金融业、银行和信贷业的发展。从 1789 年 10 月 21 日起,带息贷款合法化。以后,对各种商业交易所、证券交易所的限制也取消了。1789 年,法国的银行还不多。1790 年以后,各种金融团体纷纷出现。1791 年 3 月 26 日,拉法热(Lafarge)金库更名为储蓄和慈善银行。它出售三种股票,获得极大成功。各银行马上争相仿效。1791 年 12 月 17 日,创办商业银行。这是一家贴现银行,其商业票据的利率高达每月 6%~6.5%。

除了银行以外,巴黎还出现了一些保险公司,重要的有罗亚尔火灾保险公司和罗亚尔人寿保险公司。它们都用顾客的资金来进行投机贸易。

君主立宪派在国内贸易中坚定不移地奉行自由主义和个人主义政策,在对外贸易中却下不了如此的决心。法国工业落后于英国,自由贸易无疑对法国不利。其他欧洲国家也都高筑关税壁垒,以保护本国经济。君主立宪派为了维护国家利益,也曾适当采取保护主义政策。

1790 年年底,制宪议会的农业与贸易委员会代表古达尔(Goudard)在向议会提交的一份报告中指出,法国的丝织工业受到国外同类产品竞争的威胁,已大大萎缩。这是由于国家没有区分内外贸易的界限,一概推行经济自由主义政策所引起的。他强调,对内对外贸易必须区别对待。关税的重要性不可忽视。对一些冲击本国工业产品的进口货物应当提高税率,有些产品应当禁止进口。为此他拟订了法案,请议会审议。古达尔的报告和法案富有贸易保护主义色彩,虽然在自由主义精神弥漫的制宪议会中引起了很大争论,但法案经过两度修正,加进了一些自由主义的内容后,终于为大多数代表所接受。1791 年 2 月 12 日,议会通过了这个称为《古达尔法》的法案,3 月 15 日正式颁布执行。

根据《古达尔法》,所有进口商品在入境时要准确申报其价值。进口商品分免税商品(如面粉、铁、铜等)和征税商品(如葡萄酒、甜酒、白酒等)两大类。有 22 种商品如烟草制品、大麻和亚麻、丝绸及船舶等被禁止进口。该法还规定,建筑木材、矿石、煤炭等原材料不得出口。

革命初期,法国对外国商品,特别是农产品的需求量大增,以致出现了巨额逆差。为了改变这一局面,制宪议会采取措施,扩大输出。它一方面废除一些贸易公司的特权,激励国内商人踊跃参与国际贸易;另一方面降低汇率,增强法国商品在国际市场上的竞争能力。1791 年 4—5 月,制宪议会颁布一些法令,取消东印度公司对好望角以东国家的贸易垄断权。1791 年 1 月开放西非(塞内加尔)的贸易,7 月又开放地中海沿岸贸易。当时,法国货币利弗尔在伦敦交易所的实际价值不断下跌,1790 年年初下跌 10%,1791 年 5 月下跌到 27%。议会的措施使 1791 年的输出稳步增长;到 1792 年年初,对外贸易达到平衡。

总的来看,君主立宪派在对外贸易中推行的是有悖于他们的原则的保护主义政策。这表明,他们崇尚的是利益高于原则的现实主义精神。

二、税制改革

税制改革,是国家财政改革的关键。而财政危机曾是引发革命的一个因素。君主立宪派执政后,财政危机依然存在,由革命带来的社会动荡和地方分权又加深了这一危机,所以急需建立一种公平分配的新的税收制度,使国家摆脱困境。

1791 年 1 月 1 日,新税制开始正式出台,陆续推行。新税制主要由土地税、动产税、营业税三种直接税和若干间接税构成。

土地税于 1790 年 12 月 23 日正式确定。这是新税制中最重要的一种。1791 年 3 月 7 日,制宪议会颁布法令,详细规定了该税的数额、缴纳形式和征收方法。议会决定,1791 年度计划征收的土地税数额为 2.4 亿利弗尔,规定不得以实物而只能用现金缴纳。个人纳税额按其地产收入的一定比例确定,一般不得超过总收入的 1/6。议会定下税收总额后,按照各地经济实力和资源状况向各省分摊,各省又向县、市镇逐级分摊。地方税收可委托包税人负责,若找不到包税人,则由市镇会议指定专人处理。对欠税者,须查封和没收其财产。县设收纳员,负责收集各市镇送交的所有税款。省则设有总主计官,按 1791 年 3 月由国王任命 6 人组成的财务署的命令,支付各有关开支。土地税的开征困难重重。开征之前,地方政府要依不动产情况起草一份清单,并查明所有土地纳税人的姓名及其在以往15年中的收入状况，然后据此分派税额。这是一项非常繁杂的工作，地方政府深感力不从心。在实施过程中，由于工作人员文化程度低，地产主人又多方隐瞒，旧制度下的各项档案材料又残缺不全，致使这项工作竟难以继续下去，耽搁了土地税的征收。

1791年1月13日，制宪议会通过《动产税法》。动产税分为财产税、仆从税、骡马税、居住税和所得税5种，其中财产税也向所有拥有不动产的人征收，税额为当地3个工作日的价值。缴纳此项税款者将获得积极公民的权利。议会决定1791年拟征收动产税5000万利弗尔。所得税是动产税中最主要的税项，根据核定的税额、按纳税人的收入征收。

与土地税相比，征收动产税难度更大。对于动产税的统计和清查要比勘测土地复杂得多。政府要求每一纳税人每年填写一份表格，写明其租金或房租的实际收入数额，雇仆从和占有骡马的状况、家庭人数、职业，并出示土地税税收单，然后由地方官员审核。纳税人提供的情况往往与事实出入很大，政府也无法用搜查方式进行强制性检查。加上缺乏专业统计人才，完整而精确的地产税总账目一直无法统计出来。动产税的征收也就搁浅了。

君主立宪派希望在土地税和动产税的清查和统计工作完成后再开始征收，以显示新税制的合理和公平。为使这一艰巨的工作能顺利完成，议会曾向一些征税特别困难的地区分遣特派员，配合当地政府一同办理。可是，这些特派员的干预并未收到预期的效果。开征土地税和动产税都遥遥无期，财政危机却日甚一日。于是，议会匆匆决定，参照旧税制，暂按原办法征税。这是君主立宪派的无可奈何之举。各个地区的征税情况自然同样混乱不堪，不平等现象有增无减。这大大背离了君主立宪派改革税制的初衷，是他们所始料不及的。

制宪议会于1791年3月2日宣布征收营业税。君主立宪派的经济自由政策，带来了工商业的繁荣，因此，向工商业者按工商业利润征收营业税就比较顺利。营业税按照商店、工场、杂货铺的租金分为三个等级。面包铺减半征收；饭馆、酒店、烟草店、烟草厂、纸牌店和纸牌厂必须加倍缴付；无店铺的集市商人和小贩缴纳一种特别营业税。凡逃避缴纳此项捐税者将被处以重罚，或没收其商品予以拍卖。公社检察官专门负责调查偷税、漏税事件。议会为1791年规定的营业税总额为120万利弗尔。

制宪议会为征收营业税向各省派遣一些税务检查员，深入基层巡回，核实营业税纳税人名册，并协助解决有关税收问题。不过，营业税的征收也只在城市较为顺利，在农村就遭到农民的抵制。农民认为他们偶尔出卖一些自制小商品，不应成为缴纳营业税的对象。

除了上述三种直接税外，君主立宪派又设置了一些间接税。

旧制度下，间接税种类繁多，广大人民对此深恶痛绝。革命爆发后，所有的间接税都被废除了。但是不久之后的事实表明，征收某些间接税还是必要的。制宪议会犹豫再三，终于冒着舆论抨击的风险，小心翼翼地恢复了一些间接税。1790 年 12 月 5 日，恢复征收注册税。1791 年 2 月 12 日，在废除烟草专卖的同时重征进口烟草税。印花税也重新开征。

值得一提的是，君主立宪派还创设了一种省与县的地方集体税。革命爆发后，旧制度下曾是地方政府主要财政来源的入市税，已被当作间接税废除。地方政府开支很大，如行政机关、法院和监狱、各项公共事业、官员薪给等都需要钱。又何况各项机构都有所增加或扩大，官员也随之增多，地方政府的财政负担随之加重。地方集体税就是为地方政府开辟财源而创设的。制宪议会规定，地方政府在征收土地税和动产税时，可以每利弗尔附征 4 苏作为地方集体税。可是由于 1791 年新税制迟迟难以实施，这项附属于土地税和动产税的小额税收也就夭折了。大多数地方政府的财政都濒临崩溃，它们只有靠拍卖旧制度的债权勉强支撑着空架子。这大大削弱了君主立宪派对全国各地的有效统治。

总之，1791 年开始的税制改革，没有取得预期的成功。税收情况相当糟，自然也远远没有达到制宪议会估计的数额。在行政领域中起重要作用的地方分权主义，此刻也对财政产生了灾难性的影响。地方经常有意无意地抵制中央的税收政策。纳税人或拒绝缴纳间接税，或拖延支付直接税，地方政府往往姑息不问，极少采取强制手段迫使他们履行纳税义务。国家开支日益增大，收入却不断萎缩，债台已经越筑越高。

税制改革无疑有其重要意义。但它同君主立宪派的其他某些改革一样，是为一个稳定和理想的社会设计的，较少考虑到动荡岁月里的那些偶然和突发因素。当时法国财政的当务之急是摆脱危机，偿还债务，以解决革命所面临的财政状况日益恶化的问题。

三、金融改革:指券发行及其得失

1789年8月初,法国国库空虚,举债又连遭失败。社会动荡所导致的消费的畸形增长,使硬通货越来越短缺。以这种或那种形式发行一种新货币的迫切性已被提上议事日程,君主立宪派着手研究对策。

8月7日起,制宪议会讨论纸币发放计划。18世纪末叶的法国,那种认为只有金银才是流通手段的理论已在消失,在经济学界占统治地位的重农主义经济学家正在宣传纸币的合理性和有效性。但是,广大人民群众和许多议会代表,仍对纸币怀有深深的偏见。虽然到8月间,贴现金库已有1.4亿利弗尔的纸币在流通,但税金准备额已远远低于法定数,因而更加难以保持纸币自身的信用。11月14日,内克尔(Necker)向议会报告,国库已经枯竭,借债十分困难,而目前就急需救急现金1.7亿利弗尔。他提出以3%的利息向贴现金库借款,并把贴现金库改建为国家银行,把纸币发行额增加到2.4亿利弗尔,纸币上注明"国家担保",让纸币持有者放心。内克尔的报告和建议在议会中引起了激烈的争论。议会决定交由10名代表组成的财政委员会负责研究各有关问题。委员会在综合各种意见的基础上向议会提出一个方案,要求加强贴现金库的地位,成立一个国家特别银行和发行4亿利弗尔的称为"指券"(Assignat)的证券。这个方案又在议会中引起了争论。12月17日,康特勒(Kanteleau)在议会辩论中主张建立特种金库,发行一种以出售的教会财产为保证的指券。他指出:"当我们已经没有信用的时候,当我们不愿、又不能把我们的收入继续抵押出去的时候,当我们反而希望收入能不受束缚的时候,我们还能有什么办法呢?我们现在应当做的只能是学做同样陷于困境中的诚实的业主所做的那样,变卖遗产。"④这里所说的"遗产",就是指11月2日被议会收归国有的教会财产,也就是以教会财产作为发行4亿利弗尔指券的保证。

议会于12月19日和21日决定:创办一种只受议会控制的特种金库,负责接受各界人士捐献的特种捐款,如爱国捐等,但主要是主管出卖教会地产或其他王家产业的收入。议会确定出售价值4亿利弗尔的教产,发行面值为

1000 利弗尔、年利为 5%的 4 亿利弗尔指券。出售教产时，将优先接受指券。为缓和财政困难状况，请金库向国家预支 1.7 亿利弗尔，以帮助国家抵消 1789 年和 1790 年两年的财政赤字，国家则用指券偿还。金库发行的证券，可在全国任何一家银行兑换。

君主立宪派发行的第一批指券并不是货币，而是一种证券，是对国家土地有购买特权的票证。实质上，它是一种以土地而非现金来偿还的带息的国债券。

实现议会 12 月 19 日和 21 日的决定有两个条件：一是 1789 年和 1790 年的财政赤字总和不超过预计的 1.7 亿利弗尔；二是教会地产的出售进展顺利而迅速。缺少任何一个条件，都会使平息财政危机的计划落空。然而，局势的发展令人失望。1789 年，财政赤字为 9000 万利弗尔。由于税款征收不足和国家开支增大，1790 年内克尔向议会宣布，这一年的赤字将远远超出预计的 8000 万利弗尔。这一消息使整个议会陷于恐慌之中。举债已越来越难，市场上的硬通货急剧减少，商业开始萎缩。此外，教产拍卖也进展缓慢。虽然教产所有权已收归国家，但事实上，这些教产仍由教会掌握着。历来靠教产生存的教士和教会及其各项组织的经济来源也未得到落实。人们对国家出卖教产的许诺仍然疑虑重重，不敢过于相信以教产为保证的指券。

为了使原定的财政计划得以实现，君主立宪派一方面设想发行一种真正具有货币效能的指券，遏制商业萧条，恢复市场经济活力；另一方面，剥夺教会对其财产的经营管理权，增强人们对指券的信心，以迅速推进教产的出售。

1790 年 3 月 10 日，巴伊（Bailly）向议会提出，将出售教产的事项交由各市政府办理，这将有利于加速出售。17 日，议会批准了这一提议，把 4 亿利弗尔教会地产的出售权交给巴黎和其他一些提出申请的城市。地方政府在出售后，可留用所得收入的 1/6 充作地方经费。4 月 14—20 日，议会又颁布了一系列法令，把除教堂、教会学校、医院和教会慈善机构以外的所有教产都交给省、县政府管理。教会的什一税自 1791 年 1 月 1 日起停止征收，所有教士将由国家统一发给薪水。4 月 17 日，议会就指券发布一项法令，规定 4 亿利弗尔指券可以投入使用，原来 5%的利息降为 3%。指券先用于交换贴现金库的证券，以后则可用来支付所有公债。议会扩大了指券的适用范围，但它还没有被确定为货币。

议会的一系列措施，使形势出现了转机。教产的出售进展顺利。7月9日，制宪议会又决定出售除森林和国王希望保留的领地以外的一切国有财产。首批应急的债务偿还后，计划继续发行指券，希望弥补赤字和还清旧制度时期留下来的全部债务。但这一计划又在议会引起了激烈争论。一些商业城市的代表指出，再大量发行指券将弊大于利；王政派、三头联盟成员以及塔列朗（Talleyrand）、拉瓦锡（Lavoisier）、孔多塞（Condorcet）等都预见到将出现通货膨胀和产生一系列灾难。然而许多人把赞同追加发行指券与爱国精神等同起来。激进的《法兰西和布拉邦特革命报》甚至写道："正因为马卢埃（Malouet）和迪波尔（Duport）反对再发行指券，所以，发行指券是一项爱国的和有益的行动。"⑤

君主立宪派原来就急于求成，又受到这种政治激情的影响，便于1790年9月28日作出再增发8亿利弗尔无利息指券的决定。这样，指券发行的总额达到12亿利弗尔。新指券面值分为50、60、70、80、90、100、500和2000利弗尔8种，不带息，强制进入流通领域，发放权归议会掌握。指券成了真正的货币。

指券作为货币流通，但面额太大，使用不便。制宪议会未能及时处理这一问题。巴黎一些区自己发行面值为3~24利弗尔不等的信用券，以应急需，各地立即纷纷仿效。议会反对擅自发行信用券，却无法否认信用券的作用。1791年5月20日，议会同意一些银行发行信用券。不久又发行了面值为5利弗尔的指券共1亿利弗尔，任其流通。

由于教产的出售一开头并不顺利，指券从发行第一天起即开始贬值。此后曾有所好转，但是从1791年起贬值过程加速。1月，指券贬值5%；7月，贬值15%；12月，贬值5%；到1792年4月，已贬值40%。导致指券贬值的原因很多，首先是制宪议会为了尽快卸去债务包袱和弥补财政赤字，无节制地印发指券。1790年9月28日，议会在决定增发8亿利弗尔指券时，曾把指券的发行量定为12亿利弗尔。但是到1792年5月，议会发行的指券总数已达24亿利弗尔。不断增加指券数量，自然促使指券贬值。此外，各地滥发信用券，更如雪上加霜，使已经过于庞大的纸币数量不断上升。信用券十分杂乱，巴黎就有63种在流通。信用券的信誉差，发行后往往很快就贬值。这又不可避免地加速指券贬值。同时，一些反革命分子制造假指券，大量投放市场，也影响了指券价值的稳定。卡洛纳便在流亡者的军队里主持着一个特设的伪钞制造机构。直到法国决定剥夺流亡者财产并赢得了瓦尔密战役的胜利之后，才遏制住指券贬值。但那是1792年9月的事了。君主立宪派在1789年12月19日发行首批指券时，态度是谨慎和冷静的，其目的是用来偿还国债；但是不久后便成了弥补财政赤字和继续还债的手段。在发行过程中政治热情压倒了经济思考，指券首先被当作政治武器，其次才作为财政武器。因而，这不可避免地会在经济和社会方面产生严重的不良后果。由于滥发指券引起通货膨胀和物价猛涨，米珠薪桂，广大人民群众深受其害。指券所带来的社会和经济混乱，成为后来君主立宪派倒台的一个重要因素。

然而，指券的发行并非一无所获。它一度促进了国有财产的出售。指券持有者可以用指券购买地产，他们担心指券贬值，都急于抛出，使国家能较快地偿还债务，摆脱财政危机。到1792年6月30日止，君主立宪派已偿还了包括北美独立战争时所欠外债在内的7830万利弗尔的债务。从这一点看，发行指券的意义还是重大的，它不仅缓和了严重的财政危机，也为财政制度的改革提供了较为有利的条件。

内外贸易、税制和金融的改革和农业、工业改革一样，都是大革命中完善资本主义经济制度的重要环节。从这些改革中我们可以看到君主立宪派为之作出的努力；无论其成败得失，都为在大革命中执政的其他派别乃至大革命后的政权提供了经验和教训，其意义无疑是明显的。

注释：

①王令愉：《论君主立宪派的农业与工业改革——法国大革命初期的改革研究之一》，《历史教学问题》2004年第4期。

②布里埃纳在1787年他主持的改革中，实行国内粮食贸易自由。见乔治·勒费弗尔著：《法国革命史》（*La Révolution Franaise*），巴黎1968年版，第117页。参见商务印书馆1989年中译本，第86页。

③阿尔贝·索布尔：《法国大革命史》，中国社会科学出版社1989版，第142、143页。

④马蒂埃：《法国革命史》，商务印书馆1973年版，第159页。（译文略有变动）

⑤戈德肖:《大革命与帝国时期的法国制度》,法国大学出版社 1968 年版,第 183 页。

(原载《历史教学问题》2006 年第 6 期)

论马拉、丹东和山岳派

1792 年 9 月 25 日，即国民公会开幕后 3 天就遭到吉伦特派攻击的马拉、丹东和罗伯斯比尔，是山岳派的领袖人物，号称“三头”（triumviral）。他们各自代表着从 1792 年 9 月到 1793 年 6 月表面上统一、实际上并非一致的山岳派的不同倾向。关于罗伯斯比尔，当另撰文论述。本文专论马拉和丹东。

一

马拉原来是一位坚决反对封建专制制度的君主主义者。大革命前，他在 1774 年发表小册子《奴隶制的锁链》，猛烈抨击各种形态的暴政，强调以起义来推翻暴政：自由只能从暴动的烈火中得来。随后他加入了共济会。1789 年，他以充沛的活力全身心地投入革命。马拉从一开始就有一种非常明确的思想：人民，热爱人民。但什么是人民？显然还很模糊。当年 2 月，他写《奉献给祖国》一文；3 月，对此作了补充。在这篇文章中，他眼中的人民不仅是第三等级全体，而且是包括特权等级在内的最广泛意义上的“公民的集体”。这是关于人民的一种非常纯朴、天真的概念。大革命爆发后，1789 年 8 月 11 日，马拉编印《爱国指南》报第 1 号。9 月 12 日，他创办《巴黎政论家》报第 1 号；16 日起，改称《人民之友》报。亲身的革命经历改变了马拉关于人民的概念。1790 年 6 月 13 日，他在《人民之友》报上解释了什么是人民：“人民是如此地被蔑视，又如此地很少可以忽略的小民（petit peuple）。”他向人民致敬：“这是在所有的阶级中，民族的唯一健康的、唯一珍爱自由的、唯一渴求公共利益的部分，人群已经变质了，只有这个部分是可尊敬的例外。”① 当时已经先后加入科德利埃俱乐部和雅各宾俱乐部的马拉，跟山岳派的其他领导人一样，从革命的政治行动开始走向小民、走向人民。他认识到，从事革命的正是这些小民，他们承受了革命的一切负担。“确实的是，大革命曾多亏小民的起义，而并非不确实的是，攻占巴士底狱，主要全靠郊区圣安托万的1万名穷苦人。”可是革命后这些穷苦人又怎样呢？1792年7月10日，他写道：“几乎在所有的地区，国家的7/10的成员吃得不好、穿得不好、住得不好、睡得不好。3/10的人在种种匮乏中……过他们的日子、他们的生活是一种持续的吃苦，他们恐惧冬天，他们为生存担忧……”1793年，马拉在对过去的一次回顾中，为一种不合常情的事实而惊愕：“我唯一经历的和将一直经历的是，那些粗工、工人、手艺工、穷人，一句话，那些为大革命而失去一切的社会阶级，而又曾被利欲熏心的立法者排除出公民行列的这些人，是曾经不断地支持大革命的人……”②

马拉明确指出，在这两个世界之间，在贫穷无告的小民和有财有势的富人、贵人之间存在着斗争，这是不可避免的社会阶级之间的斗争。而真正的革命，对马拉来说，是把小民从贫穷无告的状况下解放出来。马拉作为卢梭的学生，他的民主主义理想是让人民大众，即他所说的“唯一真正地珍爱自由”的小民大众参与到政治中来。

马拉以他对人民的热爱，献身于人民事业。他的《人民之友》起到了引导人民、为人民喉舌的作用。共和国成立后，《人民之友》改称《法兰西共和国日报》；不久，又改称《法兰西共和国政论家》。由于抨击时政，提出他维护人民权益的各项政治主张，该报曾多次被迫停刊。但从创刊到1793年7月他不幸被刺止，该报出满了1000号，有时一天出版两号，并在最初刊行后的极短时期内，成为巴黎，也成为外省最著名的报纸之一，以至于法国南部阿尔代什省的一名天主教本堂神甫为这张“以30万爱国者的名义”发行的报纸而惶惶不安。但是广大人民爱护这份报纸，还进而把马拉称为“人民之友”。接着，马拉也称自己为“人民之友”。

在马拉看来，历来的所有统治几乎都是坏的。1789年10月8日，他曾指出：“一条重要的使人们信服的永恒的真理是，各族人民畏惧的最难以忍受的敌人是政府……一个国家挑选出来的首脑们，几乎总是只在打算给它锻造锁链。”③因此，在大革命发生前14年发表的《奴隶制的锁链》中，他就宣扬起义的合法性,主张不断进行“暴力的冲击”:人民暴力值得担心吗? 它的可以担心之处要远远低于几个世纪以来累积的专制主义的可以担心之处的总和! 1790 年 12 月 18 日,他在《人民之友》上写道:“请你们停止浪费时间去设想种种防御的方法吧,给你们留下的只有唯一的方法,那就是我曾多次向你们提出过的:一次由人民实行的普遍的起义。”④恩格斯曾这样说过:“在好些方面,我们不知不觉地仿效这位人民之友的这种伟大的榜样……首先,确实在揭露那些准备背叛大革命的人时,马拉无情地撕下了时代的偶像们(拉法耶特、巴伊和其他一些人)的假面具;另一方面,他像我们一样,并不认为大革命已经结束,而想把大革命宣布为无间断的。”⑤

马拉作为山岳派的核心人物之一,作为执政的吉伦特派的反对派的领袖之一,反对吉伦特派,要求“继续革命”是当然的。他指责吉伦特派发动了战争,却无法赢得战争,甚至不得不宣布“祖国在危殆中”;而对坚持抗击内外敌人,挽救了危局的巴黎,却仇恨、打击,无所不用其极! 他指责吉伦特派一直跟路易十六拉拉扯扯,最后还阻挠审判路易十六,甚至指望免其一死。他还指责吉伦特派推行“兼并”政策,容许迪木里埃轻启战端,终于叛变,导致整个欧洲敌对法兰西共和国。更不用说,吉伦特派在粮食短缺、日用品匮乏的严重关头,仍然推行经济自由政策,纵容富商大贾囤积居奇,投机倒把,以致人民饥困,社会动荡! 马拉认为,这样的统治是不能容忍的。

马拉为 8 月 10 日起义而欢欣鼓舞,他又是 9 月屠杀的鼓动者,但并不是屠杀的组织者。他早就提出:人民从一开始就应当杀掉他们的敌人。在制宪议会时期,杀几个人就可以了,可是人们不听劝告。越往后,杀的就会越多:500 人、5000 人或 6000 人,最后 10 万人、20 万人或许才够! 这不是为了复仇,而是为了革命的利益和国家的安全。马拉并不是“嗜血者”。人们认为,他主张杀人,与他持续紧张的生存状态有关,与他的易于激动、兴奋有关。有人还提到他的“革命悲观主义”,但是我们也不应忘记在法国革命中不断地有来自国内外的阴谋破坏活动! 奥拉尔曾不无理由地说:“他不是这类劝告的发明者,反对革命的新闻工作者们曾最先要求人们杀掉那些‘爱国者’。不过,他是在革命派别中唯一要求这样大量流血,尤其相信这样的流血是有用的人。”⑥

吉伦特派于 1792 年 9 月 25 日集中攻击马拉的一点,是和“杀一些人”同一条思路的,即主张建立一种独裁制。马拉把独裁制看作人民统治的手段之一。他在1790年第一次“结盟节”后的7月30日的《人民之友》上撰文指出:从10个世纪以来可以不遭报复地控制我们、掠夺我们和压迫我们的那些人会变得心甘情愿地与我们平等相处,是极度荒唐的想法。他们将永远地策划反对我们,跟我们处于战争状态中,直到他们被消灭为止。他主张人民必须在危急时期选出承担独裁任务的人,赋予3日权限,对那些会使公共利益陷于危险中的坏公民加以必要的惩治(《人民之友》第177号)。马拉的这种思想,随后又有所变化或发展。1791年瓦伦事件后一天,他主张立即成立“一个军事法庭,推出一位最高的独裁者”(《人民之友》第497号)。他确信,作为人民的人物,他的智能、他的远见、他对祖国的忠诚、他在危难中的坚定性,都是最出众的,足以承担挽救危局的重任。这正是马拉对路易十六一家潜逃被扣后,制宪议会力图加以掩盖维护的直接反应!同年7月,马尔斯校场屠杀事件后,马拉于8月30日又主张选出一位明智的、不可腐蚀的首脑(《人民之友》第542号)。8月10日起义后,8月26日,马拉在外敌侵入国境、直趋巴黎的情况下,发表《人民之友马拉致英勇的巴黎人书》,用小册子和招贴等形式四处传布。他鉴于立法议会议论盈庭,却并无有效地遏止敌人向首都前进的对策之现状,要求巴黎公社在8月26日这一天晚上,任命3位明智的和坚定的委员来负责维护公共安全;还提出了一系列其他应变措施。这就是马拉备受吉伦特派指责的所谓“三头统治”。马拉在《人民之友马拉致英勇的巴黎人书》中写道:“以自由、祖国、人道和为你们的妻子、儿女、后代、人类和你们自己获得拯救的名义,我的亲爱的同胞们,请听一听你们忠实的朋友的声音,并为保全国家而团结起来吧。”⑦

谁是“不可腐蚀的”呢?罗伯斯比尔早已有了连他的政敌都承认的“不可腐蚀者”的美称。“三头”是谁?在吉伦特派想来自然是马拉、丹东、罗伯斯比尔了。吉伦特派还指称罗伯斯比尔一直力图充当独裁者。但马拉自己坦然承认:主张建立3人独裁制的是他,主张搞“三头独裁”的是他,全都是为了应付非常局势。如果应当为此承担责任,那么责任都在于他。

不幸的是,马拉于1793年7月13日被17世纪古典主义文学家高乃依的后人、似乎是自动与吉伦特派联系的25岁的夏洛特·科黛刺杀。他的死对革命的发展进程有巨大的影响。饶勒斯写道:“马拉之死,对大革命来说是一场巨大的灾难，如果他还能活上一年，或许能阻止住那些致命的分裂。他的妹妹说过：‘如果我的哥哥活着，丹东就不会死。’这是什么意思呢？这无疑是说他会制止埃贝尔派反对丹东的激烈战斗并协调丹东和罗伯斯比尔。”⑧

二

丹东从大革命初期的君主立宪主义者，经过瓦伦事件、马尔斯校场事件，逐渐转变为民主主义者、共和主义者。但正如在法国大革命史专家中以推崇丹东著称的奥拉尔曾经指出的：“丹东没有什么政治思想体系，他只凭理性行事，或者毋宁说只凭历史所展现的理性行事。他是民主主义者，可是他除国民教育外没有提出过任何其他有关民主政治的组织纲领。他绝不走在舆论前面，这是一位明天的共和主义者。既然共和国存在，我们就接受共和国，我们通过它来拯救祖国和革命。他的方法是日复一日地以经验的方式行动，就困难出现的情况设法立即予以解决。”⑨

丹东曾是扩张领土的自然边界论者，但更关心、维护共和国的稳定和安全。在 1792 年 7 月、8 月的那些日子里，他是抗击入侵敌军的最坚决的鼓动者。普鲁士人被击败、比利时被征服后，他用他在临时行政会议中的地位，立即派出使者与普鲁士、奥地利谈判，并试图分化普奥同盟。吉伦特派对被占领地区的宣传和兼并政策，震惊了欧洲，增长了各国对法国的疑虑。丹东坚持要求改变这种政策。在法国对英国、西班牙宣战以后，他还是派出使者与它们谈判。1793 年 4 月 13 日，他跟罗伯斯比尔一起在国民公会反对法国插手别国事务。但是已经太迟了。丹东的一些外交谈判，最终说来，自然也是失败的。

丹东虽然在 8 月 10 日起义后，由执政的吉伦特派邀请入阁——参加临时行政会议，但是并不被信任。在 9 月 4 日前后，还以“擅权”或“不负责任”受到罗兰夫妇的指责。从进入国民公会起，他立即成为令人瞩目的山岳派人物。

但是，丹东并不乐于在公会中充当吉伦特派的反对派。他不想在同属共和主义者的派别之间闹矛盾、搞摩擦，甚至公开敌对，势不两立。有时，只是由于他做的某件事遭到反对，或被无端诬蔑，才起而为自己辩护，甚至予以反击。他的愿望是，面对国内外反革命敌人对革命的反扑，在共和主义者内部，在共和主义者不同的派别之间，必须团结对敌，而不是相互攻讦。他要求：不惜一切代价，以忍让、以需要的伪装、以一种与所有政治派别中的善良意志者的联合，防止纠纷，建立一个同质的和稳固的政府，予欧洲和那些反革命捣乱集团以这样的印象：共和主义者是融洽无间的，并努力使这种印象扩大和赢得胜利。他要求：用祖国来反对个人的激情，反对私人之间的恩恩怨怨。这不是一个模糊的和神秘的祖国，这是一个真实的和触摸得到的祖国。这就是丹东的政治。[10]

所以，丹东作为山岳派，如索布尔说的："不断寻求妥协，政治态度有时显得暧昧"，"他那样的政治态度和妥协行为，不能不（在6月2日起义后）促使他下台"。[11]

不过，从以马蒂埃为代表的反对丹东的一些历史学家提供的材料和发表的论著来看[12]，丹东在政治上不只是态度暧昧或寻求妥协，而且贪财纳贿！8月10日起义后，马拉曾指责他放走了原制宪议会三头联盟成员之一的迪波尔。他让拉梅特、塔列朗出走；他答应过流亡贵族、将军、立法议会议员拉梅特设法让王后潜逃；他还被认为与迪木里埃叛变事件有关，并曾包庇战争前线的败将和侵吞大量公款的军火承包商等。其中很大一部分是金钱交易。但奥拉尔说："他无视憎恨、仇怨。对公开的诽谤，他不花时间辩白。他牺牲他的名声、他的荣誉，让人称他为'喝血者'。他相信物质手段、金钱的无上力量。不是贪财者，他像是贪财者，而这，在他是无所谓的。"奥拉尔作为法兰西第三共和国初期热心参与时政的大革命史专家，曾着重研究丹东在当时派别林立的情况下提出和推行的"和解政策"，试图应付普法战争后执政的共和派所面临的困难局面。他说："丹东的政策正是现在人们所说的'机会主义'，如果人们能使用这个词的有利的含义的话，丹东继承米拉波，正像甘必大将继承丹东一样。"[13]

人们注意到，丹东在6月2日起义中保持沉默，也不见有什么行动，可是他跟巴雷尔等一道，却是对大局负有重任的救国委员会的主要主持人。这首先引起了人民社团中"爱国者"的议论。譬如：在6月7日，雅各宾社里有人揭发丹东在起义的日子里的行为是不明朗的。还有人说：6月2日，丹东曾威胁过国民自卫军司令昂里奥。《法兰西共和报》第207号上记载雅各宾社一位成员的话说："我强烈怀疑丹东目前的思想感情；这位议员不再像他过去那样革命了。他不再到雅各宾社来；那一天，他离开了我，上前跟一位将军攀谈。"[14]

确实，丹东在起义中保持沉默。起义后，他力图消除或减少他所认为的不良后果，首先是造成一种与吉伦特派和解的气氛，设法避免内战，避免在旺代叛乱、里昂保王分子叛乱和外国准备入侵的同时雪上加霜。他曾公开赞扬过吉伦特省波尔多市公民的爱国精神；他不理会有人说吉伦特派是保王分子，他看得很清楚，吉伦特派中，极大部分是共和主义者，是按共和主义精神行事的。奥拉尔说："当许多人已经认为看到共和主义的法国不可救药的分裂、一种经久的破碎时，丹东出于他的内心和他的天生的本能，曾经有理由相信共和主义法国的真正的团结。"[15]在丹东看来，必须严厉对待的只有里昂和旺代的叛乱。当时以公会名义派往卡尔瓦多斯、诺曼底执行军事、政治任务的人，包括后来的帝国元帅布律内以及兰代等都旨在谋求和解、实现和平。丹东还是对"误入歧途者"进行大赦的主张者。罗伯斯比尔恰恰与丹东相反，也如米什莱说的："罗伯斯比尔曾经有理由相信，既然6月2日已经做了，公会应当把已经做了的保持住，决不应该示弱和妥协；它不应该跟外省打交道，它应该只要求它们服从。在可怕的、会因对外战争而更加复杂化的内战的危险面前，他确定他坚持这种论点。"[16]

由此可见，山岳派中，即使在6月起义问题上也不是一致的。如果马拉曾在起义的翌日就彷徨过，甚至还愿意到外省去充当人质，那么丹东和罗伯斯比尔在性格、主张、理想等方面，又有多么大的距离！虽然6月12日，丹东在雅各宾俱乐部终于发表了赞扬巴黎起义的讲话，说"这些事件将给这个美好的城市带来光荣"，"没有5月31日的大炮，没有起义，这些阴谋家就会胜利，他们会对我们发号施令"。[17]看来，丹东这个较迟的表态，还是必要的。

丹东是在法国大革命史编纂学中有较多争议的人物之一。肯定丹东的米什莱曾称丹东是"平民的米拉波"，他把丹东和米拉波并列为"大革命的天才"。奥拉尔曾指出，丹东是治理国家的巨人，他有错误，但是杀人和金钱是与他沾不上边的。法国实证主义哲学家孔德在1841—1854年出版他的《实证政治体系》（4卷本），书中"具体地提出了丹东和丹东共和国，认为丹东是共和主义革命的英雄……他以其思想和行动体现了最美好的共和主义理想与共和主义精神”[18]。马克思、列宁也曾从政治角度评论过丹东。马克思说:“尽管他身居山岳之巅,但在一定程度上是沼泽派的领袖。”[19]列宁则说丹东是“历史上最伟大的革命策略家”[20]。

马拉的性格、主张、理想不同于罗伯斯比尔和丹东,丹东也不同于马拉和罗伯斯比尔,而且和马拉、罗伯斯比尔形成鲜明的对照。

他们三人,在法国大革命史上同是不朽的。

注释:

①《人民之友》第132号,转引自伏维尔选注:《马拉选集》,巴黎1975年版,第31页。

②③④⑤转引自前引《马拉选集》,第32、34、37、36页。

⑥⑨⑬奥拉尔:《法国革命的政治史》,巴黎1903年版,第419、424、425页。

⑦以上有关马拉的言论,分见前引《马拉选集》第38、39、199、201、205、207、208页。

⑧饶勒斯:《社会主义的法国革命史(第8卷)》,巴黎1924年版,第191、192页。

⑩参阅前引《法国革命的政治史》,第424、425页。

⑪王养冲编:《阿·索布尔法国大革命史论选》,华东师范大学出版社1984年版,第215页。

⑫19世纪50年代起,法国大革命史学家如米什莱、维奥梅等所写的《法国革命史》,都注意研究丹东。布热阿尔、罗比内还写有丹东的专著,印行过有关丹东的一些重要材料。马蒂埃有关丹东的重要著述有《瓦伦和马尔斯校场危机时期的科德利埃俱乐部》(1910年)、《丹东与和平》(1916年)、《外国人的阴谋》(1918年)、《恐怖时期的贪污案:印度公司事件》(1920年)、《丹东的周围》(1926年)等,余从略。

⑭⑰比歇、鲁合编:《法国大革命议会史(第28卷)》,巴黎1834年版,第160、201页。

⑮⑯米什莱:《法国革命史(第2卷)》,巴黎1979年版,第504页。

⑱参阅王养冲:《法国大革命史编纂学中的罗伯斯比尔:冤诬与昭雪》,载

陈崇武《罗伯斯比尔评传(代序)》,第 10 页。

⑲《马克思恩格斯全集(第 40 卷)》,第 387 页。

⑳《列宁全集(第 32 卷)》,第 374 页。

(原载《历史教学问题》2002 年第 6 期)

略论拿破仑的宗教观及其宗教政策的成败

拿破仑从 30 岁起，由法兰西共和国第一执政(1799—1804)到法兰西第一帝国皇帝(1804—1814)，纵横欧洲 15 年。在此之前，他曾充任法兰西意大利方面军总司令(1796—1797)和法兰西东方部队总司令(1798—1799)，独当一面，足迹遍及意大利和由地中海一线到埃及、叙利亚各地。他与天主教、新教、犹太教、伊斯兰教的接触是频繁的，与这些宗教和教派人物的关系是错综复杂的。尤其他亲身经历了 1789 年大革命和因宗教问题所引起的政治、社会的长期动荡，深知宗教在各族人民生活中所占有的重要地位，因而他重视宗教，重视宗教政策。

一

拿破仑自称“没有宗教信仰”，说“我觉得这是一种很大的安慰，因为我没有种种虚构的恐怖，没有对未来的恐惧”。[①]他写过一篇短文《论宗教》，认为“神的存在是无可怀疑的”，但“宗教显然都是人的产物”。他问道：“为什么有那么多宗教？为什么我们的宗教并不是永远存在的？为什么它是排他性的？”“为什么这些宗教要互相诋毁、互相斗争、互相歼灭？为什么这种情况曾出现在所有的时代、所有的地方呢？”他回答道：“这是因为人永远是人，这是因为那些教士始终在悄悄地从事欺骗和说谎。”[②]

这里，拿破仑把神与宗教分开，与教会和教士分开。在他看来，有些问题，例如“我从哪儿来？我是什么？我去哪儿？”是超出我们的理念之外的，但人具有宗教情感，都似乎是自然的。而“宗教情感是如此地使人获得安慰，具有宗教情感是上天的一种恩惠”。[③]

只要为人们所信奉的是一种正宗的宗教，对它就应当像尊重人的财产和人身一般加以尊重。拿破仑在远征意大利时，就曾反复强调这一点。1796 年 4 月 26 日，他向意大利各族人民宣称：“你们的财产、宗教、习惯将受到尊重。我们只是对奴役你们的暴君作战。”[④]5 月 14 日拿破仑攻克伦巴第首府米兰，19 日发布告伦巴第人民书说：“尊重财产和人身，尊重人们的宗教，这些都是法兰西共和国政府和在意大利获胜的军队的观点。”[⑤]

至于在埃及、叙利亚，要求尊重的是伊斯兰教各教派、各地区的信仰、习惯，这比在欧洲本土就远为不易了。1798 年 6 月 22 日，拿破仑在向埃及进军途中，从他的旗舰“东方号”上通令他统率的东方部队说：“我们将要在其中生活的那些人是穆斯林；他们的第一条教义是‘除安拉以外没有别的神，穆罕默德是安拉的先知’。”他告诫他的士兵说：“不要和他们争辩，我们要像对待犹太人和意大利人那样对待他们；我们要像尊敬犹太教教士和基督教主教那样尊敬他们的律法师和阿訇。”“对清真寺和由《古兰经》所规定的仪式要有像你们对女修道院和犹太教堂、对摩西和耶稣基督的宗教所表现出来的一样的容忍。”[⑥]

拿破仑常常以古罗马军团作为他的部队学习的榜样。他说：“罗马军团保护过各种宗教。你们将发现这里的风俗与欧洲的风俗不同；你们必须习惯于这种风俗。”[⑦]

1798 年 8 月，拿破仑占领开罗。10 月 16 日开罗居民爆发了一次反法起义。拿破仑利用宗教展开他的欺骗性的安抚活动，作为镇压的辅佐手段。12 月 19 日颁布命令：保护西奈的伊斯兰隐修院，并赋予若干特权。[⑧]21 日，发布告开罗居民书，自称是“天命”的执行者。他问道：“是不是有什么人那样怀疑多端，以至不相信这个广大宇宙间的每件事都是受天命的支配的呢？”他甚至说：他的出现，早已记载在《古兰经》里。“现在发生和将要发生的事”《古兰经》也“都已经预言过并做出了规定”。[⑨]这当然是不足为训的。

1799 年雾月政变后，拿破仑当上了法兰西共和国执政府第一执政。12 月 13 日颁布《共和八年宪法》，保证信仰自由。从 1793 年起由舒安党和反宪政派教士在英国支持下掀起的以旺代为中心的法国西部地区的叛乱，历经征剿，不见寸功，依然是执政府的心腹之患。如何去平息它呢？拿破仑的一项重要政策就是保证“公民的安全和信仰自由”。12 月 28 日，他通告西部各郡居民，指责旧政府“专横的行为损害了公民的安全和信仰自由”，“社会秩序的一些重大原则已经遭到了破坏”，接着郑重地指明：“信仰自由是得到宪法的保证的，任何长官不能非难这一点；没有一个人能对另一个人说‘你得信从这个教义，你只有这一天才能做礼拜’。共和三年牧月 11 日（1795 年 5 月 30 日）关于准许公民使用宗教建筑物的法律将付诸实施。”[10]牧月法律，原为纠正雅各宾专政时期毁坏、出售教会建筑物或将之移作别用的情况而制定的一项法律，但是督政府并未执行。督政府继续追捕、拘禁、流放反宣誓派和非宪政派教士；它同样出售教产，禁止举行一切公开的宗教仪式；它提倡“第十来复日制”，在教堂里搞共和派所谓“理性崇拜”的“敬神博爱教”[11]，用讲解《人权宣言》、宪法条文、共和国公民道德等来代替宗教，助长了英国对法国国内的叛乱煽动，也加剧了业已开始的某些郡的反政府战斗。

拿破仑的宗教政策很快就见效。雾月政变两星期后——11 月 24 日，他以公民安全和信仰自由为条件，结束了流血七年的旺代内战，以一个中央政府的名义，与历来所称的旺代叛乱集团签订了停战协定。上述《通告》是对那些条件的书面承诺。12 月 27 日，舒安党领袖当迪涅到巴黎，与拿破仑具体商谈和平问题。28 日，执政府颁布对叛乱分子的大赦令，叛乱分子随即全部放下了武器。可是拿破仑在 12 月 3 日还写信给当迪涅，以第一执政身份再度申明：“大革命已经过去，信仰将完全和绝对自由，将给所有公民以同等的保护。”他接着说：“务必告知你们的同伴——公民们：革命的法律将永远不会再次蹂躏美好的法兰西土地，大革命已经过去，信仰将完全和绝对自由，将给予所有公民以同等的保护。”[12]“大革命已经过去”指的是什么呢？指的是现在需要改弦更张，妥善地实现大革命的原则，而不是指大革命已经结束。1800 年，拿破仑在给国务会议的一个文件中写道：“我们已经结束了大革命的传奇，现在我们必须着手于它的历史了，只要那种在应用革命诸原则时的现实的、切实可行的东西，不要那种纯理论的、假设性的东西。在现（时）要走任何其他道路，都只会是进行抽象的哲学思维，而不是治理国家。”[13]

过去了的是大革命的“传奇”，而现在要总结它的历史经验，汲取它的历史教训，拿破仑的宗教政策，就是它着手的历史的产物：珍视各族人民的宗教感情，尊重不同宗教、不同教派的信仰和习惯。这个政策在法国国内和中东都是行之有效的，是被认为运用了1789年的革命诸原则的。

二

拿破仑不只着眼于宗教情感、宗教信仰和习惯，尤其着眼于宗教本身对巩固政权、安定社会所可能具有的实际效用。

1800年5月，他为反击英国支持的奥地利在意大利北部的进攻而亲临前线。6月5日，他在米兰大教堂对神职人员发表讲话，说："我深信，(天主教)是能为一个有良好秩序的社会带来真正幸福，并能加强一个良好政府的基础的唯一宗教。我向你们保证，我将在任何时候用任何手段全力保卫它。"他确认"没有一个社会能没有道德而存在，而除了宗教就没有良好的道德"，因此，在他看来，"只有宗教才给国家以坚定、持久的支持"。他说他要使所有的神职人员不再受人身侵犯，并使他们为人们所尊重，还答应把原被没收的财产至少发还一部分，让他们永远过体面的生活。[14]

法国从16世纪30年代起就存有不断流血牺牲、却始终争斗不息的新教等各教派的传统。1789年大革命已经证明：法国的这种传统是难以消除或消除不了的。反之，如果千余年来的封建王朝曾经需要和利用天主教和教会的话，那么代表资产阶级利益的拿破仑政权同样需要和利用它们，甚至要更加广泛、更加迫切地需要和利用各有关宗教、各不同教派和他们的教会。

正当1800年"敬神博爱教"在各地区共和主义者中间还流行着的时候，拿破仑就直截了当地决定取缔它，主张恢复宗教——恢复以天主教为主的宗教。他在米兰大教堂讲话时，就把道德、宗教同资本主义社会结构联系起来。他看到宗教是欺罔视听、维护资本主义制度的有效工具。拿破仑用社会上人的贫富为例，指明宗教的必要性。他说："没有一些人比其他人富些，社会就不能存在；而没有宗教，这种不平等状况也就不能存在。"原因是穷人不能容忍他自己"饿得要死，而其紧邻却吃得很饱"，除非有某种权威能告诉他"上帝要这样"。他认为，"在这个世界上就是必须既要有富人，又要有穷人；但是在天上，事情将不是这样"。[15]

1807年5月，拿破仑就塞纳-瓦兹郡的埃库昂女子学校的女子教育问题写了一个意见书,提出:对女子首先必须从极严格的宗教开始,"在这一点上决不允许有任何妥协"。他申述说:"在女子公立学校中,宗教是第一要事。不管人们会怎么说,宗教是母亲和丈夫的最可靠的保证。我们对教育的要求不是女子应思考,而是她们应信仰。"拿破仑后来曾对古尔戈说过:"女子不应脱离作为她们应有地位的依赖状态","她们在社会上的地位,她们需要永远顺从。所有这些只用宗教,用温柔慈祥的宗教来对付"。拿破仑对国立中学,只规定最低限度的必要的宗教仪式;可是,他在埃库昂讲授的全部知识都几乎是福音的知识,因为"我要它造就的不是妩媚的而是贞淑的妇女"。⑯

但是,更加重要的是,拿破仑急于设法消除罗马天主教顽抗派教士的顽抗。顽抗派教士是指1790年11月抗拒国民议会决议宣誓忠于国家、忠于法律的教士。在当时全国134个主教区的主教中,只有4名主教宣誓,下级教士宣誓的也仅及总数的1/3,拒不宣誓的达46000人。在历史上称宣誓的为宪政派,称拒不宣誓的为非宪政派或顽抗派。后者或被政府流放,或自行出亡,或同王党分子一起煽动和参加各地叛乱活动。英国政府支持、资助他们,给法国造成很大危害。直到1800年,拿破仑还对蒂博杜说:"由英国人收买的50个亡命的主教,现在管理着法国的教士。"足见这批人的能量之大!因此,拿破仑接着说:"必须消除他们的影响。"——这是法国当时的心腹之患!

但是要恢复天主教,恢复天主教教会,首先得同罗马教廷和解。要消除顽抗派教士的顽抗,诚如拿破仑所说的,尤其"需要罗马教廷的权威",而从1789年大革命起,法国与罗马的关系就很糟糕,后来又全部中断了。教皇庇护六世(1775—1799年在位)就是被督政府下令押往法国并死于法国的。拿破仑当时正担任意大利方面军总司令。

拿破仑对庇护六世的遭遇作了这样的解释:"庇护六世之所以不幸,部分是他所信赖的那些人的阴谋,部分是由于督政府的残暴。"接着为自己辩解说:"我当时不过是一个政府的官吏,而那个政府根本不喜欢天主教,所以我未能阻止这种蓄意以推翻天主教为目标的骚乱。"他回避了他1797年进军罗马和在此前后以他的名义在意大利对教会所实施的一系列肢解、限制的措施及所进行的多方面的敲骨吸髓的勒索。相反,他公开表示希望能同新教皇庇护七世会晤,说:"一旦我能同新教皇会晤,我希望能幸运地消除仍在妨碍法国和教皇首脑之间全面和解的一切障碍。"⑰

拿破仑是深知“消除全面和解的一切障碍”的困难的。原来反对宣誓、反对与法国革命和解的力量就很不小；同时，罗马教廷作为“继承使徒名义”的天主教中心，不通过它也谈不上恢复天主教。法国原是天主教在欧洲的最重要的据点之一，有必要考虑到恢复天主教很可能就意味着罗马教廷对法国天主教教会的支配和控制，而拿破仑所要求的却是一个完全在法国——在他自己支配和控制之下的天主教教会。这就需要与罗马教廷进行艰难曲折的谈判。

早在1800年6月25日，拿破仑间接给教皇带去了希望和解和商谈的信息。同年11月6日，双方代表在巴黎开始接触。从这时起，拿破仑下令积极清理和发还除业已出售的教会建筑物和包括土地在内的所有财产。对其他宗教教派也采取了相应的措施。1800年7月15—16日夜间，双方终于签订了法国执政府第一执政和罗马教皇的《政教协议》。教皇立即批准了这个协议，法国立法机关却由于遭到包括反对天主教的共和主义者、拥护天主教要求以天主教为国教的保守主义者等在内的形形色色的反对派的反对，而拒不通过。直到1802年4月8日，在清洗一批议员以后，立法机关才经立法团同意承认《政教协议》为国家正式法律。4月18日，巴黎圣母院举行盛大的感恩弥撒，庆祝法国革命与罗马教会之间的和解。拿破仑和政府重要文武官员都参加了。

《政教协议》开头说：“法兰西共和国政府承认：罗马天主教和继承使徒教义的宗教是法国公民中绝大多数人的宗教”，表明天主教不是法国国教，没有给天主教以超出其他宗教或教派之上的地位。后来还制定了包括路德教派、加尔文教派等的《新教组织条例》，确立了信仰自由的法律的保证。《政教协议》也规定大主教、主教由第一执政提名、教皇加授圣职。事后，经提名授职的主教，有宪政派的，也有顽抗派的，并有从拥护《政教协议》的神甫中提升的。有意思的是，所有主教，在就职前，必须直接向第一执政宣誓效忠。在规定的“誓词”中，主教们承诺：“决不与国内外任何妨害公共安宁的集团发生联系，也决不以任何谋划予以协助和支持”；而且如果发现在所属“教区内或其他地区有任何不利于国家的事在酝酿、策划之中”，“一定向政府报告”。天主教得以“自由活动”，礼拜仪式可以公开举行，但应遵守“政府为维持公共安宁的必要而颁布的治安条例”。天主教对所有神职人员支付薪金[18]，根据1803

年1月28日法律规定,总数为3000至3500人(对其他教派人员也同样支付薪金)。后来在颁布的《公教组织条款》中就新教区的划分和神职人员薪金等作了明细的规定。它和《政教协议》《新教组织条款》一起构成一套完整的宗教法律。

通过这些法律,拿破仑统治下的法国成为实现了"宗教宽容""信仰自由"的国家,还明确了罗马教廷和法国天主教教会的关系:法国天主教教会是"继承使徒教义"的罗马天主教的一支,但只在组织形式上从属于罗马教廷。从实际组织、教区分布、人事安排、财产和财务处理到村市的传教和圣事活动,完全而绝对地由各级政府来决定。

拿破仑称帝后,1806年4月颁布《帝国教理问答》。这是根据路易十四时期法国主教博絮埃写的《问答》稍事修订而成的。《帝国教理问答》写道:"基督教徒对统治他们的君主,尤其我们对拿破仑一世——我们的皇帝,应当热爱、尊敬、服从、忠诚、服兵役,并为保护和防卫帝国和他的帝位而缴纳税款",这是"因为上帝立他为我们的君主,使他成为上帝在地上的形象和权力的代行者",还"因为我们的主耶稣基督曾经言传身教,甚至从他诞生之时起,他就服从恺撒、奥古斯都的法令,他缴纳法定的税款"。[19]

《帝国教理问答》对基督教所提出的希望和要求,是拿破仑的全部宗教政策所谋求达到的最高目标。

三

从1802年《政教协议》到1806年《帝国教理问答》,拿破仑在宗教问题上所面临的内外两方面任务,随着形势的不断发展,显得更加艰巨、更加紧迫了。对内,要求能绝对地掌握住对天主教教会和有关教派的控制。他需要平息国内反对派对《政教协议》的抨击,这类反对派既出现在主教和一般教士中,也出现在社会名流中和像咨议院那样的立法机构中。他也继续"需要教皇的权威"来平息"顽抗派"的顽抗,但又必须彻底排除教皇对法国天主教会和教派的可能的干扰。对外,除要求教皇按《协议》规定任命他所提名的大主教、主教等外,还希望把这项规定推广到他所占领或受他支配的地区去,并进而要求教皇随时配合他的对外政策行事,如他所说:教皇应是帝国的陪臣。

对内对外方面,从1802年起大致有如下情况,拿破仑采取过如下措施。

(一)对内

1.1808年8月28日,拿破仑提请教皇把由教皇任命的巴黎大主教、里昂大主教、特鲁瓦大主教和奥顿主教升任为红衣主教。[20]其中里昂大主教费什是拿破仑的近亲。这样做的目的在于加强这些大主教、主教在法国教徒中的分量,并让法国天主教教会的力量深入教廷内部。

2.同年11月2日,拿破仑告诉里昂大主教费什:要任用宪政派教士,"如果你得罪了宪政派神职人员,会使我十分恼火,对国家有害"。但同时又嘱咐费什,尽一切力量促使两派和好,要告诉两派的中坚分子,"团结友爱是一切宗教的基础","把他们拥抱在一起,为他们祝福","这对宗教、对国家都有好处"。[21]

3.1804年10月7日,拿破仑从莱茵区特里尔指示警务部部长富歇:"我的主要目的是,要禁止耶稣会在法国立足。"他不要各式各样的教士组织,"决不容许除教区教士之外有任何教士团体存在",甚至"决心取消女修道院"。对于老修女,可以让她们在共同生活中终其余年,但是不能收新的修女。对于老修女,要富歇"必须知道她们是些什么人,密切注意她们"。[22]

4.上文言及,1806年4月颁行《帝国教理问答》,拿破仑自称是经罗马天主教首脑授予过圣职的"神权帝王"。1809年2月17日,拿破仑指令国务秘书大臣组织一个委员会,即日草拟一个禁止主教们非议政府、借故敛财的法令,于翌日即2月18日提交国务会议。其中主要的是:不得任意向教区教徒发布训谕批评时政,亦不得任意在教区征税,并把钱送往罗马,等等。[23]

5.1809年对拿破仑来说已经是比较棘手的一年。西班牙各地爆发反法游击战争,第五次反法同盟1月对法国宣战。10月8日,拿破仑从申布龙复信指示里昂大主教、红衣主教费什:禁止外来传教士在各省区传教,"因为在这些传教士中,有些曾在罗马受过反对教皇权力限制主义的教育,他们的责任观念是从流行于罗马教廷的傲慢和夺取(世俗权力的)教义的宗教日课中得来的"。他还说"我的决定是不可改变的"。[24]

(二)对外——对罗马教廷

1.1805年奥地利战役开始前,拿破仑为先发制人,占领了意大利亚得里亚海岸的安科纳港，引起了教皇的愠怒与抗议，并且准备遣走法国驻教廷公使——拿破仑的近亲费什。反之，教皇却唯恐开罪于法国的敌国——第三次反法同盟各国。

2.1806 年 1 月，拿破仑从慕尼黑写信给教皇，说明占领安科纳是担心它会落入英国或土耳其之手，并抱怨在许多事情上得不到教皇的支持；宣称“我始终认为自己同我的瓦罗亚王朝和波旁王朝的前辈一样是罗马教会的长子”㉕，认为自己不应受到这样的待遇。

3.法国与罗马教廷的关系，以安科纳事件为起点，显著恶化。拿破仑在给教皇写信的同一天，又写信给他的驻教廷公使费什，责难教皇可以容许俄国公使、撒丁公使在罗马，却容不了费什，并指责教廷没有执行《政教协议》。他又命他所提名的大主教、主教把他的话传达给教廷国务秘书孔萨尔维：“如果他还关心他的国家的话，他必须要么听我的指挥，要么辞职！”他还说如果教皇行为失当，就“降他为罗马主教”。拿破仑则可以委派一名元老院议员用他的名义去治理罗马。㉖

4.1806 年 2 月 13 日，拿破仑再度写信给教皇，自称是“受上帝之命来监护正统宗教的利益的”，要对“运用我的力量来恢复宗教的上帝负责”。他历数教皇怎样违反人民利益，以至于造成“妨碍人民得救的局面”。他说：“教皇陛下是罗马的元首，但我是皇帝。”“我的敌人必然也是您的敌人。”㉗教皇 3 月 21 日复信拿破仑：拿破仑是“法国皇帝，不是罗马皇帝。罗马皇帝是不存在的”。㉘

5.教皇与拿破仑之间的关系，就这样僵持下来。教皇有足够的权威，得到法国内外广大教士和教徒的拥戴。拿破仑虽然想占领罗马，却迟迟不敢实行。到 1809 年 5 月 17 日，他还说：“这一措施虽属必要，却引起了无休无止的抗议和宗教领袖们对基督教世界最强大的君主的持久敌意。”他想到了一个釜底抽薪的办法，“就是撤销查理大帝（对教皇）的封赠……使教皇们退回到他们本来的地位上去”。——让教皇“做帝国的陪臣”。㉙也就在这一天拿破仑撤销了对教皇的封赠，把“教皇国”再度并入“法兰西帝国”的法令。教皇被押离罗马，软禁在萨沃纳。

6.并吞“教皇国”，软禁教皇，受到基督教界——首先是包括法国在内的教会领袖的普遍谴责。拿破仑的困难不是减少了，而是增加了。拿破仑在 1809

年和1811年间曾三度召开有别于东正教的西方宗教大会，邀请意大利、德意志等地的主教参加（其间，第三次只有法国、意大利主教参加），企图制定“教规”，迫使教皇就范，解决僵局，摆脱自己的困境。他所关心的是“得怎样保全皇位？”“有什么宗教程序可以用来惩处一个鼓吹叛乱和煽动内战的教皇？”但是，拿破仑制定“教规”限制教皇行动的建议，三次遭到大会的拒绝，因而不得不三次解散大会。在1811年3月5日，法国天主教教会教务委员会在给拿破仑的信中宣称：“法国教士谨遵《福音书》的圣训，将愤怒地看待对教皇权威的任何攻击。”这显然是对拿破仑的挑战。而拿破仑称，在1809年前教皇已宣布：“把我的大臣，我的军队，以及几乎我的整个帝国逐出教门，而这仅仅是为了维护他俗世权力的要求。”[30]

7.1812年5月21日，拿破仑在德累斯顿调遣军队向俄国前进的时候，获悉英国军舰在热那亚湾教皇居住的萨沃纳的海面出现，就指使外阿尔卑斯各郡总督博尔盖泽亲王派人把庇护七世秘密转移到法国，软禁在枫丹白露。拿破仑说：“必须把教皇安置在一个安全的地方。”[31]直到1814年，拿破仑第一次退位，教皇才重回罗马。

拿破仑与罗马教廷、罗马教皇的关系是凶终隙末的。在对待宗教、对待罗马公教教会的问题上，不论对内对外，拿破仑都遇到不少困难。他指望利用他所说的“教皇的权威”，平息国内从1789年大革命后由于在宗教问题被认为处理失当而产生的社会、政治危机，进而把教会和有关教派掌握在自己的手里。19世纪初期，教皇在法国国内、在基督教世界确实还拥有难以动摇的权威，拥有从教会领袖到普通教徒的广泛的支持者，而法兰西帝国却还在与反法同盟列强反复较量的过程中，拿破仑为使教皇成为帝国的“陪臣”而推行的政策，显然是不现实的。兼并教皇国也罢，软禁教皇也罢，总之全都是失败的。

四

拿破仑本人，特别是在圣赫勒拿岛他将去世的时候，认识到了他与罗马教廷和教皇闹翻的错误，并且再一次提到了宗教的重要性。1821年4月17

日，他自知行将不起，要蒙特隆伯爵笔录了他给儿子罗马王的遗训，其中有关宗教和教皇的一段是这样说的："宗教思想所具有的影响，比某些胸襟褊狭的哲学所愿意相信的要大得多。它们能给人类以极大的好处。如果和教皇的关系搞得好，就可能使一亿人的良知就范。庇护七世总会对我的儿子有好感的：他是一位宽容而开明的长者。灾难重重的局势曾使我和他的政府陷入了对抗的地位，我对此深感遗憾……"[32]这一段话，该是拿破仑处理宗教问题——主要是天主教问题的经验的总结。他的所见、所说，或许是和他同时代的那些务实的政治家都会首肯的。

拿破仑的宗教政策是从有利于他的事业与巩固他的帝国和皇位出发的。他以他在东方、在执政府初期珍视各族人民的宗教感情，尊重他们的宗教信仰、习惯开始，取得了成果。在形势、事态的不断发展中，他一如既往地谋求集政权、教权于一身。1800 年，他为"治理国家"而"需要教皇的权威"；1811 年，在情况恶化，形势转变为不利于他的帝国和皇位的时候，他仍无视教皇的权威，担心地问："将怎样保全皇位？"

拿破仑虽然自称没有宗教信仰[33]，却是一个有神论者。1821 年 4 月 15 日，他去世的前 20 天，拿破仑对他的侍医、科西嘉岛人安托马纪说："年轻人，您或许是非常信仰上帝的吧，我的心不在那儿……可要的不是无神论者。"[34]随拿破仑去圣赫勒拿岛的贝特朗伯爵论证说："皇帝死时是位有神论者，相信有一位施行赏罚的上帝——万物的本源。"[35]拿破仑认为宗教是人的产物，可以说他不信宗教，但他尊重业已成为社会习惯或习俗的宗教传统。他在与安托马纪说完上面那几句话的第六天——1821 年 4 月 21 日说："我生在天主教里，我愿意履行它指定要履行的义务，并接受它所执行的各项圣事。"[36]贝特朗伯爵对此也论证说："他是作为公教的信徒死的，因为他认为那是公共道德的角度说来得做的正确的事。"[37]

不论拿破仑个人究竟有什么信仰或者信仰在他的一生中有什么变化，在客观上，他始终如一地推行他的宗教政策的结果是，在法国实现了宗教和平。天主教仍然是法国大多数人的宗教，但并不是国教；合计仅有 300 万信奉者的新教和犹太教，也拥有与天主教同样的权利。宗教和平乃是拿破仑的政治和军事业绩的不可忽略的因素。

注释:

①④⑤⑥⑦⑨⑩⑫⑬⑮⑯㉒㉓㉔㉕㉖㉗㉛㉜㉝㉞㉟㊱㊲引自王养冲、陈崇武选编:《拿破仑书信文件集》,上海人民出版社 1986 年版,第 545、43、47、113、114、135、193、195、210、208、325、242、371、390、277、279~280、281、435、551、545、558、545、560、545 页。

②③马泰尔辑注:《拿破仑的回忆和著述》,法文本,第 437、438 页。见上引《拿破仑书信文件集》,第 400 页。拿破仑的这篇短文,原书未注明写于何时,从文中提到教皇(庇护七世)为求返回罗马,献给他许多东西等来看,应写于 1809 年 5 月 17 日拿破仑下令兼并教皇国并把教皇押离罗马以后。

⑧霍华德选译:《拿破仑的书信和文件》,英文版第 1 卷,第 276 页。

⑪"敬神博爱教"亦称"神人同友教",流行于 1796—1801 年。

⑭⑰霍华德选译:《拿破仑的书信和文件》,英文本第 1 卷,第 366—368 页。参见《拿破仑书信文件集》,第 206、207 页。拿破仑在 1800 年 6 月 5 日讲话中提到人身、财产,是指他自己于 1796—1797 年在意大利时曾秉承督政府的意旨拘禁过当地神职人员并没收教会财产。他在讲话中辩解说,他当时"不过是一个政府的官吏,而那个政府根本不喜欢天主教",并说现在他已经掌握全权,将竭尽全力保护天主教。

⑱⑲斯特恩斯编:《欧洲史进程》,英文本,第 422、423、509 页。

⑳㉑㉚汤普森编译:《拿破仑:自我泄露——三百书信选》,英文本,第 83、89、284~285 页。

㉘参阅同⑳第 137 页注,看来教皇是在回复拿破仑的"但我是皇帝"这句话时写了这三句话的。参见《拿破仑书信文件集》,第 280 页。

㉙参阅同⑳第 212~213 页。又赫特选辑:《拿破仑》第 31 页。参见《拿破仑书信文件集》第 378 页。这是拿破仑给他的外交大臣尚帕尼伯爵的信,当时拿破仑将就教皇国的准备问题发布一些政令送交元老院,目的在于撤销查理大帝对教皇所作的"世俗统治者"的封颁。拿破仑说,查理大帝当时是"愿意教皇继续做帝国陪臣"的,而拿破仑是历来以查理大帝的继承者自命的。

(原载于《华东师范大学学报(哲学社会科学版)》2000 年第 4 期)

文艺复兴

一、人文主义种种

从 14 世纪初到 17 世纪 30 年代的文艺复兴时代，共计 300 余年。先进知识分子的思想体系和精神象征是人文主义。人文主义是一个历史范畴的特定概念，其主要标志是以人为中心，反对以神为中心，提倡人性，反对神性。文艺复兴并非古代希腊罗马奴隶制文化的复活，而是利用古典文学艺术作品中的现实主义成分、自然科学和哲学中的唯物主义因素，去反对封建的神学体系和经院哲学。人文主义在哲学观上表现为人本主义，在政治思想上体现为民族主义，在伦理思想上表现为反对禁欲主义，在文学艺术上展现了现实主义。人文主义思想的特征是：强调以人为中心，主张发展人的个性、才智和自我奋斗，赞扬英雄史观；肯定现实世界和现世生活，向往享受、功利和致富，反对禁欲、悲观和遁世；否定对罗马教皇和天主教会的绝对服从，嘲笑教士的愚昧，蔑视贵族和世家出身，反对封建特权和等级制；提倡理性，追求知识和技术，重视科学实验；反对先验论，主张探索自然，欣赏新文化的语言符号系统和各种表现形态。

文艺复兴时代，人文主义的核心是“以人为本”，把人看作一切事物的前提、最终的本质和根源。“以人为本”就是反对把人边缘化，强调人在宇宙中的主体性，肯定人在社会发展中的主体地位和作用；“以人为本”也是一种价值功能取向，尊重人的价值，肯定人是权利和责任的主体，描述人的内心的丰富感情、刚毅品格和身体之美；以人为本也是一种思维方式，否定旧文化的主导地位，提倡人的个性，树立人的自主意识。因此，“以人为本”的提出，发挥了积极进步的历史作用。然而，它的体系是逐渐丰满的。

二、文艺复兴研究的历史

1860 年，瑞士历史学家布克哈特的名著《意大利文艺复兴时期的文化》问世。他集前人研究之大成，加上综合发展，充分肯定和总结了文艺复兴，把文艺复兴作为文明整体加以阐述。这本书是文艺复兴研究的奠基性著作，是西方史学中关于文艺复兴的正统理论的基础。作者摆脱了欧洲传统史学只限于政治、军事和外交的历史的传统，颂扬先进文化，评析人文主义，开始把政治和文化联系起来。但是作者把中世纪看作黑暗的时期，是当时史学界的偏见。全书没有艺术方面的内容，把文化的成就归功于君主和统治者，这是这部书的缺点。另外，英国历史学家西蒙斯著有《意大利文艺复兴》，观点与布克哈特接近，全书 7 卷，内容丰富。有专门的章写美术和方言文学，专门论述罗马教皇和天主教会，对不同的城市辟专题加以分析，对但丁、莎士比亚等有小传。但全书经济背景薄弱，政治事件比较多，范围狭窄。布克哈特的研究方法持续到 20 世纪，很多书用他的观点。

20 世纪 30 年代，西方流行的观点是反对布克哈特的史学传统。德国、法国和美国都有人提出，中世纪并非黑暗和静止。中世纪中有文艺复兴的源流，认为历史的发展只是持续的渐进，甚至否定文艺复兴的伟大意义。

第二次世界大战前后，关于如何研究文艺复兴，传统的和反传统的历史学家有过激烈的论战。有一批人沿着布克哈特的方向，走正统的路。他们注意文化和政治、社会的结合，把文艺复兴放在广阔的历史背景下。他们从文化社会学、人文学和哲学等不同的角度补充和深化了布克哈特的理论。

20 世纪 50—60 年代，许多历史学家在坚持布克哈特的传统的基础上，补充和修正其方法，拓宽文艺复兴研究的道路。例如，开辟新的方向，开展跨学科和多学科交叉的比较研究，拓宽史料的来源，重视档案、文物典籍的作用，强调以点带面，把佛罗伦萨作为典型，探讨经济基础和上层建筑之间的关系和变迁。这个时期成果显著。

20 世纪 80 年代以后，文艺复兴的研究有重大转折。西方史学界由于法国年鉴学派和英国马克思主义史学流派“新史学”运动的影响，在研究方向上逐渐转向社会史领域。在研究对象上，逐渐从文化名人转向普通大众，从精英文化转向大众文化，对文艺复兴的概念、性质、时代和社会结构等基本理论性问题的辨析和定性采取审慎的态度。同时，人们重视史料更新，拓宽研究领域。1985 年在斯图加特举行的第 16 届国际历史科学大会上，在文艺复兴研究专门委员会的会议上，各国学者对文艺复兴的兴趣明显提高。

20 世纪末，各国史学界对意大利以北各民族国家的研究成果增加；对文艺复兴时期的城市和社会生活，一些教皇对文艺复兴的态度的异同，以及文艺复兴时代的经济、教育、建筑、妇女等许多领域的探索都相继展开，特别是重视史料来源的扩大。1995 年在蒙特利尔举行的第 18 届国际历史科学大会上，这些变化有所反映。1999 年，美国出了 6 卷本的《文艺复兴百科全书》，对当时的人物、事件等有新的评述。

中国在 20 世纪 80 年代以前，关于欧洲文艺复兴的研究薄弱，主要是少数学者对文艺复兴的背景、性质和意义作宏观的分析，很少有分门别类的专题研究。20 世纪 80 年代后，取得初步的进展。现在出了一套《欧洲文艺复兴史》，共 12 卷，包括总论卷、经济卷、政治卷、哲学卷、科学技术卷、文学卷、艺术卷、教育卷、法学卷、宗教卷、史学卷、城市与社会生活卷。主编是刘明翰先生。

三、论人文主义

什么是人文主义呢？在人类的思想文化史上，人文主义（humanism）是一个具有特定指向的术语，特指西欧文艺复兴时期（14—17 世纪）早期资产阶级反对神权、反对封建的具有近代早期启蒙意义的思潮和文化运动。人文主义这个词，在文艺复兴初期仅有 humanus，即“人的”含义，就是受过世俗教育的意思；后来随着文艺复兴的发展，才发展成人文主义（humanism）。人文主义的产生和当时在大学逐渐兴起的修辞学、哲学、法学医学、天算学等“人的科学”（studia humana）密切联系。这些学科都以讲授希腊和罗马古典的学问为特征，以有利于人的现实人生为目的，与大学中流行的中世纪天主教经院哲学和神学相对立。在 15—16 世纪的意大利，humanista 是指一位从事人文科学研究的教授或古典学问的学者（classical scholar）。只是到 19 世纪，"人文主义"这个术语才真正被创造出来，用以概括文艺复兴时期人文学者的世界观和人生观。

著名的《方塔拉现代思想词典》这样给"人文主义"下定义：

> 人文主义是一个具有极其复杂的意义的术语，有时与神学相对照，就像文艺复兴时期的人文主义那样，旨在将直接关注对上帝之沉思的神学转向人在历史学、文学和艺术领域中的作品的学习……再就是与自然对照，就像将教育的重点放在与自然科学相对立的人文科学上。（*The Fantana Dictionary of Modern Thought*）

美国学者这样论述文艺复兴的人文主义：

> 文艺复兴的人文主义显示了三个主要特征。其一，它摒弃了中世纪学校所设的无论是神学、法律还是在医学上的专业训练的重点，而提倡一种奠基于道德哲学和掌握修辞学基础之上的自由教育。真正有教养的人不是看其对整个学问的熟练掌握，而是看其在困难的社会环境中做出正确的道德判断的能力。其二，人文主义强调拉丁语（稍后也强调希腊语）和古典作家的极其重要性。这些是修辞的典范、智慧的源泉，给大众提供了除宗教本身以外的尽可能好的生活指南。其三，人文主义肯定人通过教育和学习而完善的可能性。理想地说，个人应当最充分地发展其所有特定的才能——身体的、精神的与审美的才能。（M.Chambers et al，*The Western Experience* Ⅵ）

这些论述应该说在知识和教育的层面与人文主义具有相当程度的契合，但是对人文主义的精神实质没有作深度发掘。因为对新的知识的渴求与对新的教育方式的倡导，仅仅是人文主义的一种表现，而不是其思想底蕴。

如果用唯物主义来考察，我们可以看出，文艺复兴时期的人文主义正是

“个体本位”的人性思想的最初的形态。无论在东方还是在西方，古代还是中世纪，尽管人们的生产方式、生活方式、思维方式和风俗习惯有诸多差异，却有一个根本的共同点，即“人的生产能力只是在狭隘的范围内和孤立的地点上发展”，个人的独立性十分脆弱，因而人不得不隶属于或依附于某种社会共同体，如家长制关系、古代共同体封建制度和行会制度等。在这种以直接的统治和服从为特征的人身依附关系下，只能产生以排斥和否认个性为特征的“群体本位”的意识形态。只是到了中世纪后期，随着资本主义经济的萌发，人们不断卷入商品市场中，在自由竞争和等价交换中，逐渐增强了个人的自主实践能力，因此真正摆脱了传统的人身依附关系的束缚，获得“以物的依赖为基础的人的独立性”。人成为具有独立性和自主性的社会个体。如此，就要突破“群体本位”为底蕴的传统思想的禁锢，萌发出追求个人自由、平等的近代观念意识。正是社会变动造就了“个体本位”的人文主义思潮，推动了人文主义者对新知识、新教育的追求。

附：人文主义史学

我们说过，从 14 世纪到 17 世纪中叶是欧洲的文艺复兴时期。文艺复兴从 14 世纪开始于意大利北部各邦，15 世纪开始传播到欧洲各国，16 世纪达到鼎盛，是人类文明从中世纪向近现代转变的标志。文艺复兴时代出现的人文主义史学为西方近代史学的发展提供了最初的思想和方法，因此人文主义史学应该是近代西方史学的开端。

从中世纪史学向人文主义史学的转变不是突如其来的。它经历了一个转变的过程。

在 13 世纪中叶，佛罗伦萨的公证员桑札诺姆（Sanzanome，生卒年不详）写过一部《佛罗伦萨史》（*Gesta Florentiorum*）。这是第一部由世俗作者撰写的城邦史，最早表现了意大利史学的世俗化倾向。这部书所叙述的事是城邦的公众事务，从传说中的城邦一直说到 1231 年。

帕都亚的罗兰迪（Rolandus，生卒年不详）也是公证员，他写的《帕都亚史》叙述了 1200 年到 1260 年的帕都亚的历史，表现了以后两个世纪中人文主义历史学家著作的基本特征。

13 世纪末，弗拉拉的里科巴尔多（Riccobaldo da Ferrara）写了两部通史，其中的《罗马史》(*Historia Imperatorum Romans Germanicorum*)开始提出历史分期的概念。他把他的同时代人称为"现代人"(modern man)。这部著作描述弗里德里克二世去世前意大利人的生活习惯、社会和文化。这些著作标志着历史著述开始脱离中世纪编年史的传统。

反映世俗化的另一位更重要的历史学家是帕都亚的穆萨图斯(Albertius Mussatus,1261—1330),他是诗人和政治活动家,用优美的拉丁文写了一部《卢森堡国王亨利七世的传记》(*De Getis Henrici* Ⅶ)。尽管他是国王的崇拜者和朋友,但是他既记载了亨利七世的功绩,也记载了他的错误。亨利七世去世后,他又写了《亨利七世去世后的意大利史》(*De Gestis Italicorum post Henricum* Ⅶ),叙述1313年至1329年之间意大利各城邦的重要事件。这部著作是现代意义上的当代史,以作者的亲身见闻,如实记载君主、行政官员、军官、外交官的许多活动,并且叙述意大利各个城邦的政治制度、机构和许多事件的背景,具有史料的权威性。在写作风格上,他模仿古代历史学家,尤其是罗马时期的李维,用第三人称叙事,甚至用古代罗马官职和机构的名称来指14世纪的意大利。

乔万尼·维拉尼是中世纪编年史向叙事史转变的标志人物。维拉尼是商人,为业务到过欧洲各地。他有时又是政治活动家,对佛罗伦萨的政治内幕很熟悉。1300年,他来到罗马,站在古城堡的废墟前,突然想到要写一部历史,来体现"古罗马的儿女和后代"的光荣和伟大。为此他读了不少历史书,包括罗马历史大师的著作。他的著作题目是《佛罗伦萨编年史》(*Cronana di Fireazee*)。虽然如此,但是这已经同传统的历史著作有很大区别。编年史从《圣经》时代写起,一直按照年代顺序写到他患黑死病去世的1348年。编年史虽然取材广泛,但是中心内容是围绕佛罗伦萨城的兴起、发展和壮大的。维拉尼写作古代意大利的历史主要根据桑札诺姆的《佛罗伦萨城邦史》。论及当代佛罗伦萨史的时候,他把自己的经济观点和政治见解都写进了这部著作。著作的最大特色是记载意大利的人民生活的各个方面,包括政治、经济、贸易、艺术、社会和习俗,是一部"总体史"的著作。特别是他还引用了不少经济统计数据,这在当时是难能可贵的。不过在对历史的解释上,维拉尼固守中世纪的历史观,认为历史是人类的原罪、上帝的意志和末日审判的故事。他企图通过叙述历史进行道德教化,帮助人们隐恶扬善。他还相信天象是上帝的意志的体现，天象和历史之间存在着必然的联系。他甚至通过夜间观测天象来寻找历史著作的结构。他相信，上帝把自己的意志，通过教皇之手，首先交给了法国人，然后交给意大利人，再交给日耳曼人。尽管维拉尼的著作仍反映出中世纪的痕迹，但是这并不妨碍这部书成为从中世纪编年史到人文主义史学之间的一座桥梁。维拉尼去世后，他的弟弟和孙子把这本书再续写到 1364 年。因此，维拉尼兄弟奠定了佛罗伦萨人文主义史学的基础。

意大利的历史学家逐渐脱离中世纪的宗教色彩，致力于发掘现实的和人类本身的价值。在这样的背景下，历史学家热衷于描述古代希腊和罗马的高度文明，作为他们那个时代和社会的榜样。

这样的意大利人文主义历史学家首推彼特拉克（Francesco Petrarca，1304—1374）。他作为律师的父亲曾在 1302 年和但丁等反教皇派一起被放逐出境。彼特拉克早年在法国受教育，主要兴趣在古典文化和历史，尤其喜好西塞罗和维吉尔的著作。他在年轻时常把自己想象为古代希腊人或罗马人，以“同代人”的身份给古人如荷马、西塞罗、李维、维吉尔写信。正是由于对古典文化的热爱，他对历史产生浓厚的兴趣。彼特拉克写过一部《罗马史》，盛赞古代罗马的光荣和伟大。其目的固然在于用写作来满足自己的深刻思考，但另一方面也借古喻今，用古代罗马的历史事实来唤醒人们的爱国心。他看到当时的意大利城邦林立，征战不已，外族入侵，加深了意大利的分裂，于是呼吁意大利各邦团结御敌，以复兴罗马帝国为形式，实现意大利统一。这样的思想贯穿于《罗马史》始终。他的著作虽然摒弃了许多关于罗马的神话传说，广泛引用了很多他读过的古典历史著作，但是学界通常认为，他未加考订，全盘接受别人的观点。

彼特拉克还写过一部著名的传记《名人传》（*Liber de viris il lustribus*），叙述从罗莫洛斯到恺撒的 31 名罗马英雄，其中有亚历山大大帝、庇鲁斯和汉尼拔等非罗马世界的英雄人物的事迹，试图以复兴罗马帝国为形式来达到意大利的统一。他还提出了历史分期的思想，以“基督的名字得到罗马公民和君主的承认”为界限，把整个历史分为“古代”（antiqini）和“现代”（modern）两个部分。他认为只有古代的历史才值得研究，因为现代的历史是黑暗和衰落的历史。彼特拉克所指的现代，实际上就是后来的历史学家说的“中世纪”。中世纪并不是罗马文明的延续，因为慢速的入侵已经中断了古代的文明。因此,中世纪黑暗的观点是彼特拉克提出的。彼特拉克反对当时流行的经院哲学和刻板的拉丁文,主张以古典语言大师的著作为典范,对拉丁文进行改造。

意大利是罗马古典文化的故乡。14 世纪,意大利城邦如威尼斯、热那亚、米兰、比萨、佛罗伦萨的经济和文化都走在欧洲的前列,成为文艺复兴当然的发源地和新文化的摇篮。其中,学术活动更多集中在佛罗伦萨,这里人才辈出,成为文艺复兴的“圣地”。

在佛罗伦萨城诞生了第一批人文主义的历史学家,如萨卢塔蒂(Coluccio Salutati, 1330—1406)和马西格利(Luigi Marsigli,? —1394)。最著名的人文主义历史学家是布鲁尼(Leonardo Bruni, 1369—1444)。布鲁尼担任过律师、教皇的秘书和佛罗伦萨的行政长官,但他的旨趣则在于学术。

他曾将柏拉图、亚里士多德和普鲁塔克的作品译成拉丁文,并用意大利方言为文艺复兴的先驱但丁、彼特拉克撰写传记。布鲁尼从 1415 年开始撰写 12 卷本的《佛罗伦萨人民史》。这是一部政治史,从佛罗伦萨建成到 1404 年,对城邦的发展有详细的论述。布鲁尼的著作对佛罗伦萨的所有历史叙述,都摒弃了神话和传说,运用他在这个共和国担任过行政职务的经历和理智的眼光考察历史,完全用历史事实来立论,着重叙述佛罗伦萨政治上的变迁和在意大利各邦中的地位。他认为,罗马共和国的灭亡和罗马帝国的兴起,开始了历史上的衰落时期。随着道德水平的下降,罪恶和叛乱不断发生。尤其是罗马的首都迁移到君士坦丁堡后,西罗马失去防御,任凭蛮族入侵。其实早在蛮族入侵以前,罗马帝国实际上已经崩溃了。布鲁尼首先在历史学领域中打出人文主义的旗帜,提倡历史应该记载“人事”,探求社会现象的因果联系。他明确提出,历史研究和著述是经世之学,有助于人们理解过去国王和人民的业绩,从而认识当代事件的由来和发展,以供人们借鉴。布鲁尼提出他的历史分期方法以及他对罗马历史的新的解释,可以说是马基亚维利的先导。布鲁尼还写过《意大利当代事件评述》《希腊史》《布匿战争史》《意大利人抗击哥特人的历史》等。

(本文选自面向硕士生的“西方思想史导论”讲稿)

孟德斯鸠和《论法的精神》

一、孟德斯鸠其人

孟德斯鸠(Montesquieu,1689—1755),全名是 Charles-Louis de Secondat, Baron de Montesquieu。法国贵族。他拥有双重爵位:拉布雷德男爵、孟德斯鸠男爵。他的祖上几代都是佩剑贵族。从圣女贞德时代(1412—1431)定居在法国西南部的阿让(Agen),到孟德斯鸠这代,有 250 年历史。他们家的祖先原来姓 Secondat,“孟德斯鸠”这个姓氏是他的太曾祖父让·德·色贡达在购置了孟德斯鸠庄园以后才添加的姓氏。此人长期是纳伐尔王国王后的侍从,王后在 1561 年赏赐给他 1 万利弗尔,次年他就用这笔钱购买了孟德斯鸠庄园。让·德·色贡达有 6 个儿子,其中 4 人死于战争。幼子(曾祖父辈)雅各布继承了产业。雅各布的长子让-巴蒂斯塔-加斯东(祖父辈)与波尔多法院院长迪贝尔奈的女儿结婚,用妻子的嫁资购买了波尔多法院的一个庭长职务。这个庭长职务代代相传,直到写《论法的精神》的孟德斯鸠。

1700 年到 1705 年,孟德斯鸠在离波尔多 600 千米的汝理学校学习。这是一所由天主教奥拉托里修会创办的教会学校,专门从事少年的培养。课程十分丰富,也没有多少天主教色彩,有拉丁文、法文、希腊文、地理、历史、数学,还有绘画、音乐、骑术、剑术和舞蹈等副课。

1705 年以后,孟德斯鸠回到故乡进入波尔多大学学习法律。两年中取得业士和学士学位,1708 年 19 岁时取得律师资格,同年被波尔多法院聘为律师。从这时起,孟德斯鸠被人们称为拉布雷德男爵。他虽然取得了律师资格，但不满于在波尔多大学学得的知识，有意到巴黎深造。任法庭庭长的伯父也支持他。因为巴黎法院和波尔多法院使用的习惯法不同，只有实地考察两种习惯法的异同，才能做好工作。1709 年，他前往巴黎，待了 4 年。这期间，他广泛接触巴黎的学术界人士，涉猎各学科。历史、宗教、生物、物理都有涉猎，并很有兴趣。他还结识了著名学者丰特奈尔、弗雷莱、布兰维利埃等。

1713 年 11 月 15 日，父亲拉布雷德男爵（雅克）逝世。他回到故乡。他不得不暂时留在家乡，根据父亲的遗嘱继承大部分遗产。至于庭长，仍由他的伯父担任，因为要年满 40 岁的人才能担任庭长，而拉布雷德男爵才 25 岁。1714 年，他用 2000 利弗尔的代价购买了波尔多法院的参事职务，在调查庭工作。

1715 年，拉布雷德男爵与出身贵族的小姐拉蒂格订婚，不久后结婚。新娘带来了 10 万利弗尔的嫁资。1716 年，拉布雷德男爵的伯父去世。他是孟德斯鸠家族的长房，拥有男爵爵位和法院庭长的职位。他的大部分财产和职位由拉布雷德男爵继承。从此，拉布雷德男爵成为孟德斯鸠庄园的主人，还有大笔财产以及波尔多法院的庭长职务。1716 年 5 月 4 日，他以“孟德斯鸠先生”的称呼登录波尔多法院的记事簿。从此他的名字的全称是“夏尔-路易·德·色贡达·孟德斯鸠”。

1723 年，即孟德斯鸠 34 岁时，法院破例允许他以庭长的身份主持法庭的工作。

无论在巴黎，还是回到波尔多以后，孟德斯鸠都醉心于学术研究。他写过关于社会科学的论文，还写过一篇文章《论国债》准备呈交给摄政王（1715 年）。1716 年，一些既是法院法官，又是波尔多科学院院士的人推荐他为波尔多科学院院士。1718 年，他当选年度院长。孟德斯鸠的兴趣广泛，包括社会科学和自然科学。他写过的论文有《回声的原因》《肾腺的功能》《古代和现代地球史提纲》《略论自然史》《论物体的重力》《论物体透明的原因》等。在这期间，他常到巴黎去，那里的文化氛围深深地吸引了他。

1721 年，孟德斯鸠出版了他的小说《波斯人信札》，获得巨大成功。这本书在荷兰出版，出版地伪称德国科隆，也没有使用真名，但是引起了轰动，读者也很快明白了作者是谁。从此孟德斯鸠一鸣惊人，得以跻身巴黎名流之列，在沙龙中大受青睐。1726 年，他决定出售波尔多法院庭长职位。其中的原因还比较复杂,不能一一罗列。不过这样做,对买卖双方而言都是有利的。孟德斯鸠出售官职的一个原因,是想在巴黎常住。因为《波斯人信札》走红后,他萌生了进入法兰西学士院的想法。这是法国的最高学术机构,有40名院士,终生任职。这儿有一条不成文的规定:只有常住巴黎的人才能入选。至1728年,孟德斯鸠顺利当选,尽管他仅有一本书,而且不是严肃的学术著作。进入学士院3个月,孟德斯鸠就开始了周游欧洲的历程。他到了奥地利(维也纳),匈牙利,意大利的米兰、都灵、热那亚、比萨、佛罗伦萨、罗马、那不勒斯、摩德纳、巴马,再次到奥地利、匈牙利,又去了德意志,经慕尼黑、奥格斯堡、汉堡到荷兰,在乌德勒支、海牙、阿姆斯特丹参观,1729年去英国。1731年回到法国。孟德斯鸠在家乡波尔多逗留了两年,整理游记和各种资料。

1734年,研究历史的《罗马盛衰原因论》问世。这部书从物质和精神、政治和道德等方面探讨罗马衰亡的原因,研究历史的必然性和偶然性问题。它的内容和视角预示着作者的《论法的精神》的诞生。这以后,他着手思考和写作《论法的精神》。至1748年,此书在日内瓦出版,十分成功。1754年,他准备回家乡安度晚年,不料尚未成行,就染上了流行病,数日连续高烧,许多名人都来探视,国王也派一位公爵来看望。1755年2月10日,孟德斯鸠病逝。

二、《论法的精神》

(一)写作过程

在《罗马盛衰原因论》出版后,孟德斯鸠开始构思一部政治和法学著作,他有这样的准备。例如,多年来,他搜集了很多材料,写了不少笔记,还写有一些未曾发表的论文。1734年年底,他开始写作。相对于已经出版的两本书,《波斯人信札》是小说,《罗马盛衰原因论》基本上是历史著作,《论法的精神》则是在理论上很有建树的著作,工程比前两本书大得多。

孟德斯鸠对此有若干准备。例如,关于英国的政体的论述,他从英国归国后,写了一篇未曾发表的论文。稍加修改后收入《论法的精神》,成为为人称道的第11章第6节(英格兰政制)。他早年写的《论义务》则收入第24章,

《论西班牙的财富》收入第21章。经过7年的努力，到1741年，孟德斯鸠完成了全书的大部分章节，开始审阅手稿。对某些章节，例如第19章、20章和21章作了重大修改，还增写了第27、29章。完稿后，孟德斯鸠带书稿来到巴黎，他估计这部书在法国是难以出版的。书中将宗教作为政治的一个部分来论述，势必引起教会反对；而且还赞扬英国的政体，而当时英法正在交战。如果像前两部书那样找荷兰的出版商，也有困难，因为战祸蔓延到荷兰。于是，孟德斯鸠想到了瑞士。1747年，他找到瑞士的出版社。1748年，这部书在瑞士日内瓦顺利出版，送往法国，在里昂、波尔多等地发行。

《论法的精神》为作者带来巨大荣誉。1753年，他当选为法兰西学士院院长，次年波兰学士院请他当院士。随后，他修订了《波斯人信札》，又参与了狄德罗主编的《百科全书》的条目撰写。

《论法的精神》使欧洲为之震动。例如，英国议会认为这部书是权威性的著作；撒丁王国的国王让儿子认真研读；而法国教会方面立即要求禁止这部书发行，因为有"17条罪状"。孟德斯鸠撰写了《为〈论法的精神〉辩护》和《关于〈论法的精神〉的几点澄清》等文章，反击教会的挑战。禁书之议不了了之。这部书在出版后不到两年中印行了22版，还有许多外文译本。

（二）内容

第一，法律的定义、法律和政治的关系、政体的种类和不同政体各自的原则。（第1~10章）

第二，政治自由和分权学说、英国的先例。（第11~13章）

第三，地理和政法关系的学说和各种推论。（第14~19章）

第四，工业、商业、人口、宗教问题。（第20~25章）

第五，罗马和法国法律的变革、关于封建法律的学说。（第27、28、30、31章）

第六，结论。（第26、29章）

（三）《论法的精神》的要点

《论法的精神》是孟德斯鸠毕生学术研究的最终成果和理论总结。在各章节中，他论述了若干要点，涉及我们今天称为社会科学的各个领域，例如法学、政治学、伦理学、历史学、哲学、民俗学、民族学、社会学、语言学、宗教学等。它比之前两部著作,内容更丰富,体系更完整严密,有人说这是亚里士多德以后第一部综合性的政治学著作。

要点 1.“第一理性”的问题

第 1 章第 1 节《法和一切存在物的关系》论述这个问题。

孟德斯鸠确信有一个始初的、本原的理性,或叫作第一理性(une raison primitive, primitive reason)。他用“第一理性”来解释法的产生。法是同“第一理性”相联系的。法是第一理性同各种存在物之间的关系,又是存在物彼此之间的关系。孟德斯鸠说:“从最广的意义说,法是由事物的本性产生出来的必然关系。”(Les lois, dans la signification la plus étendue, sont les rapports necessaries qui derivent de la nature des chose. Laws in their most general signification are the necessary relation arising from the nature of things.)

“在这个意义上,一切存在物都有他们的法。所以,神有他的法,物质世界有它的法,有高级智能的人有他的法,动物和人各有不同的法。关于法的这个理论,把神同人分开,把神的法同人的法分开,从而也把神的权力从人的政治权力中排除出来;把神学和教会的干预,从有关人的科学和人的政治社会组织中排除出来。”

从人这个“智能的存在物”假设有一个第一理性,而不是说是一个神。

由于有一个第一理性,产生的是智能的存在物。因而一切存在物,尤其智能的存在物,不可能是杂乱无章的。所以说,法是同第一理性相联系的。第一理性同各种不同的存在物之间的关系,存在物同存在物之间的关系,就是法的关系。法同“事物的本性”相符,因而不同的事物、不同的存在物有不同的法。

大家注意,这也是演绎法,从一个大前提——智能的存在物必然产生于第一理性——一步一步进行推理的结果。

要点 2.关于“自然法”与“成文法”

成文法:由条文构成的法(des lois positives, positive law)。自然法:先于人为法或制定法而存在的法(des lois de la nature, law of nature)。

自然法是在人还没有社会组织之前的法,是适应于没有组织起社会之前的人的本性和人的需要的法(即人在自然状态中的法)。

自然法有四条:

①和平(la paix)。

②寻求食物(chercher à se nourrir)。

③人与人之间的接触,首先是两性间的爱慕。

④过社会生活的愿望。

人也是在第四条自然法的支配下才联合起来组成了一起生活的社会。

在社会状态中,人与人之间产生了复杂的必然关系,所以出现了成文法。

成文法也有四条:

①是这一群人和那一群人之间的关系的法,即后来所谓的国际法,孟德斯鸠原来称为 droit des gens,英文为 law of nations。现在的国际法是 droit international 或 international law。还有国际公法、国际私法之分。

②是一个社会中(如一国中)统治者与被统治之间的关系的法,叫作政治法(le droit politique, political law)。

③是人民与人民——公民之间的关系法,民法(le droit civil, civil law)。

④刑法(criminal law, penal code)和刑事诉讼法。还提出怎样正确执行的问题。

要点 3.法的精神

法规定几种必然关系。孟德斯鸠认为好的法——人为法——必须尊重一个社会(政治社会国家)的历史,必须与社会的历史相适应。他还认为法不仅同一个国家的自然结构、气候、土壤的性质、位置、幅员大小、人民的生活样式(genre de vie,如种植、狩猎、畜牧)有关,而且同一个国家组织所能容许的自由的程度,同居民的宗教、爱好、倾向(inclination)、贫富、人口、贸易、习惯等有关,最后又同法与法的关系(法的来源)、立法者的意图和立法时的状况(l´ordre des chose)有关。

孟德斯鸠搜集了大量材料,用来论证这些关系,包括中国、日本、印度、非洲、南洋群岛等不为人们所熟悉的地方的材料。他对中国的了解很多来自与旅居巴黎的福建人黄嘉略的交往。其内容并不都是真实的,结论也往往不是正确的。但是,他的政、法理论是经过长期的钻研——20 年的积累思考,把一般主要是现在称为社会科学的学问融合起来的基础上建立起来的。他还指出,正是这种关系构成了“法的精神”——这也正是法的精神所在。

什么是社会科学？即以社会现象为研究对象的学问，包括政治、经济、军事、法律、教育、文艺、史学、语言、宗教、民族、社会等。大家注意，正是在这里，孟德斯鸠的法的研究涉及了政治哲学、法哲学、社会哲学各方面。在所有这些关系中，孟德斯鸠最强调的是地理，是气候、土壤，他有一句话："气候的帝国是所有帝国中的第一帝国。"（L´empire de climat est la première de tous les empires. The first of all empires is the empire of climat.）他还论证了气候、土壤同民族精神——如性格、感情等的关系，对民族的道德面貌和法的性质所具有的决定性作用。（《论法的精神》第三卷专论法和气候、土壤、风俗习惯、奴隶制等的关系，所论种种，闻所未闻。其中讲到中国的良好风俗、中国的政体、礼仪，他说中国人的生活完全以礼为指南，但他们是地球上最会骗人的民族，如"中国人的三杆秤"等，又说在某个地方偷窃是准许的。）

他的这种论述，不但丰富了政治学说，而且为后来的社会学、民族学、民俗学等研究开启了道路。社会学中有一个学派叫作地理学派，就是认孟德斯鸠为创始人的。但是孟德斯鸠着重提到政治因素的重要性，认为政体也能决定法的内容，甚至会削弱和阻遏地理因素的影响。

要点 4.社会在演变中

孟德斯鸠在从各个方面进行对法的研究中指出社会是不断演变的。社会结构的某一因素或某些因素的变，会引起全部社会结构的变，这就是人类社会历史的变。而这样的变，往往不是人的意志所能控制的。此外，他又指出了精神、心理因素的变，同样会导致社会结构的变。当然，孟德斯鸠还不可能总结出人类社会、历史的演变的规律，可是他清楚地认识到并且指出了没有一种可以适用于任何时间、任何地点的永久的法，从而也认识到并提出了没有一种一成不变的制度，因而表明像法国那样的制度，即所称的旧制度（l´Ancien Regime）是可以变，也是应该变的。立法家应当促成这种变，使政治社会制度适应社会共同的愿望和要求。

要点 5.三种政体

关于政体的学说，是孟德斯鸠学说的一个重要组成部分。他重视政体，像上面已经提到过的"政体也能决定法的内容，甚至会削弱和阻遏地理因素的影响"。他区分了三种政体：①共和政体，其中包括贵族政治和民主政治两种；②君主政体；③专制政体。他也提出每一种政体所赖以存在的原则。

共和政体是人民全部或部分拥有政治权力的政体。前者为民主政体(democratie),后者为贵族政体(aristocratie)。民主政治的原则是美德——政治道德(virtue),主要表现为平等(l'égalité)和爱国主义精神(le patriotisme)。贵族政治——即由贵族集团执政,还应有一个节制的原则(modération)——不放肆、不抑制的原则。

君主政体是君主按照已定的法律进行统治的政体,其原则为荣誉(l'honneur)——即君主的尊贵和作为这个政体的标志的贵族等级的尊贵。孟德斯鸠实际上指的是英国君主立宪制。

专制政体是由那么一个人按照他突发的意愿(volonté)、他的心血来潮的想法(ses caprices)来进行统治的政体,没有法律,没有规则(sans loi, sans règle),具有一种"凶残性格",它以恐怖(la crainte)为原则。宗教的影响比什么都大,它是恐怖之上加恐怖。它需要的是人民的"绝对服从",人民只能是奴隶。他严厉抨击专制政体,说这是"砍断树根"让树倒下来"采摘果实"的路易斯安娜(Louisiana)的野蛮人政体。

孟德斯鸠是反对用革命来变革政体的,但是他认为起来反对这样的政体是正当的,是恢复自由——恢复自然的自由——所必需的。他赞美英国的君主政体,也向往历史上的共和政体。

孟德斯鸠认为专制政体、君主至上,一个与众人一样有五个感官的人却自以为无所不知、无所不能是荒谬的。这么一个人就是法律的国家,为了巩固这种政体,不但要实行恐怖政治,使人民成为怯懦的、愚蠢的、消沉的、不必思想的奴才,而且必须利用宗教迷信来"束缚人心",使君主成为不可侵犯的神圣。

要点 6.自由

孟德斯鸠认为政府必须能保障自由。他把自由分为两种:公民自由和政治自由。

公民自由:从个人与个人的关系中产生,这是不受他人权力和恶意侵犯的自由,是对自身安全应当保有的自由。它和奴隶制度相反,任何人不应有奴隶,也不许任何人卖身成为奴隶;同样任何人也不应像奴隶主那样流于暴虐、专断和放肆。

政治自由:从个人对国家的关系中产生(它和专制主义相反),它包含个人活动应当在法律保障的范围之内。所以自由绝不是为所欲为。

孟德斯鸠认为并提出,要真能获得自由、保障自由就必须实行法治。人民和执政者都不可以任意行事,只能依法办事。

孟德斯鸠有几句话:

> 政治自由绝不在于做人所想做的事。(La liberté politique ne consiste point à faire ce que l´on veut.)
>
> 自由是做一切为法律所许可的事的权利。(La liberté est le droit de fairc tout ce que les lois permettent.)
>
> 如果一个公民能够做被法律所禁止的事,那么就没有自由。因为其他人不管怎样也将享有这样做的权力。(Si un citoyen pouvait faire ce qu´elles défendent, il n´aurait plus de liberté, parce que les autres auraient tout de même ce pouvoir.)

要点 7.三权分立

为防止政府官员,也为防止政府本身滥用职权,保障政治自由权,孟德斯鸠认为有必要实行分权,即政府的组成实行"三权分立":立法权、行政权、司法权各自独立的原则。同是,他还提出以权制权的原则,即"牵制与平衡的原则"。

立法机关制定法律,监督行政。行政部门执行法律,对立法机关制定的法律有一定的否决权和停止权。司法机关裁判个人之间的争讼,惩处罪犯,还可以解释法律——属于最高法院,所以又可以否定行政部门对法律的判决。

孟德斯鸠认为立法权与行政权的区分更为重要,同时又注意制约立法权。所以他又主张把立法机关分为两个部分(即实行两院制)。立法人员(议员、代表)也不能久于其任,要经常改选。按照他的意见,立法权属于代表人民意志的议会,行政权属于君主,由君主下面的一些大臣或部门行使,司法权属于由人民按期选出的法官——组成法院行使司法权。

(四)《论法的精神》的学术意义

孟德斯鸠作为近代初期政法理论奠基人之一,他的历史功绩不仅在于打击神学和教权,使政、法摆脱教会的控制,还为资产阶级、为近代国家描绘出了一幅政法制度的蓝图。他的著作《论法的精神》试图从历史中的不同的社会生活、习俗、物质环境来探求法制和政体发展的一般规律和原则,在政、法学说中他也是不同于霍布斯、洛克等从自然法立论的自然法学派的历史学派的主要代表。虽然他引用的不少材料是不真实的(道听途说的),作出的不少论断也是不科学的,但是他在研究中的开阔视野及其所用的方法——历史方法,对马克思主义学的政法科学与社会科学中其他学科的形成和发展起了很大的作用。

(五)《论法的精神》的政治意义

孟德斯鸠的主权分立说,是在观察英国的政体以后得出的结果,但实际上这是对英国政治体制的误解。"光荣革命"后,英国实行的是虚君制——掌握政权的不是君主,而是内阁,而内阁也不由君主选任,而由行使主权的议会——下议院产生。君主任命内阁仅仅是一种形式而已。在下议院中,哪一个占多数就由哪个党组阁。行政与立法实际上合为一权,不是二权。(不过下院有弹劾权——别的在野党可以弹劾执政党,并往往导致内阁垮台。三权分立的主要目的,在于维护政治自由,这在于他希望有一个代表民主——实际是上层分子——的立法机关,由国王执政,用改革来避免革命,实现资产阶级和君主、贵族之间的妥协。所以孟德斯鸠是法国进步贵族和资产阶级温和派的思想家。)孟德斯鸠的政治学说,于后世影响最大的是关于分权的理论。这个学说在经历了200多年后,仍然为人们所拥护和实践。关于对大革命和大革命后的影响,姑且不说。法国和美国是典型。

我们知道,美国独立后,首先把三权分立的原则贯彻到1787年宪法中,在许多州的宪法中也体现了出来。三权分立成为许多民主国家政法建制的基本原则。

在法国,分权理论受到孟德斯鸠时代的自由贵族和自由资产阶级的普遍重视。大家知道,在法国大革命开始时,他的人权学说特别为君主立宪派和吉伦特派所拥护。1789年《人权宣言》宣布:没有分权就没有宪法。(凡享有权利而无切实保障和分权来确定的社会,就没有宪法。)1791年宪法具体实现了分权原则。

我们可以看看1958年,戴高乐总统创立法兰西第五共和国,制定新宪法。在新的体制中,总统的权力得到加强,议会的权力被削弱(半总统制)。其实,戴高乐是对立法权和行政权作了有利于行政权的调整。因为在法兰西第三共和国和法兰西第四共和国期间,政体上有些弊端,即立法机关和行政机关关系不顺。议会权力过大,可以推翻政府,以致每届政府只能存在半年左右,这样,政局不稳,政策缺乏远见性和连续性,严重影响国家政治、经济和国防。戴高乐这样做的理论依据,就是孟德斯鸠的三权分立和彼此制衡的原则,纠正立法机关擅权的现象,使整个国家权力机构更准确地实行分权原则。

至于英国,在孟德斯鸠之前就实行了符合英国国情的分权制。

西方大国无论是美国式的总统制,还是英国式的议会制,都以不同的形式实施了孟德斯鸠《论法的精神》的分权原则。尽管国家权力机关中有各种矛盾和争斗,"制衡"难以完全体现,但是分权的作用不能轻易否定。1974年美国的"水门事件",总统不得不辞职。这说明什么?当然暴露了腐败,但也说明分权制对于破坏法制的行为具有防范效能。英美各国200多年来没有发生独裁统治,人民有一定的社会地位,就跟分权制有关。且看德国,希特勒为实行法西斯独裁制度,就抛弃了分权原则,迫使国会在1933年通过《授权法》,独揽立法、行政和司法大权。可见分权和专制独裁是水火不容的。

英国人杰里米·边沁(Jeremy Bentham,1748—1832)这样比较洛克和孟德斯鸠:

洛克——枯燥、冷峻,干瘪乏味,但能流芳百世。

孟德斯鸠——头脑敏锐,辞章华丽迷人,但名声不能超过他那个世纪。

但是边沁的判断错了。孟德斯鸠对公民自由的呼吁,对公正和法治的信仰,对思想和结社自由的捍卫,对权力分立和制衡的阐释,对宪政制度的倡导,"至少从理论上说,已被欧洲文明的政府和各族人民所接受"(路易·戴格拉夫《孟德斯鸠传》),他的政治和社会学说影响深远。

二、《论法的精神》和中国

(一)介绍思想

中国人提到孟德斯鸠的名字并介绍其学说的第一篇文章,是梁启超的《蒙的斯鸠之学说》,刊登在1899年12月13日的《清议报》上。"蒙氏之书,乘时而出,所以轰动一时也","后世谈政体者,多祖述其说","至今各国多采之,谓之三权鼎力之制",等等。在梁启超之前大约几个月,追随孙中山革命的冯自由的《革命逸史》中提到,他读过《万法精理》(即《论法的精神》)的日文译本。冯自由《革命逸史》称:"至己亥(1899)秋,余始游学东京,渐博览东华录、明季稗史、法国革命史、美国独立史、卢骚民约论、孟德斯鸠万法精理。"

(二)译本

梁启超的文章发表后,孟德斯鸠在中国声名大振,甚于在18世纪的法国。1900年12月6日,东京创刊的《译书汇编》开始连载《论法的精神》,译自日文,书名也从日文借用,叫作《万法精理》。1902年,南洋公学教师张相文(地理学家张天麟先生的哥哥)再从日文本翻译此书,也称《万法精理》。两个译本都不全。

严复的译本称《法意》。严复是大家,对两个译本不满,提出严厉批评,于是决定重译。当在1900年之后,至1909年出完,共7册。严复是根据英译本翻译的,不知是英译者还是严复舍弃了最后两章。严复的态度极为严肃,慎重斟酌,颇具匠心。对疑难的地方,他反复揣摩,力求领会作者本意,"常至无所可疑而后止"。对揣摩再三仍不能确解的文句,绝不以己昏昏使人昭昭,而是在按语中说明,提醒读者注意。学术界认为严译准确传达了作者的思想,但是离开"译事三原则",即"信、达、雅",仍有不尽如人意处。《法意》文字艰深,要顺畅阅读需要相当程度的古文修养,或许会令人生畏,影响了《法意》的传播。

1961年张雁深先生的译本,是商务印书馆汉译世界名著的一种,也是学术界公认的权威译本，完全可以信赖。但是去年（2009 年）出现了许明龙译本，两者有所区别。新译与张雁深先生的旧译究竟有什么不同呢？译者介绍道：

首先，在译文的准确性上有所提升。

其一，修正了张译本的一些“硬伤”。张雁深先生的译文总体上相当好，但也并非无懈可击，有些还是常识性错误。例如，第二章第四节讲到一位 Mr.Law，张雁深先生错将 Law 这个人名当成了英文单词，译成了“法律先生”。其实，这位先生名叫 John Law，并非无名之辈。他是苏格兰银行家，约在 18 世纪 20 年代，路易十五还是孩子，他受聘在法国主持了一场改革，以图解决法国政府的经济拮据，不久失败。张译本就忽略了。遗憾的是，近年来出版的几种《论法的精神》，在这位 Mr.Law 身上竟然重蹈覆辙。中国社会科学出版社 2007 年版英汉对照全译本《论法的精神》依然把 Mr.Law 翻译为“法律先生”。陕西人民出版社 2001 年版《论法的精神》，则别出心裁地杜撰为“老威先生”，至于这位“老威先生”究竟是何方神仙，译者并未予以说明，给读者留下了一个谜。我的新译依照史学界的通译，将他写作“劳先生”，并加脚注介绍这位曾经在法国折腾了一番的英国银行家。

其二，修正了旧译中某些不够准确的译文。这里只举一个例子。第十一章第三节专门论述“什么是自由”，文字虽很简短，却是字字珠玑的经典性论述。此节的第一段强调，自由并非随心所欲，为所欲为。第二段紧接着写道：

“我们应该记住，什么是‘独立’，什么是‘自由’。自由是做法律所许可的一切事情的权利；如果一个公民能够做法律所禁止的事情，他就不再有自由了，因为其他人也同样会有这个权利。”（张雁深译文，上册第 154 页）

原文中的“indépendance”（英文 independance），按照通常的意义来理解，确实是“独立”；但是通读此段文字便不难看出，孟德斯鸠在这里显然是把 independance 与自由（liberté，英文 liberty）作为两个对立的概念来论述的。他认为，做法律所许可的事情是 liberty，做法律所不许可的事情则是 independance，便不再有自由了。由此可见，在这里将 independance 按照惯例译作“独立”显然不妥，应该说是信而不达，没能正确和准确表达孟德斯鸠想要表达的看法。因为，独立与自由不但并不对立，反而是相辅相成的；孟德斯鸠不可能肯定自由而否定独立。基于这样的认识，许译本将 independance 译作“不受约束”。我认为，这才符合孟德斯鸠对于自由的理解和阐述。

附带说明，严复是将 independance 译作“无制”的，也传神。其次，许译本添加了大量的译注。大多数译注涉及书中提到的人、地、事，此外还有少量阐释性的译注，用以帮助读者解读正文。例如正文扉页上的题解之后，孟德斯鸠引用了古罗马诗人奥维德的诗句“无母而生的孩子”，由于没有上下文，读者难免感到突兀，不知道是什么意思。许先生查阅了多种资料后添加了三四百字的译注，帮助读者了解孟德斯鸠引用此句的用意。

查明了疑难的字。举例：第二十一章第六节提到，非洲有一种用 jonc 制造的船，可以在海上航行。“jonc”的释义是灯心草，张雁深先生的译文也是灯心草。杨灏城查明非洲确有一种草可以用来造船，但不叫“灯心草”，而叫“纸莎草”。有图。这个译本更好了。

许明龙先生对自己的译本有个自我揭短，态度如此，我相信他的译本必是值得研读的。

（本文系 2010 年受华东师范大学青年史学社邀请为历史学系同学做的一场讲座的讲稿）

法国启蒙思想家对中国传统文化的褒贬

一、伏尔泰关于中国的论述:热情赞誉

伏尔泰(Voltaire,1694—1778),启蒙运动的泰斗,非同于一般的思想家。伏尔泰既是思想家,又是小说家、诗人、剧作家、历史学家。难得的是,他关注中国,他们许多著作,包括史学著作、政论文章、小说、诗歌、剧本等和大量书信中,都论及中国。据统计,他论及中国的著作将近80种,信件200多封。这些组成了他的中国观。他的中国观的特征是全面赞颂中国;认为中国是世界上治理得最好的国家,中国人是世界上最智慧的民族;中国地大物博、人口众多、历史悠久、政治开明、道德高尚。

伏尔泰作为历史学家,他做的一件大事是突破前人的束缚,越过欧洲的狭小范围,把目光投向世界,包括投向东方国家和民族,写出真正意义上的世界历史。在18世纪之前,欧洲人写的世界历史基本上局限于《圣经》所叙述的古代历史和欧洲各国的历史,伏尔泰不满于此。16—17世纪,法国有位著名的神学家博絮埃(Bossuet,1627—1704),他为了教育王子写了一本《世界史简论》(*Discours sur l'histoire universelle*),却只字不提中国,因为作者不知道中国。伏尔泰认为这是作者的无知。伏尔泰著有《风俗论》,即《论各民族的精神和风俗》(*Essais sur les mœurs et l'esprit des nations*),这部巨著从酝酿到正式出版花费了二三十年的心血。其中论述,比较集中地体现了作者对中国在世界历史中应该占有的地位的看法。

伏尔泰认为,包括中国在内的东方在世界历史上占有重要地位,但以往

一直被人忽视。他写道:“例如印度人和中国人,他们早在其他民族形成之前,便已占有重要地位,他们吃他们土地上生长的食物,穿他们制造的布帛,玩他们发明的游戏,甚至受他们古代劝世寓言的教育,我们欧洲的商人只要发现有路可通,就要到他们的国家去旅行,为什么我们却不重视对这些民族的精神的了解呢?当您以哲学家身份去了解世界时,您首先应该把目光朝向东方,东方是一切艺术的摇篮,东方给了世界一切。”(《风俗论》中译本,商务印书馆1995年版)出于这样的认识,中国不仅被列在《风俗论》的第一章和第二章,而且出现在其余二十多章中。伏尔泰能如此写,说明他对中国历史的了解很深。具体表现为三点。

首先,在伏尔泰看来,传教士介绍的关于中国的文献,中国历朝官方编撰的史籍都是很可相信的史料,因为这些文献中没有任何受神启示的代言人,也没有虚构和奇闻。“中国的历史,就其总的方面来说是无可争议的,是唯一建立在天象观察的基础之上的。根据最确凿的年表,远在公元前2155年,中国就已有观测日食的记载……宋君荣神甫核对了孔子的书中记载的三十六次日食,只发现其中两次有误,两次存疑。”(《风俗论》,第207页)他坚定地认为,中国历史早于欧洲人熟悉的罗马史、希腊史、犹太史。

其次,伏尔泰认为,中国的历史记载几乎没有任何宗教色彩,史籍所载的全部都是人的活动,而不是关于神祇或鬼怪的传说。这是中国史籍的一大优点,又是中国历史可信的原因之一。“不像埃及人、希腊人,中国的历史书中没有任何虚构,没有任何奇迹,没有任何得到神启的自称半神的人物,这个民族从一开始写历史,就写得合情合理。”(《风俗论》,第74~75页)中国的史籍虽然主要记载了帝王将相和上层人物的活动,但是也广泛记载了包括文人、游侠、商贾在内的各阶层人民的活动。这与西方史籍充满上帝、天使的传说相比较,伏尔泰由衷对中国的史籍表示钦佩,他也致力于写出人民的历史。“我责成自己尽可能地写作风尚、科学、法律、习俗和迷信的历史……我希望写下人民的历史。”(阿尔塔蒙诺夫:《伏尔泰评传》中译本,作家出版社1958年版,第81页)

其三,伏尔泰尤其关注的是中国的政治体制和开明的帝王。伏尔泰的政治理想是开明君主制,具体而言,就是希望国王是位“哲学家”。“哲学家”在那个时代的意思是贤能的智者,不一定是对哲学有研究的学者。当伏尔泰从传教士的报告中了解到中国的皇帝贤明、睿智，如同家长治理家庭那样治理国家，被人民当作父亲时，就觉得这是他向往的哲学家国王。在伏尔泰的著作中，对中国皇帝的赞誉比比皆是。“皇帝自古以来便是首席大祭司，由他来祭天，祭祀天上的神和地上的神。他可能是全国首屈一指的哲学家，最有权威的预言者，皇帝的御旨几乎从来都是关于道德的指示和圣训。”（《伏尔泰评传》，第 217 页）从上古的尧到清初的康熙、雍正、乾隆诸帝，伏尔泰都给予赞扬。他赞扬尧亲自改革天文学，力求使民智开通，民生安乐。他称赞康熙帝宽容大度，善待来自欧洲的传教士；称颂雍正帝“爱法律、重公益，超过父王。帝王中无人比他更不遗余力地鼓励农事”（《路易十四时代》中译本，北京出版社 1991 年版，第 600~601 页）。他钦佩乾隆帝身为国君，又兼诗人。当他读到乾隆的《盛京赋》后，致函普鲁士国王腓特烈，说世界上只有两位诗人国王，就是“陛下与乾隆”。

伏尔泰对中国的称颂尤其表现在：

第一，称颂中国的政治体制。

伏尔泰认为，中国的政治体制是最合乎理性的。因为它建立在父权这个自然法则上。“儿女孝敬父母是国家的基础。在中国，父权从来没有被削弱。……一省一县的文官被称为父母官，而帝王则是一国的君父。这种思想在人们的心中根深蒂固，把这个幅员很大的国家，组成一个大家庭。正因为全国一家是根本大法，所以在中国比其他地方更把维护公共利益视为首要任务。因此，皇帝和官府始终极其关心修桥铺路，开凿运河，便利农耕和手工制作。”（《风俗论》，第 216 页）伏尔泰认为，基于中国全国是个大家庭这个基本大法，中国的法律和道德融为一体，因此深入人心，成为民众自觉遵循的行为规范。由此，减轻了法律的严峻和冷酷，增加了人情味。伏尔泰说，中国的法律对于极刑极为慎重，司法机关不但多级审理，还必须经皇帝本人核准。否则不能对任何人执行死刑。除了惩治罪恶，中国法律还在于褒扬善行。“在别的国家，法律用以治罪，而在中国，其作用更大，用以褒扬善行。若是出现一桩罕见的高尚行为，那便会有口皆碑，传及全省。官员必须奏报皇帝，皇帝便给受褒奖者立碑挂匾。”（《风俗论》，第 217 页）

伏尔泰高度赞扬中国的行政体制，对于中央政府的六大部（礼、吏、兵、户、刑、工）颇为赞赏，认为它们既有分工又有合作，有利于提高行政效率，防止官员独断专行。中国的地方官员职权分明,各司其职,全国的行政机构形成一个疏而不漏的大网,处处有官员,事事有人管。国家由此祥和安乐,人民安居乐业。"一万三千六百名官员管理着一亿五千万人民,他们分属于不同的部门,这些部门的上面是六大部,六大部则同受一个贤明的君主的监督。一想到这些,我就情不自禁地异常兴奋。"(《伏尔泰全集》29卷,第468页)贤明的君主、良好的法律、合理有效的行政机构,是防止君主独裁的有力保证,在这样一种体制下,皇帝即使想专断也不可能。法律虽然出自皇帝,但是由于政府体制比较合理,致使皇帝如果不征询受过良好教育的、经过科举考试产生的官员,便不能成事。

第二,称颂、崇尚孔子学说。

伏尔泰景仰孔子,崇尚孔子的学说。伏尔泰在著作中全力推崇孔子,宣传孔子学说,而且不掩饰崇拜的心情。"我认识一位哲学家,在他的书房里悬挂着一幅孔子画像;他在这幅画像下面题了四句诗:唯理才能益智能,但凭诚信照人心;圣人言论非先觉,彼土人皆奉大成。"(《哲学辞典》,商务印书馆1991年版,第322页)伏尔泰说的这位哲学家就是他自己。当伏尔泰开始关注中国的时候,孔子已经不是一个陌生的名字,尤其在"礼仪之争"中,参与论争的两派对孔子其人其事多有论述,孔子及其学说在这些论述中呈现出不同的面貌。伏尔泰既读到这些论争,也看到儒家经典的译文,这为他了解孔子提供了比较充分的条件。

伏尔泰对孔子的兴趣首先在于孔子提倡的伦理道德。伏尔泰向往人们兄弟般和谐相处、同心协力谋求公共福利的社会。这样的社会需要高尚的道德来维系,也就是对他人行善,做有益于社会的事情。他认为孔子倡导的就是这种与人为善的道德,淳朴又严格,完全合乎人情。出于对孔子关于道德论述的欣赏,伏尔泰从各种资料中搜集孔子的言论,通过自己的著作介绍给读者。只是由于译者的理解和文字处理等原因,学界无法把这些言论一一复原成中文。有人认为,这些言论难以复原,是因为伏尔泰在采纳时,用的是随心所欲的态度。但是他多次用到的言论比较容易辨识:"己所不欲,勿施于人。""以直报怨,以德报德。""己欲立而立人,己欲达而达人。"从中可以窥见,伏尔泰对孔子的"仁义""忠恕"是赞同的,这是处理人际关系的准则,也是区分善恶的尺度。在《哲学辞典》中,他杜撰了两位孔子弟子的对话,当谈论善恶之间的界限时，其中一人说："吾师孔子的办法就是'善终吾身，死而无怨；己所不欲，勿施于人'。"(《哲学辞典》，第269页)前半句是否为孔子所说尚不得而知，不过整个句子可以表明，伏尔泰是把这些言论看作人的行为准则的。

伏尔泰对孔子倡导的道德给予极高评价，认为这是中华民族立身的有力保证。他多次说过，外族(少数民族)两次入主中原，但是作为征服者的蒙古人和满族人，却都被孔子道德所征服了。最后不是征服者改变了被征服者，而是相反。伏尔泰根据中国的元代杂剧《赵氏孤儿》改写的剧本《中国孤儿》中，野蛮的成吉思汗折服于汉族官员的高尚情操，幡然悔悟，放下屠刀。这个结局对孔子道德作了形象的诠释，他称之为"五幕孔子道德戏"。

伏尔泰欣赏孔子不仅在于孔子教人如何做人，而且教人如何治国。在这点上，他了解"修身、齐家、治国、平天下"的道理。即用自己的榜样影响家人、用管理家庭的办法治理国家，治家和治国的准则和道理都是一样的。"这位贤哲就是孔子，他是唯一从不骗人的立法者。在整个地球上，自他以来谁提出过更好的行为原则？治国如治家，而治家的最佳方法莫过于以身作则。"(法文《哲学辞典》"哲学家"条，第313页。1765年以后版本均有此条，中文译本译自1764年版，无此词条)《论语·子路》说："其身正，不令而行；其身不正，虽令不行。苟其身正矣，于从政乎何有？不能正其身，如正人何？"

伏尔泰对孔子的颂扬还有一层意义，就是把中国的儒家奉为他心仪的宗教。伏尔泰不但看到当时的宗教对于自由思想的窒息作用，而且目睹宗教引起的冲突导致的不幸后果。这些使得他憎恶当时的教会，认为教会倡导的迷信违背理性，是社会不安定、阻碍社会进步的根源。为此伏尔泰毕生都为反对教会进行不懈斗争。不过伏尔泰并非倡导无神论，他认可上帝存在，也许出于对大多数人的信仰考虑，认为即使没有上帝也要创造一位出来。这位上帝不是人格化的神，而是最高主宰，这个"最高主宰"实际上是启蒙思想家一再强调的"理性"。伏尔泰曾经关注过各种域外宗教，但都觉得不大对路。当他从传教士口中发现中国人信奉儒学，也可以叫作儒教时，觉得儒教(孔子学说)就是心仪的道德化的、以理性为上帝的宗教。这种宗教没有狂热、迷信，也不崇拜偶像。孔子"不创新说，不立新礼；他不做受神启示者，也不做先知。他是传授古代法律的贤明官吏。我们有时不恰当地把他的学说称为'儒教'，其实他并没有宗教，他的宗教就是所有皇帝和大臣的宗教，就是先贤的宗教。

孔子是以道德谆谆告诫人，并不宣扬什么奥义”（《风俗论》，第 77 页）。这段话说明了伏尔泰对儒家的看法：既是宗教，又非宗教；归根到底是一种不宣扬奥义，只宣扬道德的宗教。在《哲学辞典》中，他把儒教和基督教进行比较：赞扬前者，谴责后者。中国的儒教多讲教义，少谈教条，让人正直而不是使人荒谬，丝毫没有让人相信根本不可能、矛盾百出、侮辱神明并危害人群的事物，而又丝毫不敢用永久的刑罚来威胁任何具有常识的人，不用刽子手来支持威信，也不为了一些难解的诡辩而血染大地。它不以一句模棱两可的话、一句文字游戏和两三份伪造的宪章而使一个杀戮、毒害人的教士成为君主和神，不使国王听命于这个教士，它只教导人崇拜上帝、正义、仁恕和人道。（《风俗论》，第 689 页）儒教的这些优点，令伏尔泰推崇备至。孔子在欧洲受到普遍赞扬，伏尔泰是突出的一位。

第三，称颂中国的专制主义。

法语中的专制君主（despote）、专制的（despotique）的含义是“领主”和“领主的”。法国人笔下的这两个词是用来指称奥斯曼帝国、波斯帝国和一些亚洲国家。17 世纪，路易十四当政，反对他专横统治的浪潮高涨，有人把法国的政治体制比作土耳其的暴政。于是，18 世纪初出现了专制主义（despotisme）这个词。人们通常认为，专制主义是君主制的变种，两者实质相同，即由君主一人执政的政体；臣民生来就是奴隶，没有自由，没有财产；君主的意志就是法律，他拥有一切，而且对臣民有生杀予夺之权。所以，专制主义是贬义词。但是君主制和专制主义之间没有明确的界限，只是前者容易变化为后者。

明确地把中国的政治体制看作专制主义，并予以抨击的是启蒙思想家孟德斯鸠。孟德斯鸠的政体理论的特点之一，就是严格区分君主制度和专制制度。什么是专制主义呢？“既无法律又无规章，由单独一个人按照一己的意志与反复无常的性情领导一切。”（《论法的精神》，商务印书馆 1963 年版，第 8 页）

伏尔泰对中国的看法要追溯到他在英国的逗留。光荣革命后英国的君主立宪政体给他非常深刻的印象。尽管他不主张全盘仿效英国的政体，但是对这种新型政体的赞扬也是明显的。“英国是世界上抵抗君主，达到节制君主权力的唯一国家……在这个政府里，君主有无限的权力去做好事，倘使想做坏事，那就双手被缚住了。”（《哲学通信》，上海人民出版社 1961 年版，第 29

页）可见，伏尔泰不反对君主制，他向往的是贤明的、只做好事不做坏事的君主。当他接触大量关于中国的材料后，发现中国的皇帝就是活生生的贤明君主的典范。这大大丰富了他关于开明君主的思想，引发了他对中国政治制度的全面肯定和褒扬。

什么是专制主义呢？伏尔泰的想法和法国启蒙思想家是一致的。“专制主义是君主政体的蜕变，一种优良政体的腐化。”他和孟德斯鸠一样，把专制政体看作极端残暴的政权，认为专制君主也就是暴君：“如今，土耳其、摩洛哥、波斯、印度斯坦和中国的皇帝都被我们称为专制君主；我们赋予这个称谓的含义是：一个由着性子为所欲为的凶残的疯子，一个让宠臣匍匐在他面前的野蛮人，为了取乐，他让喽啰们任意滥杀无辜。”（《评论法的精神》法文版）然而在评价中国的制度时，伏尔泰却与孟德斯鸠相反，断然否认中国是专制主义国家，而且认定中国的皇帝是开明君主的典范。原因在于：

一、中国皇帝是开明哲学家国王。中国皇帝从小尊孔读经，热爱科学和艺术；皇帝知书达理，以睿智统治臣民；他爱民如子，关心百姓疾苦；重视教育，大力提倡以仁爱为本的传统道德；尊崇理性，主张宽容，允许不同的宗教信仰存在。

二、中国有优良的法制。中国的法律以父权为基础，因而是最合理、最自然的法律；这种法律与伦理、道德、习俗、礼仪融为一体，是人们的行为准则，包括皇帝在内的每个中国人都严格遵守。

三、中国有完备的政府机构，彼此既分工明确，又相互协作。皇帝的旨意能顺利贯彻执行，下情也能顺利上达。

四、中国有良好的监察制度。皇帝身边不仅有谏官，还有负责记录起居的史官，皇帝的任何过失都能得到及时纠正。对于各级官吏也有一套完善的监察制度，如亲属回避、异地任职、官吏轮换、御史巡察等。

针对“贬华”的孟德斯鸠对中国的批评，伏尔泰为中国辩护。他说，《论法的精神》是“一部本应十分有用的著作，可是在准确性上颇有欠缺，往往为了思想而牺牲了事实”。他还说，孟德斯鸠赞赏法国的官职买卖制度，是因为他自己就是贵族。

18世纪，在中国的政体问题上，孟德斯鸠和伏尔泰分别代表着两个派别：贬华派和颂华派。倾向于颂华的人占些优势。《百科全书》是启蒙思想家的代表作,在“中国”条下,撰稿人对中国的地理环境等自然条件作简要介绍后说:“国家由皇帝统治,皇帝也是宗教领袖,听命于他的官吏都是该国的权贵,这些官吏拥有向皇帝指出过失的自由。政体非常宽和。”在“经济”条中说:“中国的君主有一个不变的信条:官吏和百姓之间发生的一切争执,错的总是官吏。”因此,《百科全书》认为,这样的中国一定不是专制主义国家。

二、孟德斯鸠关于中国的论述:开贬斥之先河

孟德斯鸠是在启蒙运动中最早发表论著的思想家,1721 年,他的《波斯人信札》即已出版,而启蒙思想家的著作大多出现在 18 世纪三四十年代。1748 年《论法的精神》问世,确立了他在启蒙运动中的地位。这部书在全部 31 章中有 21 章论及中国,以中国为题的有 9 节。另外还有他关于中国的带有评论的笔记大约 100 条,其中有些被《论法的精神》引用,另一些则保留着。

孟德斯鸠对中国感兴趣,是受到旅法中国人黄嘉略的影响。黄嘉略是福建人,天主教徒,谙熟中国传统文化,随同来华的传教士到法国,一直留居在那里。1713 年,24 岁的孟德斯鸠结识了他。随后孟德斯鸠阅读了传教士写的关于中国的书籍,如《中国贤哲孔子》(柏应理)、《中国图说》(基尔歇)、《中华帝国全志》(杜赫德)、《耶稣会士书简集》等,并与黄嘉略和到过中国的传教士傅圣泽、马国贤交往。据许明龙先生说,他在波尔多孟德斯鸠的拉布雷德故居中还看到一些关于中国的书籍。孟德斯鸠毕生治学,认识和研究中国是他学术生涯的一个重要部分,他掌握相当丰富的关于中国的知识,并与 18 世纪法国追求异国风尚或赶时髦的社会风气不相干。

孟德斯鸠善于独立思考。对于传教士对中国的赞誉,他在笔记中常常表现出怀疑和异议,甚至是严厉批评。因此,在对中国的一片赞誉声中,孟德斯鸠有点鹤立鸡群。“随着孟德斯鸠的出现,此前占据主导地位的对中国无保留的赞颂至此告终。虽然他尚未达到贬华的程度,却为对中国的贬斥开了先河。”

孟德斯鸠概括他搜集的材料,认定中国属于专制主义国家。

为什么呢？有两条依据。第一,皇帝拥有至高无上的权力。他说中国人

的一大特点是重视孝道，子女服从父母，臣民服从皇帝；父亲是一家之主，皇帝是一国之主。中国不同于法国，没有强大的教会与皇帝抗衡，而且即使有宗教势力，也需要皇帝支持。因此中国的皇帝是集政权、教权于一身的。这样皇帝就能凭借双重权力为所欲为。中国皇帝常常以“大逆罪”惩罚臣民。什么是“大逆罪”？没有明确的法律条文。于是皇帝可以胡作非为。他说杜赫德的《中华帝国全志》中有两个例子：邸报的一则失实，编辑邸报的人被认为是欺骗皇帝，即大逆，于是被处以极刑。又，有位亲王在皇帝朱批的文件上写了几个字，被认为是对皇帝大不敬，此人全家也受到镇压。另一个依据是，中国的法律往往与习俗相混，判断是否违法并没有明确的法律根据，罪或非罪，轻罪或重罪，取决于皇帝的意志。就是说，在立法、行政、司法三种权力上，皇帝都是最高长官。对于倡导三权分立的孟德斯鸠来说，一个人按照自己的意志，而不是按照法律，同时领有三种权力，就是专制主义，这样的国家就是专制主义国家，其原则是恐怖。因为在这样的情况下，要人民服从，难免要用棍棒。

孟德斯鸠对中国皇帝的“人治”不抱幻想，他主张“法治”。在当时许多法国文人对中国皇帝的一片热烈颂扬中，孟德斯鸠发出了与众不同的声音。他说，中国的皇帝既然集政权、教权于一身，大权独揽，以自己的意志为法律，臣民的生死予夺全在于皇帝的一念之间。鉴于皇帝的最大愿望是海晏河清、江山永固、长治久安、国祚永续，因而对于可能危及其统治的任何言行，一律严加镇压，动辄以“大逆罪”的罪名处置有“非分”之举的臣民。据此，中国的政体就是地地道道的专制主义。在他的政体理论中，“专制政体的原则是畏惧，而制定这个原则的目的是安定”，中国的皇帝同样以天下太平为治国的主要目标。为了实现和维持太平，皇帝要求全体臣民俯首帖耳，唯有俯首听命才是维持天下太平的切实保证。在中国这样一个人口众多的大国，稍有风吹草动，政权就可能被推翻，所以皇帝为防止谋反，严厉禁止民众聚集。孟德斯鸠引用一位从中国返回欧洲的传教士的话说，中国的某位皇帝为防止因民众聚集而导致群体闹事，竟然不惜禁止开矿。他在检视中国历史后写道，皇帝虽然有好有坏，但既然做了皇帝，理所当然地就视国家为私产，视全体人民为奴仆，穷奢极欲，为所欲为，而以苍生为念的好皇帝犹如凤毛麟角，少而又少。中国的历史表明，每逢改朝换代之初，开国皇帝大多以前朝覆亡为鉴，审慎施政，但三四代之后，就毫无例外地把前车之鉴置诸脑后，骄奢淫逸、专断暴戾，其专制与腐化与前朝相比，有过之而无不及，于是又被推翻，再次改朝换代。如此周而复始，中国的历史虽然悠久，专制主义却不但未见丝毫收敛，反而变得“更加吓人”。

孟德斯鸠对中国的评论中有以下几点值得关注：

第一，孟德斯鸠对中国儒家礼节和道德（礼教）有肯定和否定两种态度。

他认为，中国的太平是靠礼教在维持。“文人用之以施教，官吏用之以宣传；生活上一切细微的行动都包括在这些礼节之内，所以当人们找到使它们获得严格的遵守的时候，中国便治理得很好了。”（《论法的精神》，第129页）但是他又认为，礼教仅仅束缚了人们的行动，并没有教化人们的心灵。中国这个民族“是地球上最能骗人的民族，这特别表现在他们从事贸易的时候。即使贸易会很自然地激起人们信实的感情，但它却从未激起中国人的信实。向他们买东西的人要自己带秤。每个商人有三种秤，一种是买进用的秤，一种是卖出用的秤，一种是准确的秤，这是和那些对他有戒备的人们交易时用的。……中国人贪利之心是不可想象的，但法律并没有想去加以限制。……因此，让我们不要把中国的道德和欧洲的道德相比较吧。……在中国，欺骗是允许的”（《论法的精神》，第316页）。在18世纪欧洲对中国的一片赞扬声中，如此评价中国人的人，是很少的。

第二，孟德斯鸠对于中国的社会制度有肯定和否定两种态度。

他称赞中国有比较完备的监察制度，皇帝身边设有专职的谏官，有些官吏（御史）常常外出巡游，考察地方管理的政绩，决定奖惩。这些是有助于改善吏治的。他还赞扬中国的科举制度，开科取士以选拔人才，比法国的官职公开买卖好得多。他有注意到中国没有世袭的贵族，人只能凭品德、才能获得官职、爵位和荣誉。又例如，他强调中国的皇帝和政府的最高目标是天下太平，人民安居乐业，为此，提倡勤奋、鼓励节俭、关注农业。中国人能吃苦耐劳，待人接物彬彬有礼。这些都是优点。不过他不认为这值得夸耀，因为这不是人民的本意，也不是皇帝的本意，而是人口压力的结果，中国人是在人口压力下被迫做出这些良好表现的。

第三，孟德斯鸠关于中国人口的思考。

孟德斯鸠对中国的人口众多有自己的思考，这成为他对中国看法的一个重要方面。中国为什么人口多？据他分析有三方面原因：

首先，是气候和地理条件。中国地处温带，这产生了两个后果。后果一：妇女生育能力强，生育期长。后果二：适合水稻生长，水稻能以比较少的土地养活比较多的人口。

其次，是历史条件，中国历史上没有发生过大规模的征战和大规模的人口迁徙，人口损失比较少。

再次，是精神条件，孝悌为本的中国传统伦理观念，使得中国人以人丁兴旺为荣，长者希望多子多孙。

在这三种条件的作用下，中国人口过度膨胀，形成压力。这种压力首先表现在民众身上。为了养活众多的家人，中国人不得不终年辛勤劳动，难得有休息，即使这样，也仅能勉强糊口。中国的确地大物博，但是因为人多，贫穷的人很多。常见的弃婴、乞丐就是明证。这说明中国人的勤劳节俭美德，是人口压力造成的普遍贫穷造就的。中国人的全部时间都在辛辛苦苦地劳动，顾不上其他，所以在外人看来中国人性情温和，不像欧洲人那样好斗（为了宗教等原因）。在年景好的时候，中国的确是宁静平和的。不过如果年景不好，或遇到灾害，第一反应就是饥荒。哀鸿遍野，四处逃荒；这样三五成群结成帮，成为到处流窜的盗贼，对社会和政府造成威胁。孟德斯鸠说这种威胁是积极的，可以给皇帝敲警钟。因此皇帝在平时不敢过于奢侈，至少要给臣民树立一个节俭的形象；而且要储备粮食，作备荒之用。对于发生灾害的地方，皇帝也要减免赋税，安排赈灾；如果皇帝做不到这些，就是“官逼民反”，自己给自己找麻烦。“在中国，腐败的统治很快便受到惩罚。这是事物的性质自然的结果。人口这样多，如果生计困乏便会突然发生纷乱。在别的国家，改革弊政所以那么困难，是因为弊政的影响不那么明显，不像在中国那样，君主受到急遽的、显著的警告。中国的皇帝所感悟到的和我们的君主不同。我们的君主感悟到，如果他统治得不好的话，则来世的幸福少，今生的权力和财富也要少。但是中国的皇帝知道，如果他统治得不好的话，就要丧失他的帝国和生命。”（《论法的精神》，第 128~129 页）

第四，孟德斯鸠提出中国的优点是被迫产生的。

孟德斯鸠也不全盘否认当时欧洲人对中国的颂扬，不过他维护了自己对中国的较低的评价。在他看来，耶稣会士和“颂华派”对中国的褒扬尽管有些过度,但也反映了某些实情。他不否认中国的某些优点,而且给予真诚的赞扬。不过赞扬是局部的,中国是专制主义国家的结论则是全局的。中国是专制主义国家,怎么可能有这些优点呢?原因是“由于特殊的情况,或者是绝无仅有的情况,中国的政府可能没有达到它所应有的腐败的程度”(《论法的精神》上册 ,第 128 页)。这是什么特殊情况?孟德斯鸠没有说,但是可以理解,那就是中国的人口情况。就是说,如果没有巨大的人口压力,耶稣会士所赞扬的、欧洲学者所津津乐道的中国的优点,就不会出现在中国,中国的专制主义就更加凶恶。不过人口这个“特殊情况”的作用是有限的,它只是有助于降低“腐败程度”,但不可能改变政体的性质。如此,最终的结论就是:“这个专制主义,在祸患无穷的压力之下,虽然曾经愿意给自己戴上锁链,但都徒劳无益;它用自己的锁链武装了自己,而变得更加凶恶。”

第五,孟德斯鸠从中国总结出什么?

孟德斯鸠认为,法国的改革不能寄希望于君主,也不应以中国为榜样,而应着力于制度的改革和完善,以期通过限制君主的权力来防止专制主义。为此他提出了两条主要办法:其一是制定以限制君主权力为主要内容的基本法,迫使君主在基本法的框架内理政,不得越雷池半步,使君主欲行专制而不能;其二是设立并强化能够表达民意的立法机构,并把立法机构制定的法律和决议置于君主的意志之上,从而把“朕即国家”的专制君主变成法律和民意的“执行者”。

很显然,制定基本法和强化民意机构,其目的都在于防止和制止专制独裁。孟德斯鸠指出,自古以来的经验表明,一切拥有权力的人,都倾向于滥用权力,而且不用到极限绝不罢休。秉持一以贯之的“法制”思想,他指出,必须以权力制止权力,方能防止和制止专制独裁。他盛赞中国的皇帝从小就受到良好教育,贤哲们教诲他们要爱民如子;况且中国是一个拥有数千年文明史的礼仪之邦,以仁为本的儒家学说早已融入整个民族的精神之中。然而,中国的皇帝并不因此而不是专制君主,所以,他认为,防止滥用权力绝对不能只靠伦理道德,而必须依靠某种机制,那便是分权。他承袭前人的学说,将国家权力区分为立法、司法和行政三种。为了让权力受到某种程度的制约,他有针对性地提出,必须对权力实行合理的配置,俾使各个权力机构既有分工,又能彼此配合和监督,从而在保证施政效率的前提下,不因集权而导致专制。

出于这样的思考，孟德斯鸠发挥并完善了英国人洛克的分权主张，提出了如今被我们称为"三权分立"的学说，两百余年来不但始终受到学界和政界的高度重视，而且被许多国家付诸实践，成为宪政的要件之一。

第六，对孟德斯鸠"分权"学说的探析。

把法文 séparation des pouvoirs 译为"三权分立"，至迟始于清末民初，如今已成为一个专用术语，鲜见有人再去细究孟德斯鸠的原意。

séparation 这个名词源自动词 séparer，其本意是"使分开""使分离"，进而引申为"区分""分隔""分割"等。séparation des pouvoirs 这个词组中的 pouvoirs 是个复数，可以理解为"二""三"或"四"，乃至更多；我国的民主主义革命先行者孙中山先生灵活运用孟德斯鸠的分权学说，提出了"五权宪法"的学说，并将之付诸实施。然而，把 séparation 译成"分立"，很容易令人想到三足鼎立、分庭抗礼等暗示，这就或多或少把"分立"绝对化了，以至于有人以"主权不可分"来批驳"三权分立"。其实，这并非孟德斯鸠的原意，何况孟德斯鸠在有关分权的论述中，更经常使用的是 distribution 这个词，这个词只有"分配""配置"的含义，完全没有"分立"的意思。如果把"三权分立"径直理解为"分权"，就比较契合孟德斯鸠的原意。其实，分权主张并非孟德斯鸠所独有，就连极度崇尚"开明君主主义"的伏尔泰也倾向分权；他在称颂中国的政体时说，中国的中央政府设有六大部，分管国家重大事务，皇帝因而难以大权独揽。很显然，伏尔泰也害怕君主独裁，但他错误地把分工当作分权，以为由不同部门分管国家的不同事务，就可以防止专制，殊不知六大部只不过是无条件执行皇帝旨意的工具而已，无论设立多少部，都无法改变皇帝一人独裁的"人治"实质。

大体上说，孟德斯鸠主张的"分权"至少有两层意思。其一，不允许任何人或任何机构大权独揽。他说，如果立法、司法和行政这三种权力由同一个人或同一个机构单独行使，"那就一切都完了"。在权力分置方面，孟德斯鸠尤其着力强调司法权的独立性。他说："如果司法权不与立法权和行政权分置，自由也就不复存在了。"其二，与我们中的许多人惯常的理解不同，孟德斯鸠所主张的"分权"，并不是"你吹你的号，我敲我的锣"式的各自为政，而是权力的合理配置。有人在批评"三权分立"时，指责孟德斯鸠主张由一个机构独领一种权力，这是一个误会，其实他主张同一种职能或权力应该由若干而不是单独一个权力机构来执掌,唯有这样才有利于以权力制约权力。为此他主张,立法机构的集会日期和会期应该由行政机构决定,借以防止立法机构因擅权而变成专制机构。他还认为,立法机构虽然不应干涉行政机构的运作,但应该监督行政机构执行法律的情况。此外,他还主张立法机构在特定情况下应该成为临时性的司法机构,等等。

“三权分立”是一个总体原则,其主要精神就是借助各个权力机构的“相互监督”即“制衡”,防止个人或团体滥权和独裁。在将“分权”原则付诸实施时,各国大多依照各自的历史和现实条件,将三种权力在三个权力机构之间作合理、高效的配置,并不采用同一模式,而是各具特色。就此而言,世界上现今没有一个国家实行三种权力各自为政的“刚性”分权制度;几乎所有国家都实行三种权力有分有合,便于相互监督的“柔性”分权制。

中国的情况与世界各国不同。为了遏制腐败、防止滥权和权力过于集中,中国同样需要从制度层面上建立强大而有效的权力监督机制。就此而言,孟德斯鸠的分权学说的精神仍有其一定的现实意义,绝非毫无可取之处。

理性的光芒:漫谈18世纪法国的启蒙运动

各位听众:

大家好!

以往,我曾多次在这里充当听众。今天下午上海博物馆给我这个登上讲台的机会,有幸、有缘与各位见面交流,深感荣幸。在这样短的时间中交代启蒙运动是困难的。首先是18世纪法国启蒙运动的内容博大,影响深远,而个人学养很有限;其次,时间也比较紧。我将尽量讲得精炼,力求将精华提供给各位。

先说第一部分。

一、启蒙运动概说

我们先看几个历史名词:

1.旧制度(Ancien Régime)

1789年法国大革命发生之前的法国的历史被称为"旧制度"。这是专有名词,首字母要大写。这个词是统称1789年大革命前法国历史,包括那个时代的社会、宗教、经济、司法、政治和教育等[①]方方面面,而不仅是某种"制度"。时间有三说:自1760年起的近30年、18世纪初起和16世纪初起。我们取第二说。

2.波旁王朝(Bourbons)

波旁家族建立的封建王朝。波旁王朝统治过法国,也曾断断续续地统治过西班牙、那不勒斯等地。那不勒斯是意大利南部城市,历史上曾是王国。

我们今天谈到的时代,法国的国王有路易十四、路易十五、路易十六。王位世袭,专制;天主教会有很大势力。

3.等级制度

2000 多万法国人被分成三个等级。

第一等级是天主教教士(神职人员)。

第二等级是贵族。包括佩剑贵族、穿袍贵族和乡居贵族。穿袍贵族原本并没有贵族的血统,而是用钱购买了贵族身份。"穿袍"是穿法官的长袍,即能在法院任职。

以上两个是特权等级,占人口的 1%~2%。

其余的所有人(农民、城市平民和资产者等)组成第三等级。下级教士实际上也属于这个等级。第三等级占全部人口的 98%以上,其中最富有的是新兴资产阶级(如船主、作坊主等),他们经营实业,文化程度也比较高,却和农民、平民一样不享有任何权利。第三等级中人口最多的是农民。特权等级享有各方面的特权,例如他们收入丰厚,却不对国家承担任何义务,不纳税;还占据教会、政府、军队的一切重要的职位,并可世袭。第三等级则承担所有的税务。这种情况是典型的社会财富分配不均。宫廷和特权等级联手,穷奢极侈,加上一些其他开支,往往致使国库空虚。国家财富大致由特权等级掌握。固有矛盾发展到一定的时候就会激烈地爆发出来。

4.启蒙和启蒙运动

什么是"启蒙"? 从中文字面上看,我们可以理解为"启导蒙昧"。"中世纪"(通常指 5 世纪到 15 世纪这 1000 年左右)被认为是专制的、没有民主、没有平等和自由的时代,因而是黑暗的,专制统治是主流。启蒙运动是用民主对抗专制,用科学和知识对抗迷信和盲从。总之,是用光明对抗黑暗。英语中"启蒙"这个词是 enlightenment。light 是光、光源,enlighten 是动词,启发、启迪、教导人的意思,enlightenment 就成为专指启蒙运动的名词了。在法语中,18 世纪被称为"启蒙世纪"(siècle des lumières),意为"光明的世纪"。siècle 是世纪; lumière 是"光"或"光明",也指"出类拔萃的人"或"才智出众的人"; 其复数形式 lumières 表示"知识"或"智慧"。这个词的多重含义,体现了启蒙运动的基本内容。

交代完这些基本名词,就可以进入正题了。

启蒙运动的先驱当推 17 世纪上半叶的法国哲学家、数学家笛卡尔(Descartes,1596—1650)。他被称为近代最早的理性主义者(rationalist),提出了著名的命题——"我思故我在"(Cogito,ergo sum. Je pense, donc je suis. I think therefore I am)。"思"的活动,就是怀疑。他遵守的第一信条是:"决不能把任何没有明确地认识其为真的东西当作真的来接受。"要做到这一点,首先要对现存各种各样的教条、偏见、意见等进行怀疑,凭理性来判断和辨别。我怀疑就是我思,从我思证明我存在,得出了"我思故我在"的原理。"思"(即怀疑)后要怎么样?一切取决于理性的裁判。理性是天赋的,是人人天然地、均等地具有的。笛卡尔的理性裁判,只用于哲学和抽象科学中,决不触及现实问题,如宗教、政治、社会。笛卡尔以理性标榜,他的学说被称为"笛卡尔主义",他的追随者被称为"笛卡尔主义者"。1650 年他去世后,他的"我思故我在"的方法和理性主义精神不但被人们继承和推崇,而且进入 18 世纪后,被推崇者扩大运用到他生前没有涉及的领域,如政治、宗教、社会等各方面。人们确信,社会上的一切,例如封建特权、旧制度、天主教信仰、等级制度等的合理性,都是应该怀疑的,都要到"理性法庭"面前陈述自己存在的理由。如果做不到,就根本不该再存在下去。笛卡尔生存的时代被称为"理性时代"。

从此,思想先行,18 世纪的法国涌现了一批走在时代前沿的启蒙思想家。他们由"思"(怀疑)入手,进而对整个旧制度作了否定,并为未来的理想社会设计了蓝图。

启蒙运动几乎持续了整个 18 世纪,其核心在于启蒙思想家和他们的卓越的学说。在他们的著作中,最早出现的是孟德斯鸠的《波斯人信札》(1721 年);随后,在 18 世纪三四十年代后,大批著作问世。这当中有十分丰富的内容,涉及法律、政治、文学、教育、经济学等领域。启蒙思想家的工作对当时和后世,在法国、欧洲和世界范围中具有极其深远的影响。著名的启蒙思想家有孟德斯鸠、伏尔泰、魁奈、布丰、拉美特利、马布里、卢梭、狄德罗、雷纳尔、达朗贝尔、爱尔维修、孔迪亚克、霍尔巴赫、杜尔阁等。这次思想解放运动是 18 世纪末期法国大革命发生的原因之一。今天我们很简略地介绍三位最著名的启蒙思想家——孟德斯鸠、伏尔泰和卢梭的学说。

二、孟德斯鸠和“三权分立”学说

孟德斯鸠(Baron de Montesquieu,1689—1755),是法国南部的波尔多(Bordeaux)人。他是启蒙思想家中最年长的一位,主张改革,是开明贵族温和派思想家,近代法学理论的奠基人。孟德斯鸠出身“穿袍贵族”世家,为继承家族的世袭法官职务而研究法学。刚才说过,所谓“穿袍贵族”的身份是属于第三等级的人购买来的贵族身份。有了这个身份就可以在法院任职,职位还可以世袭,例如视年龄和工作水准担任各级法院的院长、庭长、法官、书记等。孟德斯鸠的穿袍贵族身份就是从他伯父那儿继承过来的,他因此得以在家乡波尔多法院工作,还担任过庭长。不过他志不在此,后来卖掉了这个身份,迁居到巴黎做学问,写下了很有意义的著作。他的著作如《波斯人信札》(1721年)和名著《论法的精神》(1748年),尤其是后者,使他成为近代政治哲学、法律哲学和社会哲学的重要奠基人之一。这些著作也是反对教会(教会是专制制度的支柱之一)、反对基督教神学(基督教神学是教会得以立足的理论基础)、反封建专制制度的犀利武器。孟德斯鸠说,我一生的精力都用在《论法的精神》上。他为这部书花费了26年(1722—1748年)的心血。他还著有历史学著作《罗马盛衰原因论》(1734年)。

今天我们谈论孟德斯鸠,有这样几个要点:

1.关于理性

“理性”(raison, reason)是启蒙运动的一个核心。那个时代也被称为“理性时代”。什么是理性?简单地说,就是人通过自己的思考去判断和处理一切事情。也就是凡事(大事如国家制度、宗教信仰、法律法规,小事如身边杂事等)都要经过人(自己)的思考才能判断,不能盲从盲信,不是《圣经》、教会、老师或者国王等说了就是真的。理性是不分种族、一切人都具有的天赋能力。上帝的意志、神的权力、统治者的权力都是不可靠的。唯一可靠的是人的理性。理性是启蒙思想家宣传自然法理论的基础。

孟德斯鸠确信有一个始初的、本原的理性,或叫作第一理性。法(loi,law,包括法律、法规、规律)是第一理性同各种存在物之间的关系,又是存在物彼此之间的关系。孟德斯鸠说:“从最广的意义说,法是由事物的本性产生出来的必然关系。”“在这个意义上,一切存在物都有他们自己的法。因此,神有神的法,物质世界有物质世界的法,有高级智能的人有人的法,动物和人各有不同的法。”这里的“法”可以是法律、法规、法则或规律。这里揭示了两点:法是在理性基础上的,法是普遍存在的。

2.自然法与成文法

自然法(loi de nature,law of nature)是在人还没有社会组织之前的法,即人在自然状态[②]中的法,它没有明确细致的表述,也不能写在纸上。孟德斯鸠说自然法有四条:和平、寻求食物、人与人之间的接触、过社会生活的愿望。

人也是在第四条自然法的支配下才联合起来组成了社会。

由条文构成的法,称为成文法(loi écrite,written law)。在社会状态中,人与人之间产生了复杂的必然关系,所以出现了成文法(人为法)。

例如这群人和那群人之间的关系的法,即国际法(国际公法、国际私法);一个社会(如一个国家)中统治者与被统治之间关系的法,称为政治法;人民与人民(公民之间)的关系法,称为民法;孟德斯鸠还提到刑法、刑事诉讼法等。现在随着社会发展,法就更多了,例如“政党法”“教育法”“婚姻法”“环境保护法”“物权法”等。

3.什么是“法的精神”?“法”要随社会变化而变

古往今来,怎样的法才称得上好?孟德斯鸠认为好的法要符合这些条件:

(1)必须尊重一个社会(政治社会国家)的历史,必须与社会的历史相适应,超前和滞后的都不是好的;

(2)必须和一个国家的自然结构、气候、土壤的性质、位置、幅员大小、人民的生活方式(如种植、狩猎、畜牧)相适应;

(3)与一个国家组织所能容许的自由的程度,同居民的宗教、爱好、贫富、人口、贸易、习惯等相适应;

(4)和其来源、立法者的意图相适应;

(5)和立法时的状况相适应。

以上种种的综合,就是“法的精神”所在。

孟德斯鸠搜集了大量材料以论证这些关系。材料来自遥远的中国、日本、印度、非洲、南洋群岛等地;其内容未必真实,结论也未必正确。但是很明显,他的政法理论是经过长期的钻研——20 余年的思考和积累,在一般主要是现在称为社会科学的学问融合起来的基础上建立起来的。什么是社会科学?即以社会现象为研究对象的学问,包括政治、经济、军事、法律、教育、文艺、史学、语言、宗教、民族、社会等。我们可以说,孟德斯鸠的研究涉及了今天我们称为“社会科学”的学术的一切领域。

孟德斯鸠的这些论述不但丰富了政治学说,还为后来的社会学、民族学、民俗学等研究开启了道路。例如 19 世纪法国人孔德创立的社会学中,就有个“地理学派”,即可追溯到孟德斯鸠的“地理环境”学说。

在论述“法”的时候,孟德斯鸠强调,既然社会是不断演变的,法也要随之变化,才能符合“法的精神”。他指出,古往今来没有一成不变的制度,因而好的法,也不能是一成不变的。他示意,像法国当时的制度,是可以变、应该变的。法也是可以变、应该变的。立法者应当促成这种变,使政治社会制度适应社会共同的要求。

4.三种政体

孟德斯鸠概括古往今来的政体,并提出各种政体的原则。

(1)共和政体——向往

如果是全部人民拥有政治权力的,如古代希腊的雅典,是民主政体(democratic),其原则是“美德”。“美德”是政治道德,表现为平等、爱国主义精神。

如果是部分人民拥有政治权力的,如古代希腊的斯巴达,是贵族政体(aristocratic)。“部分人民”是指贵族,即由贵族集团执政,其原则是节制(moderation),即不放肆、不压制或虐待人民。

(2)君主政体——赞美

君主政体是君主按照已定的法律进行统治的政体。其原则为荣誉(l’honneur),即君主的和作为这个政体的标志的贵族等级的尊贵。这里指英国君主立宪制。

(3)专制政体(法国、波斯、中国)——恐怖、谴责

专制政体是由一个人(君主、皇帝、主席)按照他突发的意愿(volonté)、他的心血来潮的想法(ses caprices)、他的不负责任的意图来进行统治的政体。没有法律,没有规则(sans loi, sans règle)。它具有一种“凶残性格”,其原则是恐怖(la crainte)。宗教的影响比什么都大,它是恐怖之上加恐怖。人民只

能是奴隶,人民必须“绝对服从”。

孟德斯鸠严厉抨击专制政体,说这是“砍断树根”让树倒下来“采摘果实”的路易斯安娜(Louisiana)的野蛮人政体,可比“竭泽而渔”。

孟德斯鸠是反对用革命来变革政体的。但是对于专制政体,人们起来反对也是正当的,是恢复自由所必需的。

5.自由——三权分立

什么是自由?孟德斯鸠提出,自由是做一切为法律所许可的事的权利。如果一个公民能够做被法律所禁止的事,那么就没有自由。自由绝不是为所欲为,因为其他人不管怎样也将享有这样做的权力。人人都为所欲为,就没有自由了。

自由可分为两种:公民自由和政治自由。

关于老百姓的自由,政府必须能提供保障。

为了防止政府的官员,或政府本身滥用职权,保障老百姓的政治自由权,孟德斯鸠认为有必要实行分权——政府的组成要实行“三权分立”(separation des trois pouvoirs)。这是孟德斯鸠对英国思想家洛克(John Locke,1632—1704)分权学说的发展,也是他对政法理论的重要贡献。“三权”人们都耳熟能详,即:

立法权(pouvoir legeslatif,legistrative power)属于议会(国会)。实行两院制,其官员不能长期担任。议会负责制定法律、监督行政。

行政权(pouvoir executive, executive power)属于君主,由大臣分别行使。行政部门执行法律,对立法机关制定的法律有一定的否决权和停止权。

司法权(pouvoir judiciaire, judicial power)属于由人民按期选出的法官。司法机关负责解释法律、裁判个人之间的争讼,惩处罪犯。这项权力属于最高法院,可以否定行政部门对一些事的裁决。

立法、行政和司法三权各自独立,呈现“以权制权”(system of checks and balances)的状态,实行“制衡的原则”——“牵制与平衡的原则”(the principle of check and balance)。

孟德斯鸠认为立法权与行政权的分开更为重要。立法权在三权中至关重要,尤其要注意制约。他因此又主张把立法机构分为两个部分(即“两院制”)。立法人员(议员、代表)也不能久于其任,要经常改选。行政人员(政府

官员)也不能久于其任,而且要接受监督。(参议院和众议院,上院和下院等)

三权分立的学说被历史证明在实践中是行之有效的。首先贯彻三权分立原则的是 1787 年的美国宪法。国会行使立法权、总统行使行政权、最高法院行使司法权。当时美国很多州的宪法也体现了分权原则。接着,1789 年的法国《人权与公民权宣言》也宣布“没有分权就没有宪法”。

孟德斯鸠在 1755 年去世,享寿 66 岁。

三、伏尔泰和“开明专制”

伏尔泰(Voltaire,1694—1778)是杰出的启蒙学者、卓越的作家,被尊为“泰斗”。他的父亲是公证人,即法律工作者,也属于社会上层。伏尔泰从年轻时起就才华横溢、热情饱满且文笔犀利,一生所写各种作品(剧本、小说、诗歌、小品、政论、哲学和历史著作等)合编 90 余卷。这些作品倾泻了他对教会权威的仇恨,表达了他对政治社会改革的要求。当时,有能力看书的人不多,书的价格也不便宜。伏尔泰写的宣传其主张的剧本,由演员在广场上公演,受众颇广。值得提出的是,他曾改编过元代戏剧家纪君祥的剧本《赵氏孤儿》(称《中国孤儿》)在巴黎上演,宣传中国儒家的伦理道德。他在欧洲和法国影响极大。他曾是普鲁士国王的座上客,俄罗斯沙皇叶卡捷琳娜也与之通信,请教安邦治国之道。伏尔泰著有《路易十四时代》《哲学通信》《风俗论》等。《哲学辞典》是 1764 年匿名出版的,有中译本(部分条目)。

伏尔泰因舞文弄墨得罪法国贵族,曾被囚禁在巴士底狱 11 个月。后来,当他将再次被投入监狱时(18 世纪 30 年代初),为避免牢狱之灾,伏尔泰曾流亡英国 3 年。他对光荣革命后英国政治上和学术思想上的自由十分羡慕,也爱好英国思想家洛克和科学家牛顿的学说。他指望法国也能实现改革,建立像英国那样的政治社会制度,法国人也像英国人那样享有自由。

伏尔泰思想中有两个基本观念:“自然”和“理性”。

自然:即“自然秩序”。自然本身是合理的、完美的,是人事的规范。

理性:来源于自然,是自然具有的。

人类社会发展到那个时代,由于人离开了自然秩序,产生了种种不合理的现象,破坏了自然的完美,于是才有人提出所谓“公正”“道德”等来加以补救。伏尔泰认为,“补救”无济于事,关键是人类理性的回复。只要回复理性,遵从理性的指示,发挥理性的作用,就有可能使人类社会重新符合于合理的完美的自然秩序。怎么回复?反对教会权威,实行政治方面的改革,是回复理性、重建自然秩序的必由之路。

伏尔泰有这样几个主要观点。

1.既反对教会权威,又否定无神论

法国是天主教国家。教会归罗马教廷管辖,其权威可与王权并列,甚至超越王权。但是16世纪宗教改革后,欧洲出现了新的、与罗马不一致的教派,被称为“新教”。例如荷兰、德意志就是新教国家。在法国,新教徒受排挤,天主教唯我独尊。因信仰的矛盾而发生的宗教迫害层出不穷,给人们造成了巨大的灾难。伏尔泰竭力提倡宗教宽容,呼吁旧教、新教等各派并存,不让罗马教会一家独霸,致力于消除教会权威。当时的天主教会与波旁王朝联手,有时也横行霸道,做些不名誉的事情,因而伏尔泰此举很得人心。伏尔泰向法国人介绍光荣革命后的英国没有宗教方面的争斗和宗教迫害,人们和睦相处,英国同时存在的30多个独立的教派,彼此相安无事。他认为宗教信仰是不能用权力来强制的。英国应该是法国的榜样。

伏尔泰反对教会的权威,但并不是反对宗教。他认为宗教可以作为稳定道法观念、维护社会秩序的工具,他明白宣称:“就一般人民而论,或许一个赏善罚恶的神是非常需要的。”他还说:“一个普通的农民如果望他成为好人,非依靠宗教不可。”

他在一篇文章中说:“我希望我的律师,我的裁缝,我的妻子都信仰神,这样我才可以不被捉弄,不受欺骗。”所以伏尔泰有这样一句话:“如果没有神,就非创造一个不可。”

2.开明专制

伏尔泰指责法国专制政治的腐败恶劣,他说:“政治不在我的战线上,我只能努力一个方面,稍微减轻一些人类的愚蠢。”但是他对政治制度不提明确的主张。譬如说,哪一种政治制度比较好呢?是君主制,还是共和制?伏尔泰自己回答说:“这个经过四千多年的讨论,并未得出结论。”贵族要共和政治,平民要民主政治,只有君主要专制政治。既然要专制政治的人这样少,为什么在地球上有那么多国家会采取专制政治呢？要弄清这一点最好问老鼠，老鼠都希望在猫的脖子上挂一个响铃，但是哪一个老鼠敢去挂呢？事实是，伏尔泰不认为民主政体有什么好处，民主政体要有党派的存在。有党派就有纷争，不利于国家统一。“任何真理，不能戴上一党一派的头衔。”而君主不可能像马可·奥勒留（Marcus Aurelius，罗马皇帝，161—180年在位。哲学家、道德学家，被认为是最贤明的君主。著有《沉思录》一书）。如果是君主当政，人民就要被一头狮子吞吃；如果是民主政治，那么人民又会被许多老鼠分吃。两者之间是没有什么区别。他大加称赞的是英国的君主立宪政体，是位“英国狂”（Anglomanie）（《哲学辞典·政体》）。他认为当时法国所需要的是开明专制。

什么是开明专制？

开明专制就是在一位开明的君主统治下进行强制性的改革。“开明”就是愿意并实行改革。伏尔泰反对革命，革命不会使法国变得好些；他还轻视人民，称人民为群氓。庶民是社会下层群众，群众不认得真理。他期待开明君主出现。只要这位愿意，改革就会实现。伏尔泰期盼的改革，总的说来包括：

废除特权等级的特权（等级森严的社会）。

废除农民的封建捐税（农民负担太沉重）。

统一法制、关卡制，用统一的国家的法来取代各种各样的地方法（国家不统一）。

整理司法，撤销宗教法，在法律面前要平等（教会权力过大）。

人人按财产比例纳税，停止政府卖官和官职世袭（要求平等）。

总之，这是实行自上而下的改革，借以维护每个人的权利（自由平等）。这也就是根据理性原则来回复自然秩序所应采取的措施。

伏尔泰是渴望出现开明专制以实现改革的，他抨击路易十四、十五的统治，当1774年路易十六继任国王时，他就把希望寄托在路易十六身上，当杜尔阁出任财政总监改革财政时，他热烈欢迎说：“我们将接近黄金时代！”

3.自然权利：自由、平等、财产

伏尔泰是从自然法理论来阐述他的政治、社会学说的。自由、平等、财产就是理性所赋予的自然权利。用他的话来说，就是：“人人平等自由，占有财产和为法律所保障的权利。”他就是根据这种自然权利来批评、讽刺法国的制度下的种种弊端的。

自由是什么？“自由就是除法律以外不屈从于别的东西。”自由应该有这么几种：

①人身自由——废除封建关系（农民不必服从领主）。

②信仰自由——宗教宽容（信仰哪种宗教或教派由自己选择）。

③出版自由，言论自由——不因言获罪（想怎么说就怎么说，自己认为对即可）。

④财产自由——财产是合理的社会秩序和人的尊严所必需的，不可剥夺。

平等是什么？是在法律、权利面前，所有人都被一视同仁。

关于平等，是最自然的，又是最不自然的。在权利方面，在法律面前是自然的；而在财产和才能方面则是不可能平等的。

最自然：限于权利。

最不自然：人的财产和才能。因为人的财产、能力不可能平等。

伏尔泰曾说：“我的问题，不是像路德[③]那样去激起革命，而在于使统治者在思想上、心理上发生革命。”他崇尚理性：理性是一切，因此深信心灵和思想会改变一切，创造一切。“我们能运用口和笔使人们更文明、更善良。”人造成制度，制度又决定着人，只有理性能教育人，改造人。真理是理性的女儿。从理性出发谋求改革，减少我们生活的世界中的种种痛苦和不幸，这是伏尔泰认为应走的道路。

伏尔泰一生长期住在瑞士，以避免法国专制政府的迫害。1778 年正值大革命爆发前的 11 年，他回巴黎，受到巴黎人的盛大的欢迎。他在荣誉中与世长辞。大革命后的 1791 年，立法议会决议把伏尔泰的遗体从巴黎郊外的墓地迁葬先贤祠（Panthéon），有 10 万人送殡，有 60 万人在街边护卫灵柩，灵车上写着：“他给人以一个大动力，他为我们准备了走向自由之路。”

不过，我们要看到，伏尔泰主张的改革是行不通的，开明君主的开明专制也只能是幻想！法国最终还是爆发了激烈的革命，并且在路易十六和特权等级的阴谋下，终于使革命步步深入，发展到 1793 年的雅各宾专政。伏尔泰的改革论虽然不能实现，但他有力地揭示了旧制度的恶劣、腐败，把波旁王朝必须改革的信念推广给同时代的法国人，使法国人民在改革的绝望中决心推翻

“旧制度”。法国资产阶级大革命正是要求改革陷于失败的结果，改革是革命的先声。在这个意义下，伏尔泰是 1789 年革命的推动者。雨果[④]说，伏尔泰就无异于显现出了整个 18 世纪。

路易十六被关在大庙（Temple）中的时候读了伏尔泰和卢梭的著作，叹息说：“这两个人亡了法国。”应是“亡了封建的波旁王朝”。

孟德斯鸠和伏尔泰都是倡导改革的，他们并不主张革命。

四、卢梭与社会契约、人民主权、法律

卢梭（Jean-Jacques Rousseau，1712—1778）的祖先原是法国人，因为宗教信仰的原因，在 16 世纪时迁居瑞士。他出生在日内瓦的钟表师傅家庭，一生坎坷。他的母亲在他出生后一周即去世；父亲是钟表师傅，嗜好读书，感情热烈，但为人不靠谱。在卢梭 10 岁前，他给儿子讲过不少历史和小说，有时还通宵达旦。但是卢梭 10 岁那年，他因一场决斗逃离日内瓦，以致卢梭自幼就失去家庭，颠沛流离。他当过学徒、仆人、乐谱抄写员等，还曾为谋生而从法国流浪到意大利。这段在社会底层的坎坷经历，包括他越过阿尔卑斯山到意大利谋生的经历，对他了解社会下层、形成自己的思想体系很有意义。

卢梭作为“最激进”的思想家，表现在哪里？他是法国启蒙学者中唯一主张革命、彻底推翻旧制度的人，是法国大革命之火的点燃者。卢梭没有正式的上学的经历，靠自学成就自己的学问。他是多方面的作家，写有剧本、小说和社会、政治、艺术等论著。今天我们谈论的主要论著是《论人类不平等的起源和基础》（1754 年）和《社会契约论》（1762 年）。

卢梭的主要观点有：

1.人是生而自由的，但却无所不在枷锁之中

卢梭在《社会契约论》中开宗明义地说了这句话。他指斥当时的专制政体：君主的“最大的利益在于使人民柔弱、可怜，不能抵抗他们”。他抨击豪华的宫廷：“城墙是由毁坏的乡村房舍建造起来的。我每次遇到一座在城中矗立着的宫殿时，就想到全部乡村的荒凉。”他思路独到，反对科学和艺术，即反对文明，认为在这样的社会里，一切都是腐烂透顶了的，政治、科学、艺术、道

德、礼俗都是腐朽的。人在压制下，丧失了天性的指引，只能矫情文饰，从而也丧失了生机，丧失了精神的、生活的自由。他认为科学艺术越是进步，就越是败坏习俗，败坏人们的心灵。欧洲看似文明，其实已经退化到远古的野蛮，早在几个世纪前就陷溺在一种比愚昧更加恶劣的境况中。

这是卢梭对“旧制度”下的社会规范、宗教教条、生活样式、文化状况等所有方面的抨击和否定。那么人类社会原来该是怎样的？卢梭提出了他的对人类社会演进的看法。

2.谴责私有制：土地私有败坏了社会

人原来怎样生活？卢梭说最初有个“自然状态”。自然状态中的人是自由平等，满足而愉快的；没有语言、家庭、政府、宗教、战争，无忧无虑，欲望不超过身体的需要，也不知道有所谓财产。这是最自由、平等、幸福的自由人。但是财产[⑤]的私有，尤其是土地占有——私有财产，造成贫富的区别，破坏了人与人之间的平等，带来了可怕的纷争。有力者掠夺、穷困者窃盗，人生也只有贪婪、野心和为非作歹。人们也为了获得更多土地和财富而不断发生争端，引起战争和苦难。——这种情况威胁着人们的生存，人们需要组织起社会和国家。

另外，单个的人毕竟是脆弱的，难以克服各种巨大的困难，例如地震、森林火灾、猛兽攻击、其他部落的袭击等。个体的人之间也会为食物、水源等发生冲突。这也需要组织起社会和国家来解决这些个体无法克服的困难。

“组织”就得靠“社会契约”。契约在于联系每个人，以组成国家和社会。

3.契约的作用：分散的人组成共同体（国家）

《社会契约论》的“契约”的具体作用是什么？就是组织人们依靠相互团结、相互协作来形成一个综合的力量，以便克服和解决困难和障碍，以便人们尽可能安稳地生活；既保存自由，又保护自己的安全和财产。这就是契约要解决的问题。这里的“契约”是虚拟的。卢梭说：“要寻找出一种结合的形式，使它能以全部共同的力量来卫护和保障每个结合者的人生和财富，并且由于这一结合而使每一个与全体相联合的个人又只不过是在服从自己本人，并且像以往一样自由。”他认为，契约是人们自由协议的产物，不是由其他途径产生的（例如富人欺骗穷人）。缔结契约的每个人都自觉自愿地把自己的一切转让给全体，没有任何人可以例外。由于每个人都向全体奉献自己，而不是向某个个人奉献自己，所以，每个人都获得了同样的权利。人虽然失去了“自然的”平等和自由，但是获得了“契约的”（社会的）平等和自由。这种根据人人同意的契约形成的“共同体”就是国家。缔结契约的人就是公民或臣民。在这样的契约国家中，谁掌握主权？即谁是“主权者”？卢梭反复说，主权者不是君主，不是贵族或教会，而是参加契约的全体人民。这就是“人民主权”学说。

4.人民主权：国家的主权属于全体人民

为什么这个共同体（即国家）的主权属于人民呢？因为国家是建立在基于人民的自由意志的社会契约之上的。它存在的依据既然是人民的同意，因此国家的最高权力即主权就理所当然地属于全体人民。——这是卢梭社会契约论的精华。

以往有些思想家，例如英国17世纪的思想家霍布斯（Hobbes，1588—1679），也持契约说。不过他提出人民是自愿把最高权力交给君主的——这就为君主专制提供了理论依据。卢梭则相反。卢梭坚持人民是把自己的一切权力交给“共同体”，而不是交给任何一个人，这个根据契约形成的“共同体”就是国家。在契约国家中，“人民作为整体来说就是主权者，而每一个个人就是属民”，即主权者的一员。

人民主权的四项原则：主权是不可转让的；主权是不可分割的；主权是绝对的、至高无上的、神圣不可侵犯的；主权是不可被人代表的，某个党派代表人民，或某个人代表人民都是不能成立的。

5.公意（volonté générale）：共同体中大多数人的意志

这个“全体”即国家的行为依据是什么？卢梭提出了“公意”的概念。卢梭说，是依据“公意”。公意就是大多数人的意志。公意不是全体的意志，公意并不要求所有的人对所有的事都有一致的看法，因为这是不可能的；公意只是每个公民的意志中趋于一致的、真正共同的东西。公意总是公正的，它只考虑公共的利益，总以公共利益为依归。因此公意就是人民的共同意志和公共利益的集中体现。公共利益首先表现在自由和平等这两件事上。因此，自由和平等就是立法的指导原则。

6.法律乃是公意的行为

卢梭说：“法律乃是公意的行为。”社会契约赋予共同体以生存和生命后，就需要由立法来赋予它以行动和意志。法律就是共同体(国家)的唯一的动力,共同体只有由于法律而行动。如果没有法律,已经形成的国家就是一个躯壳而没有灵魂,虽然存在,但是不能行动。那么法律是什么呢?卢梭的主张和刚才说到的孟德斯鸠不同。卢梭说:“法律乃是公意的行为。”即法律是建立在公意的基础上的。公意,作为大多数人的意志,在具体实践中表现为法律的统治(民事、工业、教育、交通等方方面面,都得服从公意,具体地说就是服从法律)。法律如何确立?法律是作为主权者的全体人民对作为公民的全体人民作出的规定。国家的法律就是通过国家主权权力对公意加以肯定。“唯有服从人们自己为自己所规定的法律,才是自由。”

这样,自由与服从法律就是一致的。两者毫无矛盾。国家中的人,既要服从法律,又享有自由。自由不是为所欲为,相反,人们唯有服从为自己制定的法律才是自由。不存在任何没有法律的自由,也不存在任何个人高于法律之上。无论是高官显要还是百姓平民,田连阡陌还是贫无立锥,在法律面前是无条件地平等的。

卢梭还探讨了法律的分类。他将法律分为四种。

第一,政治法,即根本法,用以调节政府、国家和公民三者关系。

第二,民法,用以调节成员之间的关系,调节成员和整个共同体的关系。

第三,刑法,规定个人与法律之间的关系,即不服从和惩罚之间的关系。

第四,习惯法,是不成文的法律,即风尚、习俗和舆论等。

7.政府:人民的公仆

卢梭反复强调“主权在民”。人民是主权者。政府不过是个办事机构。其组成成员是经全体人民同意的人(官员或干部),犹如人民的仆人。如果他们做得好,是应该的;如果做得不好,人民自然可以纠正他、限制他,甚至撤换他,这都是天经地义的事。如果政府与人民为敌,人民推翻这个政府也是自然的事。换言之,人民对政府,无论在什么时候,都有永久的革命权。

卢梭认为,主权人民应该召开定期会议,决定现行的政体、现行的政府是否要继续,政府或官员是否应留任或撤换,这里又包含了定期审查宪法的问题和定期审查官员的问题。在根据大家同意的法律创建政府的过程中,组成政府的人(大臣、国王、总理、主席、各级官吏等)并不是人民的主人,而是人民的办事员、仆人(公仆),既然人民有权委任他们,也就有权撤换他们。这些组成政府的人，绝不是什么“订约”（4 年、5 年、终生）的问题，而是“服从”的问题。这些人受人民之托，履行公民义务，没有讨价还价的权利。卢梭也提到了政府的首脑借职务之便进行篡权的可能性。例如用各种借口禁止人民集会，霸占原来不该属于他的权力，制造恐怖以维持人民拥护自己的假象，镇压说真话的人。到这一步，人民就有权破坏原来的以“契约”为基础的国家，不做奴隶，重获自由。

卢梭还说，一个国家越是缺乏民主制度，人就越是想“当官”（办事员），从自己的行政职务中捞点好处。而在真正的民主制度下，担任行政职务并不意味着有任何好处，而是一种沉重的负担。这人要担着责任，做得不好既对不起人，也对不起自己，因为选你当这个官，做好是你的公民义务。

还有些话是振聋发聩的：当时，少数人的自由是以多数人的不自由为代价的，可悲的是人民根本就不知道自己是奴隶，人民以自己的不自由偿付了少数统治者的自由。受压迫的大多数人以自己的懦弱助长了少数统治者的蛮横。

总之，这些话，别说是在 250 年前，在今天也十分贴切。

卢梭的理论从自然状态出发，步步深入，为社会契约、公民社会（国家）、抑制贫富的分化、反对君主的暴力统治，一直到公民自由、主权在民和人民的革命权，直至建立共和国，提供了多方面的论据。因此，卢梭的学说是 18 世纪鼓励广大人民起来革命的战斗的号角，影响还远远超出法国国界。在法国大革命期间，各个政治派别——不论左右，不论真假，不管是革命还是反革命——都自称是卢梭主义者。人权、自由、平等这些词，也被写入《人权宣言》，而雅各宾派——罗伯斯比尔、圣茹斯特则是卢梭思想的忠诚的信徒。他们的土地法、限价政策、宗教和礼俗改革、1793 年宪法、取消积极公民和消极公民之区别的做法等，不同程度地体现了卢梭思想。

2012 年是卢梭诞辰 300 周年。日内瓦政府决定举行为期一年的庆祝活动，纪念这位伟大的公民和启蒙运动的先驱人物。日内瓦的庆祝活动名为“所有人的卢梭”（2012 Rousseau for All），于 2012 年 1 月 19 日正式启动。这些庆祝活动囊括了展览、歌剧、音乐会、电影、学术会议、出版等方式。日内瓦大学甚至开出专门课程，向公众介绍卢梭的思想。在中国，商务印书馆出版了 9 卷本的《卢梭全集》。

我们今天就谈这些。其实,18 世纪法国启蒙运动的内容十分丰富,这同文艺复兴一样,是人类的思想文化宝库。这三位思想家的学说,今天远远没有介绍完。何况除了他们,还有百科全书派、法兰西唯物主义者等的卓越成就和学说;除了政治、法律理论,还有文学、哲学等领域的成果。启蒙运动的影响超越了法国国界,也超越了 18 世纪。今天肤浅仓促,挂一漏万,是在所难免的!

注释

①"旧制度"可以可以理解为:"在政治方面,则有漫无限制的专制君权,以'朕即国家'的观念,来滥施威权;在财政方面,则因路易十四和路易十五的穷兵黩武,国内已经造成了一个空虚的府库和紊乱的金融;在法律方面,则法院如鲫,法制分歧,人民无法律的保障,国王和他的大臣,可以用一纸文书,随意拘捕及监禁任何人民;在社会方面,则一切情形可以'不自由''不平等'六个字来作为代表。此时社会上的人民,大抵可以分为特权的和没有特权的两个大阶级。有特权的人,不出租税,坐享膏腴,他们可以做官,可以任意剥削人民。没有特权的人又可分为三种:一是下级僧侣——这一种在名义上是有特权,但在实际上,却和平民一样;二是靠了商务及工业革命而兴盛的中等社会;三是贫困的农民和工人。这些都是反对旧制度之人,而其中尤以中等社会为最坚强有力。"(陈衡哲:《新学制高级中学教科书·西洋史》,商务印书馆 1929 年版,第 191 页)

②自然状态,西方思想家常用的一个概念,指人在组织起社会和国家之前的状态。

③马丁·路德(Martin Luther,1483—1546),16 世纪德国宗教改革的发起者,路德宗的创始人。

④雨果(Victor Hugo,1802—1885),法国作家,以诗歌、小说、剧本、哲理论著著称于世。

⑤卢梭描写土地占有说,有人先占据了一块地,称:"这是我的,并得到了诚实的同伴的相信。"这人是文明社会的真正的创始者。卢梭说,如果当时有人拔掉地界的桩子或填平沟堑,大声告诉人们:"不要听信这个骗子的话!"人类就可以免去多少罪行、战争或杀害,多少恐怖和灾难。

[这篇讲稿最初形成于2012年,恰逢卢梭诞辰300周年,受民主建国会上海经济支部邀请,向其介绍法国的启蒙运动和启蒙思想家。此后,也曾经在上海博物馆公众讲座(2013年)、西安外国语大学法语系(2016年)等不同场合演讲,根据受众不同有增补和删减]

孔多塞:法国最后一位启蒙思想家

孔多塞侯爵(Marie Jean Antoine Nicolas de Caritat, marquis de Condorcet, 1743—1794)是18世纪法国启蒙运动的最后一位思想家,并亲身参加了1789年爆发的法国大革命。他是法兰西第一共和国的主要奠基人与体现这个共和国的共和主义思想和制度的吉伦特宪法的起草者。吉伦特派的统治垮台后,执政的雅各宾派于1793年7月把孔多塞作为"反对统一和不可分割的共和国的密谋者"予以追捕,1794年3月孔多塞在狱中身亡。孔多塞作为启蒙思想家和革命家,在为时9个月的逃亡生活中,匿居在巴黎郊区的韦尔南夫人家中,在朝不保夕的情况下完成了他最后的、也是最著名的著作《人类精神进步史概观》。这是他酝酿中的一部大著作的简介或提纲,它所表述的进步史观,连同孔多塞在其他著作中提出来的哲学、政治、社会、教育等思想,是法国启蒙运动的宝贵遗产。孔多塞与孟德斯鸠、伏尔泰、卢梭等同是恩格斯所说的"在法国为行将到来的革命启发过人们头脑的那些伟大人物"。

一

孔多塞1743年生于庇卡第省里贝蒙的一个军事贵族家庭。父亲是骑兵军官,母亲出身于富有的资产阶级之家。在他出生的那一年,父亲不幸死于非命,孔多塞由笃信宗教的母亲抚养。稍长,由其叔父、奥塞尔的主教为他延请了一位耶稣会士当家庭教师。不久,到兰斯的耶稣会士处学习。1758年15岁时,进入中学学习。孔多塞从小在浓重的宗教氛围中生活、成长。但是,他似乎对宗教和耶稣会的教育无甚好感,也无意于像他的父辈那样投身于军旅生涯。他醉心于科学,首先是数学,并且表现出出众的才华。22 岁那年,已经在巴黎定居的孔多塞向科学院呈递了一篇"充满着崇高、丰富的思想"(数学家拉格朗日语)的数学论文《论积分学》(*Essai sur le calcul ingégral*)。之后,他开始与著名学者克莱罗、方丹、达朗贝、爱尔维修、杜尔阁等交往,并受他们的思想影响。1769 年,孔多塞到科学院工作。他擅长数学,但同时又致力于社会科学的研究。自 1777 年起,他着手为 1666 年至 1699 年间去世的科学院院士写"颂辞",并于次年被任命为科学院秘书。这些"颂辞"其实是对科学院已故院士的学术成就作分析性的论述,在孔多塞的著作中占有 2 卷,合计 1400 页。"颂辞"表现出他对数学之外的各种学科的兴趣和思考。伏尔泰、拉格朗日、狄德罗、杜尔阁等对他的渊博学识都深为赞许。伏尔泰给孔多塞写信,称他为"对法国来说最必不可少的人","您的科学院秘书职务,将导致国家进入一个伟大的时代,我在您所做的一切中看到了所有的才智之花和哲学之果,这是一个丰收角(Corne d´abondance)"。①

这一时期,孔多塞继续研究和写作。他曾向巴黎、柏林、波伦亚、都灵和圣彼得堡的科学院提交他的著作,其中大多数科学院都表示愿意吸收他为自己的成员。《法国天文史》的作者、天文学家拉朗德曾说,孔多塞是当时欧洲十位第一流的数学家之一。1782 年,他由达朗贝等支持进入法兰西科学院,成为该院院士。1785 年,孔多塞出版了一部多卷本著作,书名是《关于被传送的声音的多样性的判定的可能性分析运用》(*Essai sur l'application de l'analyse à la probabilité des décisions rendue à pluralité de voix*)。书的扉页上,写有向他的一位"杰出的朋友"致敬的文字:"我将永久地怀念一位伟大人物的忠告、榜样,尤其是友情。道德科学和政治科学的真理的确实性,可以认为与构成物理科学体系的那些学科,甚至它的分支学科(如天文学和数学)的确实性是一致的。"②在这里,孔多塞似乎流露出把对数学的认识和研究数学的方法运用于社会科学的意图。也是在这部著作中,作者显示了关于发展的最初思想。1786 年,孔多塞与人合作办了一所学园(Lycée)。这所学园成为当时文学工作者和学者的聚会中心,也是高等教育机构的雏形。1786 年和 1787 年,他又发表了 2 篇论文——《论数学》和《天文学与概率论》,在其中包蕴着 40 余年后孔德提出的实证主义哲学思想的基础思想。从现有的材料看,早在大革命之前,孔多塞就不仅是一位第一流的数学家,而且是一位力图把数学方法运用于社会科学的哲学家；而他投身启蒙运动，投身革命，无疑又是一位政治学者和关注着国家命运的社会活动家。

1789 年，大革命爆发，孔多塞担任《巴黎纪事报》(*Chronique de Paris*)的编辑，并曾与《铁嘴报》(*Bouche de Fer*)、《公众丛报》(*Bibliothéque de l'Homme public*)等合作，以他的进步思想、革命激情和博学广识，成为革命论坛上的一员主将。制宪议会期间，孔多塞同西哀耶斯一起创办了一个称为"社团"(La Société)的组织，是自由派贵族的集会中心。1791 年，孔多塞被选为立法议会议员。作为吉伦特派领导人布里索的朋友，他被选为立法议会秘书、副主席、主席，走上了他政治生涯的高峰。但是孔多塞一贯以无私的态度从政，他似乎并不明确地属于某党某派，"我在立法议会中与少数正直的、开明的、廉洁的、人民权利的热情保卫者连接在一起"③。孔多塞曾一度支持吉伦特派的政治主张。他在革命舞台上的最引人注目之处，是在 1791 年 6 月瓦伦事件之后与托马斯·潘恩一起率先放弃保留国王的观点；转而倡导共和、倡导制定共和主义宪法。他的某些言行与吉伦特派有一致之处，而他的思想、理论则超越了一般意义上的吉伦特派。

二

孔多塞的哲学思想，可以追溯到孔狄亚克的感觉主义和笛卡尔的理性主义，但是他主要是笛卡尔学派理性主义的信奉者。孔狄亚克有批判地推崇和宣传洛克的经验论，而否定洛克关于观念有两个来源，即感觉和反省的论点，强调人的认识只起源于感觉，唯有感觉是真实可靠的。他曾以这种论点批评过笛卡尔和莱布尼茨的某些形而上学论点。孔多塞继承了孔狄亚克对形而上学的这种批判。有"近代哲学之父"之称的笛卡尔，在构筑其知识体系的时候，本着数学家的思维方式，认为数学的推理清楚而明白，因而提倡演绎，把数学领域中的演绎、推理方法普遍化、绝对化。演绎的出发点，即逻辑推理的大前提从何而来？笛卡尔认为现存的许多原理和观念多半是"极其可疑、极不确实的"。既如此，只有对现有的一切认识和观念一律加以怀疑，直至找到清楚、明白的认识、观念，找到真理作为演绎的出发点。笛卡尔《哲学原理》第一章的第一句话就是："要想追求真理，我们必须在一生中尽可能地把所有的事物都来怀疑一次。"[4]这样，现存的观念、传统、体制等都必须加以怀疑，都要送上理性法庭接受审判，凡符合理性的为真、为善，予以保留；反之，则予铲除。孔多塞完全接受了笛卡尔的这一论点，确认理性是普遍的，是人所共有的，人也都具备推理的能力和获得真理的能力。同时，作为人的集合体的社会，只有建立在理性的基础上；社会的一切建置都必须以理性为依据。18 世纪法国的启蒙思想家中关于理性的思想认识几乎是一致的。

孔多塞认为，理性使人们懂得人享有自然权利。他曾引用伏尔泰的话说："人丧失了他的权利，孟德斯鸠找了回来，并归还于他。"这里所说的权利，就是自然权利和由于丧失了自然权利而又丧失的人在政治社会中的公民权利。保持这些自然权利并转为公民权利是人集合为政治社会的唯一目的。孔多塞又指明了人的自然权利的三个基本特征：其一，它们来自自然或来自人本身，而不是来自神。其二，它们不是由成文法创制的，在逻辑上它们先于社会生活而存在，在事实上，它们与自然的和来自人的本能的社会生活同时开始，它们是神圣的、不受时效制约的，社会、政府、宪法必须尊重它们。其三，来自自然的人作为理性的生物，就享有自然权利，这是永久的、恒定不变的，在进入政治社会以后，所有的人也都一样：法国人和外国人，男人和女人，白人和有色人，都享有属于人的本身的权利，自然权利作为人的神圣的象征，是人所固有的和完全平等地属于全人类的。

在界定和维护自然权利方面，孔多塞承袭了伏尔泰的学说，也受到与他一同从事革命宣传的托马斯·潘恩的影响。伏尔泰用自然法理论来阐述其政治社会学说，提出自由、平等、财产就是自然法、理性法所赋予的自然权利，并且根据自然权利学说来抨击旧制度的种种弊病。在自然权利中，自由包括人身自由（旨在废除封建关系）、信仰自由（旨在提倡宗教宽容）、出版自由、言论自由等；关于平等，伏尔泰认为，只有当平等限于权利的时候，它才是最自然的，而就财产和个人能力而言，平等是虚伪的，伏尔泰强调财产的合理性，财产为维护社会秩序和人的尊严所必需。但是，对社会上大多数劳动群众来说，自由并不意味着拥有财产，而只是能够自由地出卖劳动力。

大革命期间与孔多塞一同创办《共和主义者或代议制政府的保卫者》报、一同宣传共和主义，并且在 1792 年 9 月成立的宪法委员会里与孔多塞共同承担主要工作的托马斯·潘恩，早在来到法国之前，就是自然权利论者。“所有的人生来就是平等的，并具有平等的天赋权利”[⑤]，即自然权利。自然权利就是“人在生存方面所具有的权利。其中包括所有智能上的权利，或是思想上的权利，还包括所有那些不妨害别人的天赋权利而为个人自己谋求安乐的权利”。其中包括言论、出版、信仰自由的权利，平等和追求幸福的权利等。而“公民权利就是人作为社会一分子所具有的权利”[⑥]，公民权利以个人原有的自然权利为基础。

如果说伏尔泰的主张主要代表着大资产阶级的利益，那么，潘恩则比较接近于一般人民，其思想亦符合于广大群众的要求。

孔多塞曾是伏尔泰的崇拜者，又是潘恩志同道合的战友，经过对大革命的亲身参与和思考，他的思想理论也更具民主性，力图更加现实地改造旧制度下的法国。在孔多塞看来，理性使人们懂得了享有包括自由、平等在内的自然权利，而人集合为政治社会的目的就是维护自然权利，那么，国家和政府的责任就在于保证每一个公民都平等地享有其应有的权利。孔多塞特别强调消除旧制度下的一切人为的不平等，如财富不平等、劳资不平等，尤其是教育不平等，他主张制定限制有利于富人增加积累而不利于一般人发挥经营才能的法律，制定救济贫困、提倡社会保险、保障劳动者生活的法律。在为消除教育的不平等方面，孔多塞首先强调通过“国民教育”让人人都有受教育的均等机会，然后以注重教育水平的提升来提高法国民族的学术文化水平。他曾在代表立法议会公共教育委员会起草的教育改革报告中，比较具体地提出了他的主张。

三

孔多塞的教育改革报告，于 1792 年 4 月提出，包括法国教育实况调查和教育改革计划两部分。[⑦]

报告指出，首先，实施人人机会均等的国民教育是政府的严峻职责，国民教育的首要目标是在公民之间确立一种事实上的平等，并实现为法律所承认的真正的政治平等。这样，政府办好教育就是一种职责。其次，国民教育应该通过培养“每一个世代身体的、知能的和道德的能力……为人类普遍的和逐渐的宽容作出贡献”。这是所有的社会组织应该追求的最终目标。不同层次的教育应该是尽可能既平等又完全地普遍的。要使所有层次的教育都是免费的。自然赋予的才智，不管是对具有这种才智的人来说，还是对祖国来说，都不应该丧失掉；不同层次的教育，应该包括人类知识的全部体系，并且保证人们在一生的所有时期中，都易于保有他们的知识和获取新的知识。再次，教育“只要讲授真情实理，由政府批准的这些学校应该尽可能独立于政治权力之外”。

孔多塞不同于爱尔维修，他承认“各人的才智自然地不平等”，但是为了达到教育的平等，他希望给每个孩子平等的受教育的机会，建议设立一种由不同层次组成的免费的教育体系。这个体系从对所有孩子都合适的基本教育开始，到高等教育为止，使各种年龄的学生的天赋得到最好的发挥。孔多塞又提倡男女平等，女子应该享有与男子相同的受教育权。他主张建立男女混合学校。

在报告中，孔多塞主张设立五个层次的学校，即初等学校（école primaire）、中等学校（école secondaire）、专科学校（institut）、学园（lycée）和一所国家科学和艺术学社（société nationale des sciences et des arts）。孔多塞认为，凡居民数满 400 人的村庄，就应该设一所初等学校，其教学程度和规模相当于巴黎的高等小学，在全国各郡要分设 110 所专科学校，每个郡至少有 1 所专科学校；另外，还要设 9 所学园，分布在有条件的郡中，让一批曾在巴黎完成学业的知识渊博之士在各学园中工作，要考虑把个别学园设立在靠近边境的地方，以吸引国外的年轻人，有若干所学园则应该设在不太重要的城市里，以发展落后地区的教育。上述各级教育机构，由国家科学和艺术社监督，致力于以“新的真情实理来丰富全体群众的知识，为人类用新的方法加速进步、增多发明作准备”。这个学校拟分设 4 个学科：数理科学；道德和政治科学；应用工艺科学；语法学、文学、游艺（音乐、美术、舞蹈等）。

孔多塞的报告最后提出，为保证“作为人类某种权利的一部分”的教学和教育团体的独立性，政府不能用行政命令的办法任命其成员。教师的选任要严格，最高层次的国家科学和艺术学社的成员由学社自己挑选，学社一并负责挑选学园的教授。学园的教授负责挑选、任命专科学校的教师。中等学校和初等学校的教师，由区专科学校的教师拟定被挑选者的名单，中等学校教师由家长大会从名单中挑选，初等学校的教师由市政当局从名单中挑选。

孔多塞还强调，在各级学校中，神职人员不宜充任教师，也不应该讲授任何一种宗教，即使自然宗教也不例外。而道德教育则必须列入各级学校的教学内容。

孔多塞对法国启蒙运动的另一项贡献，是他在生命的最后9个月中写成的《人类精神进步史概观》。这部著作提出的进步史观，是对18世纪哲学的综合。

进步史现流行于西欧近代早期。法国学者笛卡尔、帕斯卡尔、丰泰内尔、杜尔阁，英国学者普利斯、普里斯特利都是进步史观论者。但孔多塞受杜尔阁的影响尤深。1750年12月，杜尔阁任巴黎大学修道院院长时，曾作了一个题为《论人类精神的持续进步》的报告。报告提出近代欧洲在牛顿、莱布尼茨等启导之下，排除了宗教影响，使人类从蔑弃现世转为向往未来。人类将要经历的，是一个从安全和动荡、幸福和灾难的交替中走向美好未来的过程。杜尔阁表明人类的进步是必然的，人类的历史亦即人类进步的过程。在这个过程中，人类增长知识，积累经验，这种增长和积累就是人类进步的证明。这种史观，把人类的进步视为知识的或精神的进步，是唯心主义的。

孔多塞接受了杜尔阁和其他学者的人类精神进步史观，在《人类精神进步史概观》中陈述了他的观点。全书共分10个部分，分述人类有史以来精神进步的10个时期。孔多塞认为，人类本质地是一种可以从不完善到完善的存在物。自地球上出现人类的时候起，就没有中止过或快或慢地向真理和幸福迈进的步子。人类未来的进步是没有终点的。人类的历史是无间断地进步的历史，也是人类本身不断趋于完善的历史。

人类的进步，是如何体现出来的呢？孔多塞以欧洲历史为依据，把人类精神的进步分为10个时期，意在表明，精神的进步是由哲学、科学、技术的发展体现出来的。这10个时期是：

第1个时期，人聚合为部落。

第2个时期，游牧民族，从游牧状态向农耕状态的过渡。

第3个时期，从农耕到发明字母书写的进步。

第4个时期，从希腊时代的人类智能到亚历山大时期科学的划分。

第5个时期，从科学的划分到科学的衰落。

第6个时期，从知识的衰落到十字军东征时期知识的复兴。

第 7 个时期,从西方复兴时期各门科学的最初进步到印刷术发明。

第 8 个时期,从印刷术的发明到科学和哲学解除权威的桎梏。

第 9 个时期,从笛卡尔到法兰西共和国形成。

第 10 个时期,人类精神的未来的进步。

人们可以从多方面批评孔多塞的这种人类精神进步的分期方法。但是,不管怎样,他较早地破除了前人历史分期的陈规旧习,第一次不是按政治事件而是按知识进步来划分历史阶段,揭示出人类由于理性和科学的发展而逐步走向完善的历程。他把笛卡尔理性主义学说的问世和他亲身为之努力的法兰西共和国的形成视为历史进步的里程碑,说明坚信自己信奉的学说和自己参加的法国大革命是人类历史的一种跃进,并且确认正在进行中的法国大革命将在人类历史上起到巨大的进步作用,尽管他写作这本书时已经处在断头台的威胁之下。而在第 10 时期中,他预见到人类将向三个方面继续进步:消除国家与国家之间的不平等;实现在同一民族中的平等的进步;达到人的真正的完善,包括增进健康、延长寿命的人体结构的完善。

为了取得第 10 个时期的人类未来的精神进步,孔多塞还提出了若干设想。例如,他认为在经济上要防止垄断,废除阻碍手工业和商业发展的各项规章制度,向各个阶级的人开放信贷,提供资金。又例如,他提出在一个民族、国家中的公民之间实现平等,将使民族和国家本身自然地具有获得财富、维护生命的权利,到那时战争将被视为灾难和罪恶,贸易自由将为大家带来安适和富裕。他还再次强调了教育平等的重要性,使人人都能受教育,人人有机会发展个性和才能。这样,人类也就有可能成为一个整体。人性的完善基于知识道德和身体结构的完善。

孔多塞的设想是符合法国大革命的理想的。他的进步史观则是 18 世纪启蒙精神的综合。尽管把历史的进步全部视为精神的进步是唯心主义的观点,但是人类社会将永远进步、不断完善,这正是启蒙运动的精神所在。

孔多塞作为启蒙思想家,其思想是十分丰富的。除了上文已经提到的他在社会思想、教育思想和历史观方面的建树之外,他的著作还涉及社会科学的其他领域。孔多塞的大批著作,是在大革命前和大革命中结合变革旧法国的实践写成的。早在 1786 年,他就出版了一本重要的小册子《论美洲革命的影响》,比较深刻地介绍了北美独立的理论。1787 年美国宪法颁行后,孔多塞夫妇又准确、完整地把这部宪法译成法文，介绍给法国人民。1789 年以后，他始而呼唤人权、强调改革，继而倡导共和、建立新法国。到 1793 年 4 月之前，他不断发表文章、小册子和演讲，竭尽全力在革命实践中贯彻历史将不断进步、人类将不断完善的思想。这些文字涉及哲学、经济学、政治学、法学、伦理学等。他对社会、政治问题的分析论述，也特别具体深刻。《法国哲学史》的作者莱维·布律尔说，大革命可以说是孔多塞的思想的认真的试验，“孔多塞实在是时代的真正产儿”。[⑧]

拿破仑说：“大革命是思想家的业绩。”研究孔多塞这位“时代的真正产儿”的思想遗产的意义，不仅有助于全面地理解启蒙运动的思想精髓，而且有助于深入地了解法国人在大革命的风雨中、在理性的推动下争取恢复人的权利、确立人的尊严的伟大斗争。研究孔多塞，是法国大革命研究中的一项不可忽略的内容。

注释

①转引自弗兰克·阿朗格里：《孔多塞，法国大革命的向导》(Frank Alengry: *Condorcet, Guide de la Révolution Francaise*)，日内瓦，1971 年版，第 12 页。

②转引自同上书第 13 页。

③引自孔多塞：《人类精神进步史概观》(Condorcet: *Esquisse d' un tableau historique des progrès de l'esprit humain*)，巴黎 1933 年版《导言》第 8 页。

④引自笛卡尔：《哲学原理》，商务印书馆 1958 年版，第 1 页。

⑤引自潘恩：《潘恩选集》，商务印书馆 1981 年版，第 141 页。

⑥引自同上书第 142、143 页。

⑦下文报告中的内容摘要，均转引自拉维斯、朗博主编：《从第 4 世纪到今天的通史》第 8 卷《法国革命：1789—1799》，(Lavisse et Rambaud: *Histoire générale du IVe siècle à nos jours, Tome VIII: la Révolution fransaise*, 1789—1799)，巴黎 1896 年版，第 536~538 页。

⑧莱维-布律尔：《法国哲学史》，商务印书馆 1934 年版，第 185 页。

[原载《华东师范大学学报(哲学社会科学版)》1995 年第 1 期]

第三编

随　　笔

春色来天地，浮云变古今[1]

——2004 年夏“法国大革命之旅”散记

2004 年夏，中国法国史研究会、法国法中文化历史交流协会联手邀请上海地区大中学教师作以考察历史文化为主题的欧洲之旅，先后参观法国、意大利、梵蒂冈和摩纳哥，笔者有幸偕行。同行者均习人文科学，其中半数是历史教师。既“读万卷书”，“行万里路”之意义则迥异于引车卖浆者之流焉。唯见闻颇丰，仅择其荦荦大端且与法国大革命相关者略记一二。

发生在 1789—1815 年的法国大革命是法国人民的骄傲。在史学界，从当年的制宪议会成员安托万·巴纳夫著的《法国革命引论》在大革命的第四个年头，即 1792 年问世以来，这场革命就成为历久不衰的研究课题。19 世纪的法国历史学家阿列克西·托克维尔在他的名著《旧制度与大革命》中分析说，大革命来源于人民的两种激情：“这就是对不平等的猛烈而无法遏制的仇恨”和“法国人不仅要生活平等，而且要自由”。这两种激情混合起来“最终点燃了整个法兰西的心”。[2]200 多年后的现在，法兰西的人情风物依然体现着“自由、平等”的大革命精神。徜徉在历经几个世纪的风雨依然辉煌壮丽的宫殿、教堂、城堡、市政厅和广场之间，穿梭在设有露天咖啡座的古朴小道或得以远望凯旋门的香榭丽舍大街上，似乎又能看到波旁王朝奢华无度的宫廷舞会，听到三色旗下巴黎群众的冲锋号角和法兰西宣布成立共和国的时代最强音。

巴黎是有 2000 多年历史的古城。她极其丰富的历史文化积淀给我们留下的深刻印象绝不仅限于大革命。但是，我们见到的诸多名胜，如凯旋门、圣母院、卡纳瓦莱博物馆、凡尔赛王宫、枫丹白露王宫、荣誉军人院、协和广场、先贤祠、巴士底广场和“七月圆柱”(la Colonne de Juillet)、镌刻在大学和政府机关大楼上硕大的“自由、平等、博爱”字样和静静流淌的塞纳河，以及伊泽尔省首府格勒诺布尔的法院、教堂、咖啡馆、巴纳夫故居、卢梭暂住过的房屋，小城维齐尔久历沧桑的古城堡，以及各地众多雄伟、精致的纪念碑和夏日蓝天下微微摇曳的三色旗，令人随时随地感受到200多年前这场大变革的风风雨雨、它带来的全社会的深刻思想变迁和延续至今未尝稍减的影响。

巴黎圣母院所在的西岱岛是巴黎的摇篮。她的正面，即宏伟壮丽的西墙，被小说《巴黎圣母院》的作者维克多·雨果誉为“一篇由石头交织成的乐章”。这座有700多年历史的哥特式教堂不仅是法国最负盛誉的名胜之一，还是大革命史上的圣地：1804年12月2日，拿破仑在这里从为他主持加冕典礼的教皇庇护七世手中夺过皇冠自己戴上，并宣誓忠于自由、平等。收藏在卢浮宫的雅克·大卫的名画《拿破仑一世加冕典礼》记录了这次意义重大的盛典。而在此之前，雅各宾专政下的1794年，圣母院曾经奉命供奉“理性女神”，部分建筑被改作货栈和草料仓库。到1802年通过《政教协定》，才重新成为天主教的活动场所。拿破仑从执政到败绩，励精图治十余年，为法国大革命的历史抹上了鲜亮、浓烈的一笔。如今，这位军事家、政治家如其所愿，长眠在荣誉军人院的墓室里。我们注意到刻在铜门上方的拿破仑遗言：我希望人们把我安葬在……塞纳河畔——在我曾如此热爱的法兰西人民中间。③

西岱岛的西端耸立着一片宏伟、庞大的古老建筑群，包括司法宫和北端的巴黎裁判所附属古监狱（Conciergerie）和南端的圣沙佩尔教堂。从1793年起，古监狱改成革命法庭的监狱。这些被判有罪而在囚禁中度过余生的人们，包括贵族、不同派别的革命者和平民，最后被马车送往“革命广场”押上断头台。囚禁王后的单间囚室和与之毗邻的丹东、罗伯斯比尔的囚室都保留着。靠近这里，不由对法国人为“自由、平等、博爱”付出的沉重代价嗟叹不已。

香榭丽舍大街起点处的协和广场美丽、典雅。广场在路易十五当政时竣工，中心立有这位国王的骑马雕像。大革命中的1792年，一尊“自由雕像”取代了它，广场也改称“革命广场”，并竖起了断头台。这里发生了许多历史事件：1793年1月21日，路易十六被处死；从1793年到1795年，大约有3000人魂断于斯。其中包括王后，革命营垒中人如丹东、罗伯斯比尔等和无辜的苍生黎庶。罗兰夫人临刑时“呜呼！自由，自由，天下古今几多之罪恶假汝之名以行”④的慨叹，就是在“自由雕像”身边发出的。1795年，督政府为表明王权终结、革命动荡结束与团结和谐时代的到来，把广场改称为“协和广场”(Place de la Concorde)。当年设置断头台的地方，在七月王朝时期(1836年)耸立起一座由埃及摄政于1829年献给复辟王朝查理十世的粉红色花岗岩“方尖碑”(Obélisque)。碑身上经历了3000余年风雨仍然清晰醒目的象形文字记载的是古埃及第十九王朝法老拉美西斯二世的功业。这座23米高的碑无疑是巴黎最古老的建筑。从公元前13世纪它矗立在尼罗河西岸卢克索神庙门楼前，到现代法国人的祖先凯尔特人定居于今日法国的东部和中部，至少经过了6个世纪的悠长岁月。广场上有两座造型优美的圆形喷泉，四周设有8座十分精美的女性雕像。从东北角开始，按顺时针方向，8座雕像分别代表斯特拉斯堡、里昂、马赛、波尔多、南特、布列斯特、鲁昂和里尔，其坐向与8座城市的地理位置大致对应。置身广场，可以望见玛德莱纳大教堂、国民议会波旁宫和凯旋门。广场上熙熙攘攘，游人如织，冷不丁见到地上嵌着一方铜牌，赫然在目的几行字是：“1793年国王路易十六和王后玛丽·安托瓦内特被处死于此。”

举世闻名的凯旋门于1806年由拿破仑下令修建，至他逝世15年后即1836年始竣工。凯旋门崔巍而典雅，四面都有取材于1792年到1815年法国历史的巨型精致浮雕。其中最为人称道的是面向香榭丽舍大街的浮雕《马赛曲》，其中持剑的女战士正为保卫新生的共和国振臂长啸；而浮雕表现的《马赛曲》在1795年和整个拿破仑帝国时期都是法国国歌；1879年2月为当时各政治派别接受，再次成为国歌而传唱至今。

始建于12世纪的卢浮宫坐落在塞纳河右岸，庄严古朴、气势巍然；内部铺张扬厉、金碧辉煌。根据大革命中1791年5月6日法令，这座昔日的王宫、后来的科学院所在地被改为中央艺术博物馆。晚清政论家王韬在同治年间(1862—1875)旅居英国时曾游历法、俄等国，他对卢浮宫印象尤深：“法京博物院非止一所，其尤著名者曰‘鲁哇’，栋宇巍峨，崇饰精丽，他院均未能及。其中无物不备……精粗毕贯，巨细靡遗。凡所胪陈，均非凡近耳目所逮，洵可谓天下之大观矣。”⑤“鲁哇”者，Louvre之音译，卢浮宫是也。这座藏有世界各国各个历史时期40万件艺术珍品的博物馆在规模上堪称举世无双，其中法国的珍品尤其丰富。在画廊令人目不暇接的作品中，浪漫主义画家德拉克洛瓦的名作《自由引导人民》特别引人注目。此画取材于第二次推翻波旁王朝的

1830年七月革命,其精神与1789年法国大革命一脉相传。头戴红色弗里吉亚帽[6]、象征大革命精神的女神形象位居中间,左手持枪,右手高擎三色旗,神情端庄凝重,容止在神、人之间。她身边是奋力冲击旧制度的群众和硝烟弥漫的战场。德国诗人海涅曾为这幅画写过赞美诗。上文提及的《拿破仑一世加冕典礼》也陈列在同一画廊中。

巴黎大学附近的先贤祠,是在大革命中的1791年由一座新落成的大教堂改为对国家做过重大贡献的伟人的公墓的。正门上有一行醒目的大字:“伟人们,祖国感谢你们。”[7]目前大约有70人长眠于斯,而最先获此殊荣的,是同在1778年逝世的启蒙思想家伏尔泰和卢梭。1792年8月10日起义后,路易十六连同家属被囚禁在当普尔监狱,他静下心来阅读了启蒙思想家的书后,不禁掩卷长叹:“是伏尔泰和卢梭亡了法国!”应该说,是他们灭亡了法国的封建制度。我们在卡纳瓦莱博物馆看到了复制的当年路易十六的囚室。大革命的发生自然有其深刻原因,但是思想家的业绩的确是彪炳史册的。

巴尔扎克说,巴黎是一个真正的海洋。身临其境,我们看到的是一个文化的、艺术的海洋,它时时处处显现着大革命的历史。同样,伊泽尔省的格勒诺布尔(当时属多菲内省)和小城维齐尔也获得同样的印象。18世纪的多菲内省工业经济发达,资产阶级的力量强大。1788年政府要求格勒诺布尔高等法院注册旨在强化专制统治的“5月8日法令”,引起与资产阶级利益一致的法官们的抗议。于是封建政府对法院发出“放逐令”,并把6月7日定为放逐法官的日子。这一天却成了历史上著名的“瓦片日”。格勒诺布尔居民占领城关、爬上房顶,向街上的巡逻队投掷瓦片。然后在教堂的钟声中把已经被逐出法院大楼的法官迎回法院。我们看到的始建于16世纪并在以后各时期陆续添建的法院大楼、大革命时期群众聚会的建于1739年的咖啡馆和古老的教堂,见证了这件虽然不大、却被法国大革命史学家阿尔贝·索布尔先生指为“标志着真正革命性动乱的开始”的事件。位于格勒诺布尔东南10余千米的维齐尔的法国大革命博物馆,是一座17世纪建成的古老城堡。1788年,多菲内的经济巨头克劳德·佩里埃把这座自己购置不久的城堡提供给省三级会议作为会场,使有491名三个等级的代表出席的会议得以如期顺利开幕。这次会议是“1789年三级会议在一个省范围内的预演”[8]。因为它要求恢复高等法院但剥夺其政治特权,并率先宣布放弃本省批准税收的特权;还宣称为了建立新秩序必须实现民族的统一，等等。维齐尔会议的决议轰动一时，当地人骄傲地把自己居住的小城视为天翻地覆的大革命的发源地；而具有历史意义的古城堡在几经变迁后于 1983 年被定为法国大革命博物馆的馆址。这里展出丰富的大革命历史文物和描绘大革命的艺术作品，循序参观就能一幕幕地重睹当年的重大事件。城堡北侧是藏书丰富、功能齐全的大革命史图书资料中心。城堡有一幢同样古朴的附属建筑，现在辟为来此研究大革命的外国学者的免费下榻之所。能在这里静心读书，实平生之至乐也。

今天埃菲尔铁塔的所在地，塞纳河右岸夏悠宫对面、军事学院前方的开阔地就是马尔斯校场。1791 年 7 月 17 日发生在这里的著名事件造成 50 人丧生。这一惨案导致拉法耶特等人在群众中的声誉下降，而以罗伯斯比尔为首的民主派在雅各宾俱乐部的领导地位则得以加强。100 多年来，324 米高的埃菲尔铁塔耸立于昔日的马尔斯校场，成为法国的象征。这座为纪念大革命 100 周年、展示法国国力的铁塔竣工于 1889 年 3 月。1889 年 3 月 31 日下午 2 时 30 分，代表大革命新秩序的蓝、白、红三色旗第一次由铁塔设计师古斯塔夫·埃菲尔亲手升到 300 多米高空。[9]他曾自豪地说："只有法国的国旗拥有 300 米高的旗杆！"[10]

"独龙下视皆陈迹，追数齐梁亦未遥。"[11]登上埃菲尔铁塔 274 米高的瞭望台，纵目远眺，顿觉天高地迥、古往今来的世界更加阔大悠远、包罗万象。"是非成败转头空。青山依旧在，几度夕阳红。"然而，1789 年 8 月 26 日制宪议会通过的《人权和公民权宣言》所昭示的"1789 年原则"（Principes de 1789），却经过了两个多世纪的历史实践而光前裕后、青史流芳。概括地说，这些原则是：人生而自由、平等的原则；任何政治结合都在于保护人的自由、财产、安全和反抗压迫的权利的原则；主权存在于国民之中，任何个人、任何团体不得把主权据为己有的原则；法律是公民普遍意志的表现和人人在法律面前平等的原则……[12]

巨变就发生在眼下这片土地上。大革命首倡的精神超越了法兰西国界和近代历史，因为它不但改变了法国，而且影响到欧洲乃至世界。

此行不虚也，信然。

乙酉年正月初六日

注释:

①语出杜甫《登楼》颔联。原句是“锦江春色来天地,玉垒浮云变古今”。

②托克维尔著:《旧制度与大革命》中译本。冯棠译,桂裕芳、张芝联校。商务印书馆1992年版,第238~239页。

③译文据王养冲、陈崇武主编:《拿破仑书信文件集》,上海人民出版社1989年版,第560页。墓室铜门上方的原文是Je désire que mes cendres reposent sur les bords de la Seine, au milieu de ce peuple français que j'ai tant aimé. 此句与马泰尔(T. Martel)辑注《拿破仑的回忆和著述》(*Mémoire et ceuvres de Napoléon*)(巴黎1926年版)的文字略有出入。《拿破仑书信文件集》中的这段文字系据马泰尔辑注本第462~465页译出。

④此句译文据梁启超《近世第一女杰罗兰夫人传》。载《饮冰室文集·专集》第十二册,卷三,广益书局1948年版,第200页。原句是Liberté, que de crimes, on commet en ton nom!

⑤王韬:《漫游随录·扶桑游记》,陈尚凡、任光亮校点,湖南人民出版社1982年版,第90页。

⑥弗里吉亚帽(bonnet phrygien),由软毛毡制成的圆锥形红色小帽,紧贴头部,帽顶尖而前突。源出小亚细亚古国弗里吉亚。罗马时期获得解放的奴隶即戴此帽,作为自由的标志。从1792年起,弗里吉亚帽被认定为法兰西共和国的徽记之一,从此广泛流传。

⑦原句是Aux Grands Hommes,la Patrie Reconnaissante。

⑧据阿尔贝·索布尔:《法国大革命史》中译本,马胜利、高毅、王庭荣译,张芝联校,中国社会科学出版社1989年版,第73页。

⑨据伊夫·伊戈:《埃菲尔传》法汉对照本,钱继大译注,上海译文出版社1979年版,第106、107页。

⑩原句是:La France sera la seule nation dont le drapeau aura une hampe de 300m! 转引自高关中:《法国风土大观》,当代世界出版社2001年版,第51页。

⑪王安石《重登宝公塔复用前韵》末联。王荆公登宝公塔俯瞰独龙岗,追想齐、梁间名僧宝志和尚事迹,时隔500年矣,犹言“未遥”;200余年前的法国

大革命更是与现代社会同条共贯。

⑫据端木正主编，《法国大革命史词典》，中山大学出版社 1989 年版，第 2 页。

（原载《历史教学问题》2006 年第 1 期）

不睹皇居壮，安知天子尊[1]

——路易十四与凡尔赛宫

路易十四[2]是法国历史上最著名的国王，在位 72 年，执政 54 年，与我国的康熙帝[3]同一时期。他 5 岁(1643)登基，由母后奥地利的安娜[4]摄政，首相马扎林[5]代掌政权。1661 年马扎林去世，23 岁的路易十四随即亲政，并宣布不再设首相。他幼年失怙，在少年时期经历过使国家陷入紊乱的“投石党”运动[6]，两度被迫随母后流亡，遭受寄人篱下之苦，深知建立绝对君主制无论于国家稳定或君主个人安危都是生死攸关的事。他自登基始即以“上帝在人间的代表”自居，令各地大贵族迁居凡尔赛，以削弱其势力；剥夺巴黎高等法院拒绝登记国王敕令的特权；确认天主教为法国人的唯一合法信仰，迫害驱赶新教徒[7]；多次发动对外战争，以谋求建立欧洲霸权。他在为晚辈作指南而写的《备忘录笔记》中说，上帝任命国王为大众福利的唯一守护者，因而国王是上帝在尘世的代理人。为有效行使国王的天赋职责，国王需要无上的权威。[8]法国经历了自 17 世纪初亨利四世被刺(1610)事件后绵延日久的动乱，原因就在于国王幼年即位，无力掌控全局。几十年来，黎塞留[9]并非一贯忠诚的独裁、“投石党”的两度发难、马扎林对完善绝对君主制的不懈努力，都使当时的法国人对登基伊始的年轻君主抱有景仰之心。渴望有序生活的人们，把绝对君主制视为消弭割据、国泰民安的条件，而实行极权统治的合法君主能给子民带来秩序、安全与和平。路易十四宣布亲政时，法国人甚至喜极而泣，因为他们终于有了一位真正大权在握的国王。他在当政的半个多世纪中，武功文治，如日中天；民安物阜，文化繁荣；且独步欧洲，睥睨列强。及至晚年，则连遭家族变故，国势渐蹙，民穷财尽，不自振拔。“路易十四时代”的种种成为人们历久不衰的话题；而宫闱秘史、荣辱恩怨终将“尽入渔樵闲话”，但是路易十四大肆营建宫室园林而为后人留下的珍贵遗产,多次发动对外战争而获得的荣耀则构成了这位国王的典型业绩。凡尔赛的宏伟宫殿和典雅园林、路易十四戎装策马指挥战争的英姿,是“路易十四时代”留下的主要记忆。

在法国启蒙运动之前,“君权神授”是欧洲政治思想的主流。路易十四的上一代帝王中有两人对他影响至深:父亲路易十三[10]、舅舅兼岳父西班牙国王费利佩四世[11]。他心慕手追,青出于蓝。国王权力得自“神授”之说未免抽象离奇,但身为西班牙山川臣民之主的费利佩四世被比作高悬天际普照万物的“太阳”,在一般苍生黎庶眼中无疑实至名归。太阳自古备受人类崇拜,成为人君象征也顺理成章。于是薪火相传,“太阳王”之誉随路易十四的功业而流布天下,并且完全与天主教会倡导的君权神授之说契合。路易十四在凡尔赛大兴土木并常驻美轮美奂的凡尔赛宫,既为享受宫室园林之美,更是确立绝对君主制、建立君主威望、神化君主形象的需要。他坚信,除赫赫武功之外,唯有建筑物最能够表现其君主之伟大、庄严的气魄[12],每个细节都在彰显君主功业的建筑物就是留诸后世的不朽丰碑。

凡尔赛距巴黎 20 千米许,路易十三在位时的 1624 年,此地建了一座仅供他行猎时休息的小屋,后改建成一座有 26 个房间的红砖小城堡。路易十四亲政的 17 世纪 60 年代初即开始在凡尔赛作小规模扩建,如在小城堡周边开辟花园和橘园,增建两翼以安排附属建筑和马厩。至 1668 年,因他常居凡尔赛,房舍局促,遂着手用两年时间在原小城堡上增建了容纳国王和王后寝宫的大理石庭院;随后建了 4 座供大臣办公的楼阁。1671 年起实施凡尔赛宫各大厅的建造和装饰,工程历 10 年而完竣。1678 年,在大理石庭院的露台上修建镜厅。镜厅和各大厅面对花园,构成了举世闻名的凡尔赛宫主体建筑的中央宫殿。同年开始修建凡尔赛宫南翼、扩建橘园,数年后告成。

路易十四的朝廷 1682 年起移驻尚在施工中但已具规模的凡尔赛宫。这前后完成了以下工程:1679 至 1682 年,大臣办公处从 4 座阁楼移到新建的侧翼房间;同时建成大小两个马厩[13]。从 1685 至 1689 年,与南翼对称的北翼竣工;1699 至 1710 年,王家教堂(Chapelle)落成。从此凡尔赛宫具备了今天的规模。如果从 1668 年着手设计大理石庭院的蓝图,到 1710 年以王家教堂竣工为标志的工程终结,其间经历了 42 度春秋。路易十四也从年轻气盛的青年君主变成年过古稀的衰朽老人。这期间,他用 30 年时间发动了 3 次战争

(1667—1697),随后又引发了西班牙王位继承战争(1701—1714)。

1667至1668年,路易十四以王后玛丽亚·特蕾莎[14]的名义要求继承西属尼德兰的遗产而向西班牙、荷兰开战,大胜而归。

1672年,法、荷再度交兵,西班牙、丹麦、神圣罗马帝国皇帝和诸侯援助荷兰抗法;1678年以《尼梅根和约》休战,法国奠立欧陆霸权。

1685年路易十四废除《南特敕令》[15],引起新教国家惊恐。神圣罗马帝国、西班牙、荷兰、瑞典和英国结成针对法国的奥格斯堡联盟。1688年烽烟再起,战争延至1697年以签订《里斯维克和约》结束。战后英国地位上升,法国霸权走向衰落。

路易十四在他统治的最后15年间又引发了西班牙王位继承战争。1700年西班牙国王驾崩,无嗣,路易十四之孙安茹公爵继承王位。奥地利执己见力争;协商无果,1701年乃兵戎相见。法国与奥、英、荷三强周旋日久,先后以签订《乌特勒支条约》(1713)、《拉施塔特条约》(1714)、《安特卫普条约》(1715)结束战争,法国的专制君主制从此极盛而衰,但安茹公爵保住了西班牙王位,称菲利普五世[16]。西班牙王冠落入波旁家族。

这期间(1685),路易十四还签署了《枫丹白露敕令》,宣布撤销1598年亨利四世颁布并宣布"不可撤销"的《南特敕令》。法国的新教徒不再享有信仰自由,其礼拜仪式被禁止,子女必须接受天主教洗礼,违者处以苦役。其结果是大批信奉新教的商人和工匠等携带资财逃亡欧洲各国和美洲等地,法国因此减少40万居民,丧失资金6000万利弗尔。另有9000名水手投靠外国海军,12000名士兵和600名军官加入外国军队。此举意在用宗教统一来强化中央集权,实是为渊驱鱼、为丛驱雀的不明智之举。

路易十四在17世纪60年代任命深得信赖的科尔贝[17]为凡尔赛宫营建总监和财政总监。科尔贝朝乾夕惕,恪尽职守,始终奉行被称为"科尔贝主义"的重商主义政策凡18年。他促进了法国的经济和文化发展,大大充实了法国国库。但是,路易十四数十年的宫殿营建和对外战争几乎耗尽了先王路易十三以及黎塞留、马扎林和科尔贝等苦心经营积累的家底,也消磨了他好大喜功和贪婪跋扈的习气。在不久人世之际,路易十四叹曰:"朕过分热衷大兴土木和战争了。"[18]烽烟既散,凡尔赛宫的建筑和园林则如瑰宝长留人间。

凡尔赛宫修建工程持续近50年(1661—1710),耗资巨大。全法国最优秀的建筑师、园艺师和 36000 多名工匠、6000 匹马先后在凡尔赛巨大的工地上劳作。建筑师勒沃[19]、芒萨尔[20]、多尔贝[21]，园艺师勒诺特[22]，画家勒布伦[23]等都为宫殿园林的设计、施工、装饰等繁重工作任劳任怨，甚至穷毕生之力。路易十四本人也为工程宵衣旰食，公务之余不仅经常听取相关报告，而且不时亲临工地，不惜满身沾尘，和各类工匠与石灰、泥土、石块、颜料为伍，且乐此不疲。他虽享“太阳王”之尊，气度高迈；然礼贤下士，对人恭谦得体，谈吐有致，对长年辛勤工作的建筑师和园艺师尊崇有加。他破例为“王家首席建筑师”芒萨尔和画家伦勃朗赐爵，并就贵族的微词解释说：我在 15 分钟内可以册封 20 位公爵或贵族，但要数百年才能造就一个芒萨尔。他还授予园艺师勒诺特以拥抱自己的特权。

凡尔赛宫的建筑面积 11 万平方米，花园面积 100 万平方米，包括宫殿、宫前大花园和道路。建筑以东西为轴，南北对称。中央是作为主体建筑的宫殿，前面有荣誉庭院（Cour d’Honneur）、王家庭院（Cour Royale）和用红砖、白色大理石砌就的大理石庭院（Cour de Marbre，在路易十三的小城堡处）。凡尔赛宫南北全长 402 米，中间是王宫，南北两翼是王室成员的宫室、政府办公处、歌剧院、教堂等，有大小厅、房 500 余间[24]，处处都富丽堂皇，且各具特色。凡尔赛宫不再采用法国传统的圆顶和尖顶，而用端正平稳的平顶；外墙古朴庄重，上端饰以栩栩如生的人物雕像，宫殿外观雄伟壮丽，体现君主的至高无上。

凡尔赛宫的大门用黄金和黑铁铸就，上有美丽精巧的图案。院子中央有后人树立的路易十四骑马雕像[25]，两边排列着历代人物的雕像。宫外的大花园纵深 3000 米。花园呈几何对称图形。园中有长 1650 米、宽 60 余米的十字形人工运河，运河北岸尽头是大、小特里亚农宫[26]。花园中分布着喷泉、森林、草坪、小亭、柱廊、神庙、众多的大理石雕像、修剪整齐的花圃和几何形状的道路网，恢弘大气而不失精致典雅，极具匠心。建筑师、雕塑家、画家、园艺师因此青史留名。凡尔赛宫以其气势磅礴、布局严密、庄重威严、华丽壮观而成为欧洲王室建筑的楷模。

凡尔赛宫一旦成为政府所在地，不仅具有绝对君权的象征意义，而且成为王室成员、政府工作人员、神职人员、文书、艺术家、演员、仆从、驻军官兵等合计数万人的居住和工作之所。凡尔赛宫南北两翼用于住宿，每个人的居处都由路易十四依据身份之高低亲自指定。宫殿的总面积并不宽裕，经常要用各种屏风为居住者分成不同大小的空间。具有更多象征意义、金碧辉煌的中央宫殿包括镜厅和各大厅,面对着大花园。

举世闻名的镜厅长 75 米、高 13 米、宽 10.5 米。镜厅因 17 个拱廊内镶嵌着 357 面镜子[27]而得名。厅内是细木雕花地板,墙以淡紫色和白色大理石贴面装饰,有镀金雕像和浮雕,大理石柱子呈绿色,柱头、柱脚和护壁均用黄铜镀金。装饰图案的主题是展开双翼的太阳,表示对路易十四的崇敬。镜厅的家具以及花木盆景等都以纯银打造。24 盏巨大的波希米亚水晶吊灯映衬着天花板上的绘画:路易十四从亲政至《尼梅根和约》签订的业绩,包括战争大事记、各项改革措施和基础建设工程。镜厅中心是路易十四的雕像。众多的镜子能反射阳光,并把花园和室内的景致融为一体。路易十四当年在这个穷极奢华、无处不在呈现个人权威的场所举行国务活动,华美庄重的宫殿和至高无上的国王形象相辅相成,体现着法兰西王国在欧洲和世界的至高地位。

从 1671 至 1680 年的近 10 年间,当时最优秀的艺术家完成了各大厅的装修布置。其中阿波罗(Apollo,太阳神)厅是国王的御座厅,布置极为华美绮丽,天花板上是镀金图案浅浮雕,墙壁覆以深红色金银丝镶边天鹅绒。房间后部铺有深红色地毯的高台上安置着纯银铸造的国王御座,高 2.6 米。因路易十四以"太阳"自诩,其余主要大厅就用 17 世纪已经为人所知的太阳系天体命名,名称源自希腊罗马的神话,如墨丘利(Mercure,商业之神、水星)厅、朱庇特(Jupiter,主神、木星)厅、萨图纳(Saturne,农神、土星)厅、维纳斯(Vénus,爱神、金星)厅,还有狄安娜(Diane,月神)厅、海格立斯(Hercule,大力士)厅,以及战争(Mars,战神、火星)厅、丰收(Abondance)厅等。这些厅的天花板上画着古代伟人的功业,寓意路易十四的成就。所有厅、房内壁饰以雕刻、油画、挂毯,摆放造型雅致、工艺精湛的家具,配以各种来自国内外的摆设,包括来自遥远中国的精美瓷器,极具艺术魅力。但是持续的战争负担不免给凡尔赛宫投下阴影,例如 1689 年路易十四不得已下令熔毁精工镂刻的银质家具等银器,以应付战争的开支。

镜厅的北南两端分别是战争厅(la Guerre)与和平厅(la Paix)。战争厅的装饰反映欧洲三强德意志、西班牙、荷兰联手反对法国的事件,镀金壁炉之上是路易十四的骑马浮雕像。和平厅则展示着欧洲三强战败以及接受法国赐予和平的场面。壁炉上油画的主题是"路易十四创造和平"。

路易十四的寝宫在原路易十三小城堡的楼上，即整座建筑的中心，楼下即是大理石庭院。寝宫中央是国王安卧处，内有金红织锦大床，上面悬挂着色彩绚丽的绣花天篷，周围是镀金护栏，天花板上的巨大浮雕题为《法兰西守护国王安睡》。这里是举行起床、早晚朝觐和问安仪式之所，也是凡尔赛宫的政治活动中心之一。

凡尔赛宫中的路易十四在一呼百诺、众星捧月般的氛围中度日。除非人在梦乡，他每时每刻都被贵族、教士、各类侍从官[28]和仆役簇拥。从起床、穿衣、进餐、处理公务、待人接物、宗教活动、娱乐直至晚上宽衣就寝，他都必须在众目睽睽之下遵循繁复的礼仪，过着刻板甚至不无做作的生活。不过，穷极奢华的生活环境和无处不在的繁文缛节却有效地彰显着君主的无上威严，是“太阳王”完善绝对君主制的必要手段。路易十四每星期召集组成政府的仅仅6名大臣共商国是，结论则永远由他自己作出。他忌讳王族血统的亲王和大贵族担任大臣，只让这些人担任仅附属于他个人的侍从官，以防“投石党”式的动乱再起；他着重提拔出身比较低微的人中俊彦，例如几乎是权倾朝野的科尔贝的家庭背景不过是普通的呢绒商。路易十四独掌立法、行政和司法大权，真正实现了“Lex rex，Rex lex”[29]。有人说专制君主的统治“随心所欲”，但是路易十四并非如此。他作为关注自身得救的基督徒和国王，必须服从天主教信仰，也必须尊重法兰西的基本习俗，例如不能推举女性或新教徒担任国王。

在当时法国人眼中，国王的“专制”是“暴政”的对立面。关于欧洲历史上的专制，马克思有不失公允的论述：“君主专制是作为文明中心、社会统一的基础出现的”，“君主专制是一个熔炉，在这个熔炉里各种社会成分被掺和在一起，受到开导”。[30]他意在说明君主专制有利于社会和谐，其历史意义不可低估。对17世纪的法国而言，绝对君主制使国家、民族、政治、司法、财政臻于统一。唯有强有力的专制者才能仰仗雄厚国力，顺应文学艺术的主流，使凡尔赛雍容华贵的宫殿、雕刻、绘画和园林成为举世闻名的古典主义艺术典范。路易十四亲政后的60—80年代是17世纪古典主义的鼎盛时期。剧作家、诗人、画家、雕塑家、建筑师、舞蹈家、音乐家、文艺理论家和各有所长的作家人才辈出，如群星璀璨；17世纪60—70年代建立起来的王家舞蹈研究院、王家音乐研究院和舞蹈学校更为法国文化锦上添花；而路易十四对康熙帝统治下的中国的浓厚兴趣则直接导致了18世纪法国的“中国热”。

如果把凡尔赛宫的王家教堂的竣工(1710 年)作为这项巨大工程的完成标志,至今恰是 300 年。路易十四去世后,这座宫殿一度被冷落,大革命期间则被废弃,七月王朝时修复,辟为国家博物馆。凡尔赛宫与许多历史重大事件相关。1783 年 9 月 3 日,英国和新生的美国在凡尔赛宫签订《巴黎和约》,英国承认美国独立;1871 年 1 月 18 日,在普法战争中获胜的德国人蓄意在凡尔赛宫镜厅宣告帝国诞生,给法国人留下无法忘怀的民族耻辱;1875 年 1 月 30 日,法兰西第三共和国的宪法在凡尔赛宫通过;1919 年 6 月 28 日,法国作为第一次大战的胜利者在凡尔赛宫与战败的德国签订《凡尔赛和约》;而中国的全权代表顾维钧凛然拒绝签字,以抗议列强重新瓜分我山东省的权益。凡尔赛宫发生的事点燃了中国五四运动之火。

凡尔赛宫历久弥新,成为向往构建和谐社会的人们的圣地,吸引着五洲四海的游客。1979 年它被联合国教科文组织列为世界文化遗产的重点文物。从 1996 年开始,每年有 200 多万游客从世界各地来瞻仰她长生久视、青春勃发的容颜。

“是非成败转头空,青山依旧在,几度夕阳红。”

伏尔泰对路易十四给予了极高赞誉:“路易十四对法国的贡献,二十倍于他的先人。”

注释:

①语出唐人骆宾王《帝京篇》,原诗四十八联。“山河千里国,城阙九重门。不睹皇居壮,安知天子尊”为头二联。

②路易十四 (Louis XIV,1638—1715),法国国王(1643—1715 年在位)。有太阳王(le Roi-Soleil)之称。

③康熙帝(1654—1722),即清圣祖。1661 年 8 岁即位,1722 年驾崩,在位 61 年。

④奥地利的安娜(Anne d´Autriche,1602—1666),西班牙公主,路易十三的王后,路易十四之母。

⑤马扎林(J.Mazarin,1602—1661),1641 年由路易十三提名为红衣主教,1642 年黎塞留逝世后继任首相。

⑥“投石党”运动发生在 1648—1653 年,是贵族反对国王统治引起的国

家动乱。路易十四正当 10 至 15 岁间。

⑦16 到 17 世纪法国新教徒属加尔文宗,称“胡格诺派”(Huguenots)。

⑧路易十四的《备忘录笔记》(*Notes pour server aux Mémoire*)从亲政的 1661 年记载到 1679 年。由他口述,经秘书整理成文。书中阐述绝对王权的理论和治国的感想。

⑨黎塞留(Richelieu,1585—1642),红衣主教,公爵。1624—1642 任首相。

⑩路易十三(Louis XIII,1601—1643),法国国王,路易十四之父。1610—1643 年在位。

⑪费利佩四世(Felipe IV,1605—1665),西班牙国王,路易十四的岳父,也是其母奥地利的安娜之弟。

⑫语出 1665 年起任法国财政总监的重商主义倡导者科尔贝。此说与作为本文题目的“不睹皇居壮,安知天子尊”(见注①)、“开九重之深宫,受万邦之朝贺”(明人李时勉《北京赋》)等句有异曲同工之妙。

⑬这两个马厩式样相似,面积几无大小之分。“大马厩”喂养战马,“小马厩”喂养辕马,即拉四轮马车用的马。

⑭玛丽亚·特蕾莎(Marie Thérèse,1638—1683),西班牙国王费利佩四世之女,路易十四的王后。她与路易十四结婚时同意放弃西班牙王位继承权,条件是获取 50 万金埃居(Ecu d'or,钱币名)的嫁妆。1665 年费利佩四世驾崩后,路易十四以西班牙未付嫁妆为借口,于 1667 年发动对西班牙、荷兰的战争。

⑮《南特敕令》,1598 年法国国王亨利四世颁布。敕令规定天主教仍是国教,但是胡格诺派获得信仰自由和担任官职的权利,并保留约 200 座城堡。敕令体现了宗教宽容的精神。

⑯菲利普五世(Philippe V,1683—1746),西班牙国王,1700—1746 年在位。路易十四之孙。

⑰科尔贝(J.-B.Colbert,1619—1683),路易十四的重臣,1665—1683 年任财政总监。他奉行“科尔贝主义”,使财政收入增加了一倍,并以法国在每一个领域——如商业、艺术、科学、文学——都成为世界上最伟大的国家为目标。

⑱原句是:J'ai trop aimé les batiments et la guerre。

⑲勒沃(L. Le Vau,1612—1670),是最早(1668 年)为凡尔赛宫设计蓝图

的建筑师。

⑳芒萨尔(J.H.Mansart,1646—1708),建筑师,在勒沃逝世后接替他在凡尔赛宫的工作,同是凡尔赛宫建筑的主要设计者。

㉑多尔贝(F.d'Orbay,1631—1697),建筑师,勒沃的学生,与芒萨尔一起接替勒沃的工作。

㉒勒诺特(A. Le Nôtre,1613—1700),园艺师,全面负责凡尔赛宫花园的设计、施工和装饰。

㉓勒布伦(C. Le Brun,1619—1690),画家,负责绘制凡尔赛宫各厅的重要装饰画,指导大批画家和雕塑家完成凡尔赛宫的美化工作。

㉔有文献记载为700余间。

㉕这座雕像是在七月王朝时(1837年)制作放置的。

㉖大特里亚农宫在1687年建成,小特里亚农宫则是于80年后在路易十五当政时建成。

㉗与凡尔赛宫有关的长度等,不同文献的记载有差异。镜厅的镜子数目也有不同的说法,例如483面。

㉘国王的侍从官是来自各地的领主,他们被召至凡尔赛宫生活,但不担任重要官职。

㉙拉丁格言 Lex rex,Rex lex 意为"国王就是法律,法律就是国王"。

㉚马克思:《革命的西班牙》,《马克思恩格斯全集》第10卷,第462页。

主要参考文献:

[1][美国]威尔·杜兰 艾丽尔·杜兰:《路易十四时代(上册)名人与时代》,台北幼狮文化公司译,东方出版社2007年版。

[2][法国]让·马蒂耶:《法国史》,郑德弟译,上海译文出版社2002年版。

[3][法国]多米尼克·维达尔、克里斯蒂娜·凯拉尔特:《走在昨天的巴黎》,戴捷译,浙江人民出版社2006年版。

(本文成稿于2010年,作者受上海世博会城市足迹馆策划团队之邀,介绍展览中的相关陈设)

怀念端木正先生与先严的交往

今年是我国知名的法学家、历史学家端木正教授诞辰90周年，明年将是先生在巴黎学成归国60周年。当人们追怀先哲、缅想前贤之际，不禁怀念端木老与先严王养冲教授的交往。二位老人曾先后负笈法兰西，都获得巴黎大学博士学位[①]，学成后都热诚归国效力，却同遭"丁酉之劫"[②]而蒙冤21年，至改革开放后才得以洗清冤诬。嗣后，端木老于20世纪80年代起受命于广大选民，在各级"人大"参政议政；并肩荷重任，从事法律、司法方面的教育和行政工作，直至调往北京任职；同时，仍以培养法国史专业的研究生并作法国史研究为己任。20世纪70年代末和整个80年代是端木老与先严交往最频繁的时期。如今二老先后作古，思之不禁黯然。

端木老与先严神交始自20世纪50年代。先严关注学术界对世界史，尤其是对法国大革命史的研究，端木老翻译的法国传统的大革命史编纂学代表人物乔治·勒费弗尔教授的高足阿·索布尔先生的早期名著《法国革命，1789—1799》一书，在1956年初版后不久即被他置于案头。乔治·勒费弗尔教授也是先严留法期间学习法国大革命史的老师。

端木老与先严初次见面是在1978年5月的杭州。其时，神州大地生机萌动，杭州大学历史学系的学者得风气之先，举办史学研讨会，邀请各地学者讨论岳飞（中国史）和拿破仑（世界史）。研讨会为先严提供了识荆机缘。共同的经历、见解和追求使得两位老人一见如故。由东道主安排，在端木老主持的报告会上，先严对全体与会者和杭大师生谈了他多年来翻译研究拿破仑史料的体会，并以翔实、丰富的资料，高屋建瓴地报告了自拿破仑去世（1821年）到20世纪70年代以法国为中心的欧美史学界对这位历史人物的研究状况的演进，勾画出各个时期的特点。其中包括当时端木老关注的若干问题。[③]其中在拿破仑征俄150周年、维也纳会议150周年、拿破仑诞辰200周年和拿破仑逝世150周年前后西方史学界丰富多彩的纪念活动的评介，都可与先严的报告互为补充。先严回上海后曾说，端木先生任主持，其人温文尔雅，学识丰富，议论公允；报告结束后还强调："刚才王先生不断看表，生怕超过了时间。……报告精彩，两小时的确不够用，我们期盼还有机会听王先生继续谈这个论题……"小结激起听众一片掌声。会后，端木老还向先严提出了把所讲内容写成论文的建议。[④]当时，学术界闭塞已久，报告以及由此增补而成、次年连载于《世界历史》杂志的论文《拿破仑研究的演进》，引起很大反响。杭州大学的研讨会议定创建以研究法国史为宗旨的学术团体——中国法国史研究会。此议为二老长期交往并作学术交流提供了前提。

1978年10月，包括中山大学和华东师范大学在内的18所高校和科研单位的老中青史学工作者齐聚上海金山，举行法国史研究会筹备会议。端木老和先严再度聚首。会上，端木老评介国外对督政府时期的研究，先严则评介法国学者研究大革命史的动态。次年8月，研究会在哈尔滨师范学院举行成立大会暨首届年会；端木老详论中国人研究法国大革命的历史，先严则就法国大革命分期问题发言。在整个20世纪80年代和90年代上半期，他们又一同参加了在北京、西安、杭州、宁波、上海等地举行的研究会的年会、讲学和各种活动。先严还参与了端木老主编的《法国大革命史词典》的撰稿工作。二老志同道合，同在史学界辛勤耕耘。此后，端木老须以更多的时间精力从事法学研究和司法方面的工作，见面机会减少，但友情常在。

端木老博洽宏达、睿智明见，在学术上热情支持新观点、新方法。在中国法国史研究会在哈尔滨师范学院举行的成立大会上，先严就法国大革命史的分期问题作学术报告。报告针对从20世纪40年代末起，我国史学界囿于斯大林等1934年8月的《对"近代史"教科书纲要的意见》的荒唐规定，对意义重大、内容丰富的法国大革命课题研究横加干预的不正常情况，提出追随苏联人把大革命的下限定在热月政变推翻雅各宾政权（1794年），将热月党、督政府、拿破仑统治时期排斥在大革命之外的论点是错误的。中国史学界不能无视史实和既有的研究成果，抛弃马克思主义经典作家的正确论述，去追求与错误、僵化的苏联论点保持一致。在1979年以前的几十年中，我国世界史学科的研究、各级学校的世界史教学，所有的专著、论文、教材和各级学校的教学都按照20世纪30年代苏联的要求撰写和讲授。这一既不符合史实,又有悖马克思主义经典论述的观点流传日久,盘根错节,已经在一定程度上被奉为圭臬。先严的报告旁征博引,从史实、史料和各家(包括西方各国权威著作、马克思主义经典作家)的论述出发,力求史必有证,论从史出,指出法国大革命的"起"应该是1789年巴黎人民攻占巴士底狱,而不是1787年发生在各地的"贵族的反叛";大革命的"讫",应该是1815年拿破仑帝国的崩溃,而不是1794年或1799年。这样,法国大革命的分期就冲破"热月政变"这个界限,把热月党、督政府和拿破仑统治时期纳入大革命的范围。先严还主张把从1789年到1815年的法国大革命分成六个阶段。报告条分缕析,论据充分,但是会前他曾对人说,新的意见很可能一时不被认可,或者还要"得罪"一批人。

包括端木老在内的法国史研究会创办人,是先严这一报告的首批听取者。他们以自己的卓越见识支持了先严的论点。其实,端木老与先严一样,在巴黎求学时就打下了大革命史研究的扎实基础,秉承大革命史编纂学的进步传统,即索布尔教授所说的"从米什莱经由饶勒斯、奥拉尔、马蒂埃到勒费弗尔"这个"有很深根子的传统"。[5]赞同这个传统的索布尔教授认为:"这一传统过去和现在都是大革命史编纂学的唯一科学的指导性原则。"国内学者对苏联文化专制主义干预学术的蛮横做法自有独立见解。例如,在1978年法国史研究会的筹备会议上,端木老就发言介绍法国督政府时期(1795—1799年)研究的近况,其前提是把督政府时期列入大革命中。又例如,1980年,端木老发表长文《巴贝夫研究的演进》,研究热月党时期平等派领导人和理论家巴贝夫,其前提也是确认这项研究是法国大革命史领域中的冷门,旨在呼唤学界加强研究。

1981年9月,时任巴黎第一大学法国大革命史讲座教授的阿·索布尔教授应邀到华东师范大学历史学系讲学一个月。先严自始至终主持其事;端木老参与整个过程,并与参加听讲的全国36所院校和研究所的同行广泛交流、共度中秋。这次活动,使得《法国革命,1789—1799》一书中译本在问世25年后,作者和译者初次见面,彼此相谈甚欢。索布尔教授在讲学中多次提及法国大革命史编纂学中的进步传统,他的论著、讲学和平日交谈都显示出他是这个传统的继承者、弘扬者。这个传统以广博的考证和批判的思考对待有关史料;探讨人民和人民运动的要求和倾向;研究“先进”派别的社会基础和政治目标,用社会、经济的原因来解释革命或历史;着重论证大革命所具有的法国历史的现实性或社会的民族的特殊性。它符合马克思主义的基本原理,代表着法国史学界的进步力量。事实上,我国老一辈的法国史学者,如端木老和先严,都是这个最有生命力的传统的赞同者和在中国的传播者。端木老研究巴贝夫运动,组织翻译出版勒费弗尔教授的《拿破仑评传》,撰文向国内史学界介绍索布尔教授对法国革命史研究的贡献等,都是在实践这个传统。

端木老原是法学博士,因“院系调整”而“决心服从人民需要,从事世界史教学工作”⑥,遂成史学大家;20 世纪 80 年代初,他受命筹备恢复中山大学法律系,筚路蓝缕以启山林,同样成就斐然。端木老晚年公务繁忙,难得有机会再与先严聚首,但至少在每年春节前,二老必互致问候。端木老每每寄来特制的、附有与师母合影的贺卡,礼仪周至,情谊深长。进入 21 世纪后,我每年都有机会与端木美女士在上海见面,她曾代表其尊人到寒舍探访,且每次都转达端木老对先严的问候。2006 年秋,先严百岁华诞,华东师范大学举行祝寿活动,端木美女士专程携端木老的寿礼——上镌三枚寿桃的北京红漆盘为贺。漆盘典雅庄重、精致华美,我至今将之供在先严的卧室中。当年,端木美女士告诉我,当她返回北京,呈上华东师范大学为家严编的贺寿文集《下笔须论二百年》后,端木老即刻迫不及待地打开阅读,以至于推迟就餐。先严闻之曰:“至纫高谊,寸心铭佩!”

在先严百岁的祝寿会上,端木美女士曾代表法国史研究会说了这样的话:“今天我们庆贺先生华诞,正是为了宣传、学习和继承令人崇敬的老教授坚韧不拔的学术钻研精神、一丝不苟的严谨治学态度、诲人不倦的传承学业意志。”我想这些话也完全适用于其尊人端木老。在当下和将来,我们和我们的学生辈,要做正派人,行正派事,拒绝诱惑,为繁荣学术,纠偏创新,勤奋工作不已——这就是前辈的风范,也是我们后学的榜样。

注释

①先严 1937 年赴法求学,1941 年获得巴黎大学文科博士学位,为战争所阻,1947 年归国;端木老 1948 年赴法求学,1950 年获巴黎大学法学博士学位,又获巴黎大学高级研究所毕业文凭,1951 年归国。

②“反右派运动”发生的1957年,岁在丁酉。端木老与先严都是在次年,即1958年被划为“右派分子”。

③同在1978年,端木老也作过关于拿破仑的研究。见诸文字的有两篇:《近年来国外拿破仑史学的一些动态》(载《历史研究》1978年第6期)、《评〈拿破仑〉》(载《世界历史》1978年第1期)。

④这个报告增补修改后写成论文《拿破仑研究的演进》,分3次在《世界历史》杂志连载。多次获奖。

⑤索布尔:《理解革命:法国革命的政治问题》,巴黎1981年,第326页。

⑥引自《明德集》第501页,端木正教授年表。

(本文为王令愉教授写于2010年年末的一篇纪念文章,2011年4月清华大学百年校庆之时,收入清华大学出版社出版的《鸿迹——纪念法学家端木正教授》一书中)

写端正字，做正派人

书法是我国有着古老光辉传统的艺术。汉字经过3000多年的发展创新，是中国文化中的重要内容。今天，我们在这里并不谈书法，仅仅随意谈谈写字。选帖、执笔、运笔、结字、布局、谋篇以至初步创作书法作品，就是专门书法的知识；进而提高学养，改变自己的胸襟气质，显之于毫端纸上，创作出作品，这些就属于更高层次的问题。不过我常常看到别人写的字，既有古今名家作品，又有同学们的作业和考卷，看多了，对其优劣美丑也总有个分辨。因此当被邀请谈对学生写字的看法时，我立即觉得很必要，就不揣冒昧欣然允诺。我们仅谈书写规范、工整和美观。

文字的书写伴随人的一生，在学习、工作、交往中是不可缺少的工具，而书写的品质是一个人外在的文化水平的标志，诚所谓“字如其人”。近年来，人的书写能力普遍下降。有些人不仅在学生时代的十几二十年，而且到参加工作，甚至从事与文化教育有关的事业，或者成为某些领域的能手或精英，那字却写得一塌糊涂，这不能不说是一种遗憾。即使在教师队伍中，书写能达到正确、规范、美观的也不多。这是很值得关注的。

那么，大多数人在大量书写中连每天都使用的汉字都写不好，原因在哪里呢？第一，自己对自己的书写质量不关注，并不想写好字。有人以为一切书写都能由电脑代替，书写可以胡乱涂鸦。第二，社会风气不好，包括中小学教育的功利性误人子弟，书法比赛有好的作品，但是有些好作品的作者只会写作品上的那几个字。第三，随着年龄增加，随意性书写和不规范书写的恶习养成，不易改掉。因此在大学学习阶段，在你们走上工作岗位之前，必须补上这一课。今天这个讲座谈些写字的一般常识，如果觉得尚可接受，能发现写字还有些乐趣，愿意改善自己的书写，目的就达到了。

古人说，心正才能笔正。最典型的是颜真卿的字，特点是“端方正直”，这也是做人的准则。你们又有望成为国家的栋梁之才，于是我就用了这个题目——“写端正字，做正派人”。

我们师范大学的学生，而且是文科的，以后或许就以教书为业，为人师表；如果从事别的工作，也没有哪件是可以不写字完全依靠电脑的。对于教师来说，写一手规范的、准确的汉字，无论是钢笔字、毛笔字或将来需要的粉笔字，都是最基本的要求。而有些同学现在的书写水准不免令人叹息。潦草马虎，很不像话。草书不是马虎潦草，其法度严谨，流畅悦目，适合于观赏，艺术性大于实用性。好比岳飞的草书，气壮山河，但不是人人都能这么写的。当然教师还要具有很好的口头表达能力：逻辑清楚、用词得当、谈吐有致。至于为人、修养、对教育事业的热爱，也是必需的要素。写字的水平并不是靠听课来提高的，何况我也不懂得书法。

我们先看一下三位同学写的字。有的虽然不能算好，但是整齐端正；有的潦草难辨，写得很糟糕，很马虎。

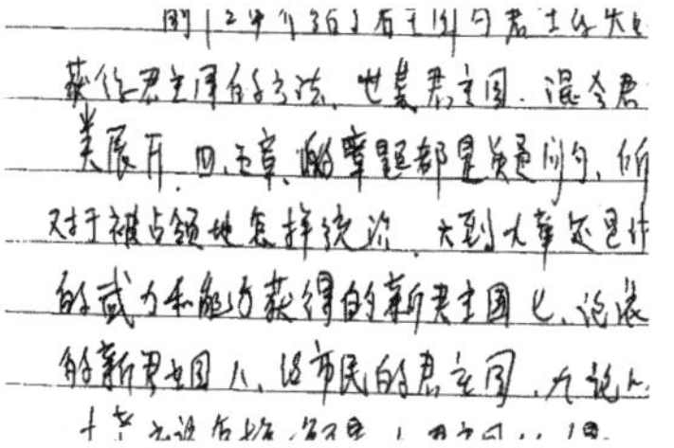

书写凌乱潦草，放大后清楚了一些，原稿难以辨认。

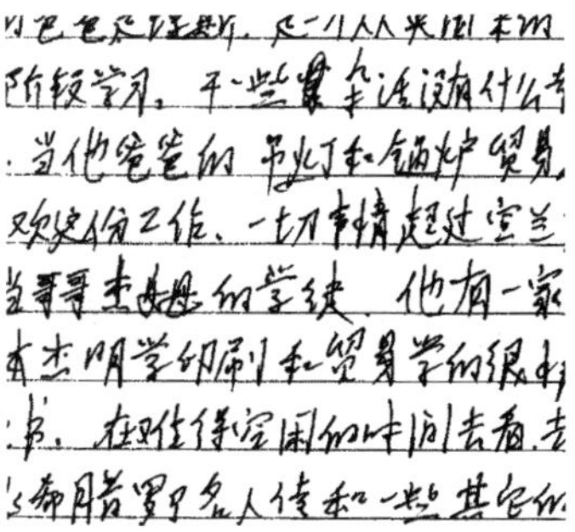

书写凌乱潦草，放大后都难以辨认，可谓“春蚓秋蛇”。

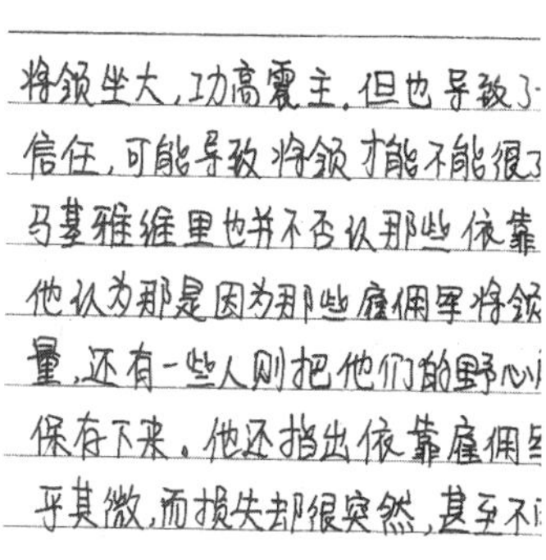

将领坐大，功高震主，但也导致了
信任，可能导致将领才能不能很
马基雅维里也并不否认那些依靠
他认为那是因为那些雇佣军将领
量，还有一些人则把他们的野心
保存下来，他还指出依靠雇佣
乎其微，而损失却很突然，甚至不

不能算好，但是端正整齐。

一、略说中国文字发展

我们先把汉字的发展简要地作个交代。中学、大学的历史教材上也提到过。

汉字的特殊形貌和构成原理,给中国写字的艺术(或曰书法)的生成和发展带来了极为难得的机遇。例如宇宙中星球无数,但是唯独我们地球有空气和水,给了人和其他生物以生存和发展的条件。对于中国来说,空气和水就是汉字,空气和水滋养了人类,汉字滋养了中国人和中国文化。汉字的书写艺术也因为在中国而具有了生存和发展的前提。西方文字或许就谈不上书写艺术,只是有美术字。

首先,中国的文字起源很早。有字迹可考、确凿可靠的,是甲骨文。这证明我国文字的产生,最迟是在商代(公元前17世纪—公元前11世纪)。其他更早的推断,只能存疑,但不能否定。至于文字的创造过程,无论是个别圣贤如沮诵、仓颉,还是从事劳动的普通人群,总是基于对自然和生活的深刻观察,加上非凡的聪明才智,才创造出来的。我觉得文字不会是个别人创造的,个别圣贤是在约定俗成的基础上作了若干统一和再创造工作。

先秦时代留下来的字迹,有甲骨文、金文和石鼓文。

我曾经对甲骨文很感兴趣。这是龟甲、兽骨文字的简称。清光绪二十五年(1899)开始在殷墟发现。殷墟在河南安阳西北郊的小屯村一带。小屯村是一再迁都的商朝的最后一个国都所在地,称为“殷”。迁都殷之后,世称其后的200多年为“殷商”。此地先后出土10余万片甲骨。小屯村发现的是盘庚迁殷到纣亡这200多年(公元前1300年—公元前1046年)的遗物。陕西扶风和岐山也发现了西周的甲骨文。

清末,小屯村一带的农民在耕地时常常刨出一些有字或无字的甲骨片,传说这是“龙骨”,可以治疗创伤,于是村民把它们搜集到一起,几个铜版一斤卖给中药店,或自己研成粉末,在春秋两季的庙会上出卖。伴随着甲骨,不时也有些古物出土,便吸引了古董商人。他们也不知道甲骨是什么,只是捎带

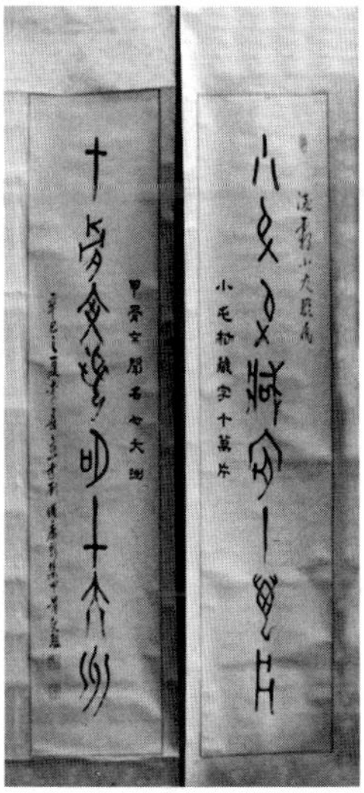
安阳当地书法家李长立作品。

些到北京、天津等地试图出售，引起了官僚和士人的注意。1899年，在北京的福山（今属烟台）人王懿荣（1845—1900）发现了甲骨的价值，开始广为搜求。当时有人以每字二两银子的高价抢购。甲骨身价百倍，也大量出土。甲骨文是占卜用的。这些文字还没有完全定型，存在了270多年。现在发现了约4500个单字，有约1700个已经识别出来。不能识别的大多是专用名词。

《老残游记》的作者刘鹗在1903年出版《铁云藏龟》。他自述收藏的3000多片甲骨上已经辨认出40多个单字，后来经人证实，辨认正确的是34个，很了不起。

甲骨文与古埃及的象形文字、中美洲的玛雅文字、西亚两河流域的苏美尔楔形文字都属于古代文字。但是后三者已经消亡，唯有甲骨文与现代汉字一脉相承。我们的民族有骄人的文化传统，诚非虚言。这份遗产该由我们继承。

后来研究甲骨文的“四堂”是很知名的：罗振玉（雪堂，1866—1940），字叔蕴；王国维（观堂，1877—1927），字静安；郭沫若（鼎堂，1892—1978），别名鼎堂；董作宾（彦堂，1895—1963），字彦堂；后来又添加了饶宗颐（选堂）。研究甲骨文的有胡厚宣先生。

甲骨文古朴、不甚规则而有其自然之美。经后人揣摩，也用于书写。

金文（也叫钟鼎文，钟鼎上的款识，阴文曰款，阳文曰识）是铸在或刻在金属钟鼎彝器上的铭文。钟和鼎是殷周时期的器物。钟，多属于乐器；鼎，多属于礼器，就是青铜器。上面的铭文是天子的令德、诸侯的言论和功绩、士大夫的被人称赞的品格的记录。金文的形体是随着时代的进展而变化的。金文原先和甲骨文相近，周朝初期，渐渐整齐雄伟，至战国末期和小篆类似。中原地区和荆楚地区的也有不同。我们从中可以窥见甲骨、大篆、小篆的衍变痕迹。

这是折觥。折是人名。觥，酒器，盛行于商和西周初期。这是西周早年的作品，记载着折在昭王十九年［该在公元前10世纪。公元前11世纪武王灭商，西周始，历（文）武、成、康、昭、穆等王，至幽王时（公元前771年）止，次年平王东迁，称东周］受到赏赐的事。

我们知道，我们历史学系的戴家祥老先生主持编纂了皇皇巨著《金文大字典》。

图中展示的为王令愉教授家中收藏的复制品。

戴老先生20岁(1926年)考入清华大学国学研究院，师从国学大帅王国维先生，以及梁启超、陈寅恪先生。编著《金文大字典》是戴先生的夙愿，从20世纪20年代开始研习古文字到1995年成书出版，历时70年。戴先生综合历史上的金文研究成果，集先贤之大成，吸取精华、博采资料，用了他自己创造的方法编成。《金文大字典》体现了当代相关研究的最高水平。全书共收录了2000多个字头、十数万个拓片，达5680页，600多万字，远远超过历史上同类字典，是集大成之作。

大篆，相传为周宣王时太史籀所作，所以也称作籀文。其由甲骨文衍变而来，体态更趋于严整，渐脱开图像，具有线条的味道。雄强浑厚，朴茂自然。端庄凝重，意趣汪洋。大篆不是指一种书体，而是多种。石鼓文是其代表。

石鼓文是刻在十枚鼓形石上的籀文。共十件，分刻十首为一组的四言诗，内容是当时人游猎的情况。石鼓文是我国现存最早的刻石文字之一。其年代没有定论，但普遍认为应在春秋时期。隋代以前还没有石鼓文的记录，唐初在天兴(陕西宝鸡)出土。经五代之乱，一石文字已磨灭，其余九石文字也多有残缺。书体属于大篆体系。出土后被重视，杜甫、韩愈、韦应物有诗篇歌咏，书法家欧阳询、虞世南、褚遂良推重其书法。苏轼、黄庭坚、康有为等都做过研究。我见过吴昌硕、王个簃书写的石鼓文，字形古朴端庄。康有为说："石鼓文如金钿落地，芝草团云，不烦整截，自有奇采。"

秦始皇统一天下后，踌躇满志，到处巡游，所到之处，都立石记功。石头上的文字是丞相李斯写的。李斯是荀子的学生。秦的文字由大篆改为小篆也并非李斯独创，他做了部分工作。但他不仅是政治家、文字改革家，而且是书法家。其小篆尤其出色，称为玉箸篆，历代无人能及。李斯以后，小篆似乎就没有多少人写得出色了，只有唐代的李阳冰、清代的邓石如。

至此，我们清理一下几个概念：篆书，是大篆、小篆的统称。狭义指籀文（大篆）和小篆；广义指我们以上说的那些文字，即甲骨文、金文、籀文，还有春秋战国时通行于六国的文字以及小篆。

篆书（大篆、小篆）
- 狭义：籀文、小篆
- 广义：甲骨文、金文、籀文、六国文字、小篆

阮雍军篆书：锦囊句好题新画，石鼎茶香读旧书。

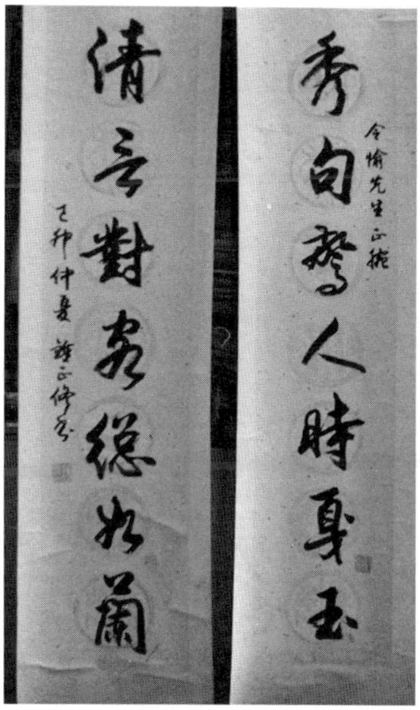

钟正修行书：秀句惊人时戛玉，清言对客总如兰。

现在谈隶书。程邈，秦时人，狱中囚犯。据说他在搜集整理隶书时，对文字改革有贡献，被秦始皇从囚犯提升为平民，又被委任为御史。关于隶书产生的时代，有不同说法，据说秦代以前就有了。但是字体定型成为独立的书体，是从程邈开始的。这种字体，因为“创造”者是“隶人”（犯罪的人），使用它的人主要是“皂隶”（下等役人），故称隶书。当初的隶书称为古隶或秦隶，没有点画俯仰之势，字形不再是篆书的长方，而是正方和扁方。

秦统一不多久，汉就取代了秦。西汉末到东汉初，隶书成熟定型，称为汉隶，其笔画不再匀称单一，而是兼顾藏露、圆方、轻重。结体上有俯仰之美，字画上有波磔之美。这是汉代书法的最高成就。东汉众多的隶书刻石，展示了这一辉煌。例如《石门颂》《乙瑛碑》《礼器碑》《史晨碑》等。

在汉代，隶书演化成章草，经过大书法家张芝的努力，草书诞生。有人说“章草即隶书之捷，草亦章草之捷也”。

古代医生对书法非常重视。傅青主、恽铁樵、秦伯未、程门雪、陈道隆等都兼善书法。中医处方，常用行书和草书。真正的草书是在行书的基础上加以连贯、省写，以便快速书写。但是这并不意味着潦草、草率和凌乱。草书无论在运笔的使转和点画的省略上，都有法度，不能随心所欲。

如此，中国历史上主要的书体，到有汉一代，大致产生齐备。以后历朝历代，都有杰出的书法家。有文化的人，也把写字的水准看作自己文化修养的标志。

二、蜻蜓点水，随意浏览

写字在中国成为书法艺术，全出于祖先对我们的恩赐。沈尹默先生说：中国字“无色而有图画的灿烂，无声而有音乐的和谐”。中国字对中国人，尤其是知识界的精神影响深远。以至于远隔重洋，生活在西方文化环境之下对中国字不甚了解的西方人如费正清和赖肖尔（曾担任美国驻日本大使）也赞叹：书法在东亚是一种伟大的艺术！我知道有位不识中文的西方人，对文徵明书写的欧阳修的《醉翁亭记》小楷赞不绝口，还购买了复制品。

我们观赏先贤的作品，会感受到悠远、苍茫的气息；我们学历史的人，更能体会到先贤的脉搏和呼吸。

写得好的字，可以成为艺术品，美化生活。

历史上有这些知名的书法家。

1.晋代

王羲之（303—361 或 321—379），字逸少。性格超迈，不慕荣利。广泛学习南北书法名作，博采众长，开创正楷、行书和草书三体书法妍雅流美的新境界。唯一的“书圣”。

王献之（344—386）在王羲之诸子中成就最高。

2.唐代

由于欧、虞、褚、颜等书家的开拓和实践，形成了一种形式优美、造型规范、笔法完备的标准，即楷书。另外，越来越多地被当作纯艺术抒情手段的“辅体”，即行书和草书，也找到了合乎需要的艺术形式而问世。至此，汉字的字体发展由完善至结束，字从“造型时代”跨入“风格时代”。字如其人。

欧阳询（557—641），潭州临湘人，貌甚丑陋，聪明过人。其字象征楷书走向成熟和定型。子欧阳通，善书，人称“小欧阳”，亦有书名。

虞世南（558—638），越州余姚人，与欧阳询齐名。其书内含刚柔，锋势内敛。

欧、虞都为唐太宗看重，二人逝世后，唐太宗感叹“无人可以论书”。魏徵推荐褚遂良。

褚遂良（596—658），钱塘人，或曰河南阳翟人，上溯二王，下学欧、虞，转益多师，变化成家，别开一脉。

颜真卿（709—785），琅琊人，刑部尚书，封鲁郡开国公，称颜鲁公。天宝十四年（755）安禄山反，族兄杲卿与侄季明被叛军杀害，写《祭侄文稿》，绵绵情思流溢笔墨间，文稿自然、质朴、美妙、激越。建中三年（782），李希烈叛乱，颜真卿劝降，被杀害。书法端方正直，人称“鲁公变法”。其字不仅融入了各种体式之美，而且融入了士大夫积极入世的理性精神，在理想人格和艺术形式之间，达到了和谐。苏轼、欧阳修都赞誉有加。宋人朱长文说，颜真卿的书法就是他的为人，是书法与道德的典范。

柳公权（778—865），京兆华原人，学王羲之，又学颜字，却极力变革，自出新意，骨力遒劲，结体严谨，为后世楷模。

孙过庭（约 648—703 以前），富阳人，成就不在大家之下。孙过庭用草书写的《书谱》，是书法理论著作。贡献既在于书写上，也在于理论创建上。

怀素（725—785），长沙人，草书《自叙帖》“纵横不群，迅疾骇人”。

3.宋代

苏轼（1037—1101），四川眉山人，著名文学家，擅诗、书、画，词、文也很有名。毕生大起大落，历尽艰辛。字取法甚广，不主一家。“诗不求工字不奇，天真烂漫是吾师。”

另有蔡襄、米芾（1051—1107，世居太原，迁襄阳，善用笔锋）、黄庭坚、赵佶、文天祥、赵子昂（宋宗室，湖州人，仕元）、祝允明、文徵明等人。

4.清代

有扬州八怪、邓石如、王个簃、沈尹默等人。

中国文字的书写(书法艺术)不仅创造了优美的文字形式,而且能表现作者的心性,展现作者的人格,参与社会的精神文明建设。因此,书写就超越了造型艺术的局限,具有了一定哲学和宗教的精神。从宋代开始,写字注入了作者的“伦理”和“道德”。苏轼说,书法的形式从某种程度上可以说展现了君子、小人之性。黄庭坚则反复强调:人的品格决定书法的品格。书法家必须以“读书”“修身”“养德”作为写字的后盾,只有品格高,才能克服书法中的俗气,拥有高雅美妙之“韵”。如此,书写之美和人格之美就融合在一起,书写被引入了伦理学。

三、对字帖的看法

写字能不能随意写呢?不能,因为这样是练不好字的。必须有所师承。历史文化的积淀,前人给我们留下的财富,为什么不继承下去?临摹前人的字,就是临帖。那么选哪种帖呢?种类很多,风格不同。还是选择自己喜欢的,和你的字有点接近的碑帖去临写为好。如此能收到事半功倍之效。那么,是不是长久守住一种字体不轻易变更呢?也不。这里有个博和约的关系问题。先学好一家,学会几招看家本领,然后由约而博,广泛比较,汲取菁华。就是说要把那喜欢的帖吃透,掌握它的优良的特点,但是不受它的束缚,能再从中走出来,汲取别的菁华,成自己的面目。这就是“入帖”“出帖”。

另外写字好有个很重要的提高阶段。就是“字外功夫”,即提高自己的素养,如品德修养、文化积累等不属于用笔技巧而属于精神方面的东西。学养深厚的人的字,自有其书卷气;一般的字,例如商店的招牌之类,即使写得不错,却总显得“匠气”,比较俗。刚才说的伦理融入写字,也是这个道理。

到你们走上工作岗位前,钢笔字和粉笔字都要有所进步。我与各位同学共勉。

四、结束语

电脑打字的普及使人们的写字能力大大下降,殊为可叹。如果能随时想着自己写的字是要让别人看明白的,有意识地注意写好每个字乃至每一笔每一画,并辅以认真的练习,可望短期内提高水准。

我们不必奢望成为书家。从现在起,本着对自己也是对别人负责的态度,写好每个字。先求正确和规范,再求美观。

写规范字,做正派人。

(本文系 2011 年 5 月,华东师范大学教务处、历史学系举办学生硬笔书法比赛,作者为大赛所作讲座的讲稿)

杂谈文学艺术作品与历史知识

关于文学作品和历史知识的关系，是个大题目。

虽说文史从来不分家，但这毕竟是两门学科，且包容量都很大。我查看了现在使用的历史教材共计7册，并参阅2013年高考的考纲，从中选择了几个问题，就自己的理解作些可有可无的诠释。

文学作品中的史实，通常以间接的、夸张的、局部的、变化的形式表达出来。我们在历史课上学历史，在语文课上学文学作品。这两者是不同的。文学作品并不是真正的历史，但它是作者所处时代与作者本人思想和实践的反映。例如我们都知道的明朝施耐庵著的《水浒传》，写的是北宋的下层人民造反的故事。在北宋末年的宣和元年至三年(1119—1121)，山东郓城人宋江等聚集了一支队伍转战山东、河北、江苏等地，后来失败，是真发生过的事情。他们的故事在民间流传。到明朝施耐庵收集了这些故事，经过整理成为《水浒传》的基本素材，又经过再创作成为小说。《水浒传》的情节比现实更加生动，人物形象也更加鲜明，是我国的古典名著。我们熟知的《三国演义》也是这样。历史上确实有魏蜀吴三国的并存，后来为晋朝统一，罗贯中也是结合了民间话本、传说，把这段历史演绎得精彩绝伦，引人入胜。但是《水浒》和《三国》毕竟是不完全符合历史的小说。这就是文学作品。作者用文学语言塑造形象，如武松、宋江、诸葛亮、曹操，演绎他们的故事，以反映社会生活，表达自己的思想感情。文学被称为“语言的艺术”。

历史学是什么？历史学是研究和阐述人类社会发展的具体过程的学科，具体说就是古代史、近代史等。文学作品通过作家的想象活动把经过选择的生活经验体现在一定的语言结构中，以表达人的某种发现和体验，因而文学作品不是复制现实，而是艺术创造，哪怕报告文学也未必全是写实的。那么历史上的文学作品，就是当时的作家通过自己的想象把相关的生活经验用一定的语言结构表现出来，表达自己的发现和体验。例如，《荷马史诗》就呈现了公元前11世纪到公元前9世纪的希腊社会图景，加上吟唱者自己的看法；白居易的《长恨歌》就是“安史之乱”中的那些事经过诗人创作的记录和评论；同样，李商隐的《马嵬》，也是写这件事。历史长河浩浩荡荡，风云际会，文学作品也相应地五光十色，纷然杂陈。文学家的作品不同于档案文献或历史纪实，但有时表现得比档案学或史学的文字更生动、更具体、更集中、更有说服力。

接着，对相关历史时期的重要文学家和他们的作品，作很有限度的阐述。文学作品，除了小说、散文、民谣、对联之外，我们姑且把政论也包括在“文学”中。你们未必是要记住今天讲的这些东西，一次听讲也不会记住。重要的是，这是了解历史的一种思路。你们要是学会在必要的时候从文学作品中寻找历史信息，这个报告的目的就达到了。

我们谈四个问题。

一、工业革命的后果及影响（2013考纲C）、法国大革命（2013考纲B）

英国的工业革命，在教材的第四分册和第七分册都有论述。教材说，工业革命的后果是带来了“社会结构与生活方式的变化”，也提到了与农业时代不同的贫困、环境污染和犯罪等新的社会问题。在这方面，可以注意的是19世纪英国作家狄更斯和他的作品。

查尔斯·狄更斯（1812—1870）是英国19世纪最杰出、最有影响的作家，因为他的作品很逼真地反映了工业革命给英国社会带来的变化。从工业革命完成的19世纪30—40年代前后开始，英国的经济力量、阶级关系、社会关系、城市化等变化自然使得国家面貌焕然一新。19世纪前期和中期，即狄更斯生活的那个年代，英国是世界各国中最强大的。1688年的“光荣革命”后，它的政权稳固、经济发达。伦敦就如同一面镜子反映着社会生活的种种矛盾：富裕、繁华、享乐和贫穷、衰败、痛苦。我们的教材第四册第十一课就提到：社会财富空前增长，但是财富仅为资产者占有。在第一线创造财富的工人（包括童工）则在恶劣的环境中长时间地劳动，而且工资低，得不到必要的教育和医疗。这时的工人甚至比工业革命前的农民更加困苦。这样的社会状态下环境污染严重，犯罪层出不穷。

狄更斯的作品就成功地写了这个时代。他在12岁时因父亲负债，跟随父亲入住监狱，后当过童工，了解和同情下层的人民群众。工业革命完成的时候，他20岁出头，开始写小说和散文。写作持续了近40年，共写有14部长篇小说，包括许多中、短篇小说和杂文、游记、戏剧等，58岁在写作中去世。他以自己对社会的敏锐观察写出了时代特征。我们举狄更斯的两部长篇小说为例。

1.《奥利弗·特维斯特》(*Oliver Twist*,1838,中译《雾都孤儿》)

小说以雾都伦敦为背景，讲述了一个孤儿Oliver的悲惨的身世及遭遇。他在孤儿院长大，当过学徒，艰苦逃难，又误入贼窝，被迫与歹徒为伍，历尽辛酸，最后在善良人的帮助下，查明身世，并获得了幸福。小说反映工业革命后手工工场的弊端和下层社会的道德败坏，也揭露了英国政府当时办的“济贫院”的虚伪。这就是我刚才说的“表现得比档案学或史学的文字更生动、更具体、更集中、更有说服力”的作品。

这部小说多次被改编成电视剧、舞台剧等。目前同名电影就有20部。其中最新的一部是2005年法国人拍摄的。

2.《双城记》(*A Tale of Two Cities*,1859)

这部小说以法国大革命为背景。“双城”是巴黎和伦敦。在18世纪末法国大革命期间，巴黎是各种矛盾斗争的旋涡中心，伦敦是暴风骤雨中的平静港湾。故事的主角是法国的梅特尼医生。作者通过他的故事，对被侮辱、被损害的下层人民寄予深切同情，对法国贵族的横暴残酷给予深刻揭露。狄更斯通过小说揭示：法国大革命是上层的贵族逼出来的，因而是不可避免的；他对断头台等消极面痛心疾首，描写也是公允的。狄更斯用人道主义观点展现和审视群众运动，评估其得失。

狄更斯去世后，根据公众要求，他被安葬在泰晤士河畔古老的威斯敏斯特大教堂(Westminster Abbey)中的“诗人角”(Poets' Corner)。英国过去600多年最伟大的诗人和作家都在此长眠，最早入葬该“角”的是“英国诗歌之父”乔叟(Chaucer,1400年去世)。后来英国剧作家和诗人莎士比亚(Shakespear,1616年去世)也葬于此。目前，这个100多位作家、诗人和艺术家长眠的地方成为“国家圣地”。狄更斯的墓碑上写着：他是贫穷、受苦与被压迫人民的同情者；他的去世令世界失去了一位伟大的英国作家。(He was a sympathizer to the poor, the suffering, and the oppressed; and by his death, one of England's greatest writers is lost to the world.)如果请大家用自己的知识阐释一下这段话，能否做到？

刚刚过去的2012年是狄更斯200周年诞辰。伦敦威斯敏斯特教堂举行了狄更斯诞辰200周年纪念仪式，查尔斯王子向狄更斯墓碑献花致敬。英国各地也举办了各种纪念活动。皇家邮政在英国东南部狄更斯的出生地肯特郡(Kent)的“狄更斯主题公园”(Dickens World)举行了一场纪念邮票的发行仪式。该邮票再现了狄更斯小说中的人物，从6月19日开始通过邮局发行。

以法国大革命为背景的著名文学作品还有法国作家雨果的《九三年》。

二、中国古代文化对世界的影响：启蒙运动(2012考纲CBA)

文化是交流的。“西学东渐”，“东学”也“西渐”。中国传统文化对法国的启蒙运动有深刻影响。时下出现的一些题目已经可以看到痕迹。历史上，中国文化对西方的影响由来已久。罗马(大秦)时代就有中国的丝绸和瓷器输入西方。元初马可·波罗来华，回去写了《马可·波罗游记》，西方人从中得以了解遥远的中国。不过这些了解都还停留在物质层面(如丝绸、瓷器、茶叶、城市、道路、江河等)，没有涉及制度、学术、精神等领域。但是三大发明西传的意义还是很大的。“火药、指南针、印刷术——这是预告资产阶级社会到来的三大发明。”(马克思)

16世纪末为传播天主教到中国来的传教士，为西方人了解中国立下了汗马功劳。这些人是耶稣会士(Jesuit)。耶稣会(The Society of Jesus)是一个西班牙人创立的基督教(旧教)组织。他们由教廷安排来华传教。耶稣会士既对信仰忠心耿耿，又很有学问。为了让中国人接受天主教(旧教)，他们先从学习中国传统文化入手，翻译四书五经，研究孔孟之道。因为这是中国知识分子的基础知识。懂得了这些，才有资格与中国的知识分子对话。他们就设法把教会的“上帝”等概念与中国先哲的尊“天”重道联系起来，以便证明中国人的敬天和西方人的敬上帝是一回事。这样，如果中国的知识分子接受了天主教，老百姓就容易接受了。于是从17世纪中叶到18世纪初，形成了近代史上中西文化交流的一个高潮,中国传统文化西传由物质上升到精神。在各国传教士中,法国籍的最多。在1687到1783年,法国籍传教士占在华传教士的39.5%,是各国中最多的。他们的书信、著作、工作报告、回忆录等成为欧洲人了解中国的主要媒介。法国学者(启蒙思想家)与传教士交往,也与到过中国的船员、商人、使节,还有汉学家等人交往,也通过他们的著述得以对悠久的中国历史和灿烂文化兴趣倍增,并作了大量研究,以汲取丰富营养,为自己的学说作论证。由于思想背景和各自理论学说的差异,他们对中国文化的吸收各有所取。

例一,启蒙思想家借用中国的伦理道德学说,倡导"自由、平等、博爱"的社会伦理观。

我们知道,西方文化中的人性论是以主张"性恶"为倾向的。基督教以"原罪"为出发点,以上帝的惩罚为戒律,控制人们的日常生活。启蒙思想家企图建立"自由、平等、博爱"的理想社会,跟"原罪说"必定冲突。于是他们从中国的"性善论"中得到启发。卢梭是最激进的思想家,他就提出人性是纯洁、善良和快乐的。"社会契约"确立前的"自然状态"就是个人人平等的极乐世界,没有战争,没有纠纷,没有罪恶,因而卢梭主张"回归自然"。这就是"性善"。卢梭的"至善"思想一方面来自古希腊柏拉图的思想,另一方面也受到中国儒道哲学的影响("人之初,性本善");"回归自然"则深受老子的思想影响。卢梭在写《论科学和艺术》时,很可能已经从狄德罗处了解了中国的老子。(参见朱谦之:《中国哲学对欧洲的影响》,第302、303、317页)

孟德斯鸠与卢梭的观点不同,不过也借鉴了中国文化来论证自己的学说。在《论法的精神》中有一章《中国的良好风俗》,就是企图以中国文化来促进法国民族精神的建立。他认为建立在伦理基础上的中国法律,即"礼",是"养成宽仁温厚,维持人民内部和平和良好秩序,以及消灭由暴戾性情所产生的一切邪恶的极其适当的方法"(《论法的精神》,第312页)。

例二,他们从中国文化中寻求依据以构建理想的社会政治制度。

启蒙思想家都致力于对未来社会政治制度作出探索。伏尔泰的开明专制、孟德斯鸠的君主立宪、卢梭的民主共和国、狄德罗的共和国都为欧洲以后的政治制度的发展奠定了基础。在这个探索过程中,启蒙思想家都从中国文化中寻求依据,无论是肯定还是否定。

伏尔泰对中国的政治制度十分推崇。他并非对中国有什么偏爱,而是从“开明专制”的立场出发,觉得中国的制度又“专制”又“开明”,是世界上前所未有的最好的,而且是“唯一建立于父权宗法之上的”制度,他还在中国找到了理想中的“哲学家国王”的典范——孔子。“孔子只不过是一个教授古代法律的文职官员——是和所有的皇帝和大臣一样的人,他只不过是第一批贤人之一。”中国清初的“康乾盛世”时间跨度有100余年。康熙、乾隆这些帝王的确文治武功,很有本事,是伏尔泰眼中的开明君主。他们以当父亲的态度,以治家的办法来治国,贯彻着伦理精神,而不是西方国家教会强调的君权是从神那儿来的“君权神授”。

孟德斯鸠的政治理想(三权分立,以权制权)与中国的开明专制冲突,他自然不会说中国的好话。孟德斯鸠认为中国人的大帝国是用鞭子和棍子来维持的,其原则是恐怖。他也承认中国是个政治宽和的国家,中国的立法者注意激励良好的风俗,“礼”是中国政体的特质。他同时也看到,一旦“礼”遭到破坏,道德沦丧,民风败坏,“国家便将陷入无政府状态,革命便将到来”(《论法的精神》,第314页)。他由此论证:只有三权分立、相互制衡的立宪制度,才能保证政治的长治久安和人民生活的安定。

伏尔泰和孟德斯鸠都没有到过中国,他们借以了解中国的材料也是大致相同的。结论不同是因为各取所需,为自己的学说作旁证。但是其目的是一致的:谋求在法国建立“自由、平等、博爱”国家。

三、西学东渐和近代中国(2012考纲C)

西学东渐,西方的文化、历史传入中国,对我们的国家自然有影响,而且很大。教材第七册的第二单元就是说这一内容的。关于文学方面的走在前面的人物,我们选择几位稍加论述。

第一位,王韬(1828—1897)。教材第五册第二单元有他。王韬的政论用西方的思想来审视现实。他的“变法”不限于改革弊政,有时已经指向传统的“法度”,即封建体制。请看这段话:“君为主,则必尧舜之君在上,而后可长治久安;民为主,则法治多纷更,心志难专一;究其权,不无流弊;唯君民共治,上下相通。”这就是指英国的君主立宪制。

第二位,郑观应(1842—1921)。教材第五册第二单元也有他。他的一生基本上都从事实业，是真正的资本家。他的文学创作与王韬相比，更明显、更全面、更具体、更强烈地学习西方资本主义经济、政治、文化教育制度。请看他的《议院》：“自有议院，而昏暴之君无所施其虐，跋扈之臣无所擅其权，大小官司无所卸其责，草野小民无所积其怨……议院兴而民气合，民气强耳！中国户口不下四万万，国能设立议院，联络众情，如身使臂指，合四万万之众如一人，虽以并吞四海无难也。何至坐视彼族越九万里而群逞披猖，肆其非分之请，要以无礼之求，事无大小，一有龃龉，动辄称戈，显违公法哉！”这样的议论，比王韬的文字更深了一层。

第三位，黄遵宪（1848—1905）。教材第五册第二单元第六课的“文献选读”用了他的《台湾行》（节选）。黄遵宪是近代最著名的诗人之一。光绪三年（1877）作为参赞去日本，是近代中国第一代外交官。他后来在美国旧金山、英国伦敦和新加坡工作。这样，他到过美洲、欧洲和东亚、南亚的多个国家。

初到日本，他接触了来自西方的启蒙思想家的思想：“明治十三四年，初见鲁索、孟德斯鸠之书，辄心醉其说，谓太平世必在民主国无疑也。”后来看到美国的政治弊端，又以为“其共和政体，万不可施于今日之吾国”。到英国后，更明确以英国式的立宪民主制为政治理想。“奉主权以开民智，分官权以保民生，及其成功则君权民权两得其平。”

他还有一个很有趣的记录，即写1884年美国总统竞选的诗《纪事》，在结尾部分表达了作者对民主国家的向往：“吁嗟华盛顿，及今百年矣。自树独立旗，不复受压制。红黄黑白种，一律平等视。人人得自由，万物咸遂利。民智益发扬，国富乃倍蓰。泱泱大国风，闻乐叹观止……倘能无党争，尚悲太平世。”

第四位，康有为（1858—1927）。他先是维新派，后是保皇派首领、诗人、学者。康有为存诗1500余首，多为政治抒情诗。

康有为在海外流亡达15年，先逃亡日本，又到印度、缅甸、爪哇，后到欧洲走了11国，入加拿大，居留美国、墨西哥，再回欧洲。康有为“海外诗”的重要价值，在于表达对近代文明的赞美、对民权倡导者的尊崇和振兴中华的期望。

在华盛顿墓前，他称赞：“不作帝王真盛德，万年民主记三坟。”（伏羲、神农、黄帝之书谓之三坟）

第五位，梁启超（1873—1929）。教材上也有，他倡导的“新史学”还是考纲中的C。他写了大量用新词语创造新意境的诗。梁启超在去夏威夷的船上作《壮别二十六首》。其中一首是:"孕育今世纪,论功谁萧何?华拿总余子,卢孟实先河。赤手铸新脑,雷音殄古魔。吾侪不努力,负此国民多。"在这里,作者赞颂18世纪法国启蒙思想家孟德斯鸠和卢梭,也推崇华盛顿和拿破仑。不过,前者是"先河",后者是"余子",即追随启蒙思想家的实践者。他呼吁要更新思想(铸新脑),用"雷音"摧毁"古魔"(陈旧腐败的东西)。有关梁启超的内容很多,只能从略。

见到这些受西方文化洗礼的中国人的作品,你们能否与"西学东渐"联系起来?能否与学过的世界历史知识联系起来?

补充:在美国首都华盛顿,有乔治·华盛顿纪念碑,169米高。1886年竣工。其中有188块私人或团体送的纪念石,有一块是大清政府宁波府送的,上面镌刻着中文:

> 华盛顿,异人也。起事勇于胜广,割据雄于曹刘,既已提三尺剑,开疆万里,乃不僭位号,不传子孙,而创为推举之法,几于天下为公,骎骎乎三代之遗志。其治国崇让善俗,不尚武功,亦迥与诸国异。
>
> 余尝见其画像,其貌雄毅绝伦,呜呼,可不谓人杰矣哉!米利坚,合众国以为国,幅员万里,不设王侯之号,不循世及之规,公器付之公论,创古今未有之局,一何奇也!泰西古今人物,能不以华盛顿为称首哉!
>
> 大清国浙江宁波府镌,耶稣教信辈立石,咸丰三年六月七日

这段也是史料。我们也可以想一下,为什么会给华盛顿这样的资产阶级革命家纪念碑送纪念石?清政府这样做说明了什么?

四、对联、竹枝词等中的历史知识:(2012考纲C)

蔡元培挽孙中山:

> 是中国自由神,三民五权,推翻历史数千年专制之局;
> 愿吾侪后死者,齐心协力,完成先生一二件未竟之功。

文字不难,这里是不是有好几种历史信息?三民,三民主义;五权,是孙中山政治学说的重要内容,即五权宪法,立法、行政、司法、考试、监察五权分

立的政府组织制度。分权的思路也来自启蒙思想家。

其他文学形式还有民谣,属于俗文学。俗文学包括歌、谣、曲、话本、地方戏、弹词、传说、笑话等,是与老百姓最贴近的文学形式,地头、茶馆、打谷场的下里巴人的文学。这里当然是鸡毛蒜皮的内容多,但是历史信息也不可忽视,其实也是最反映人民大众与历史的关系的。

我们看一首清初的剃头诗:

闻道头堪剃,无人不剃头。(剃、头,是本意)

有头终须剃,无剃不成头。(剃、头,双关,本意和被砍头之意)

剃自由他剃,头还是我头。(剃,不是动词本意,指发型由他决定;第一个"头"字,是发型;第二个"头"字,是头脑中的民族意识)

请看剃头者,人亦剃其头。(前句剃头是改发型,兼指杀头;后句专指杀头,即用杀头来强迫人剃头的人,免不了被人杀头)

剃头有四种含义:修剪头发→改变发型→改变意识→砍掉脑袋。

这里也是当时现实即历史的反映。这首诗看似平铺直叙,再看明摆着是在发牢骚,再仔细想想,其深层的含义具有沉甸甸的历史分量。清初,满族人以少数民族统治全国,汉族人数大大多于满族人,自然难以驾驭,而且反抗此起彼伏。为泯灭汉族的反抗意识,满人特别注意发式和服制。汉族男子必须剃头改服,违者格杀勿论。

附:顺治二年(1645)的诏书。皇帝诏谕礼部曰:

> 向来薙发之制,不即令画一,姑听自便者,欲俟天下大定,始行此制耳。今中外一家,君犹父也,民犹子也,父子一体,岂可违异?若不画一,终属二心,不几为异国之人乎?此事无俟朕言,想天下臣民,亦必自知也。自今布告之后,京城内外,限旬日;直隶各省地方,自部文到日,亦限旬日,尽令薙发。遵依者,为我国之民;迟疑者,同逆命之寇,必置重罪。若避规惜发,巧词争辩,决不轻贷。该地方文武各官,皆当严行察验,若有复为此渎进章奏,欲将朕已定地方人民,仍存明制,不随本朝制度者,杀无赦。其衣帽装束,许从容更衣,悉从本朝制度,不得违异。

尽管戊戌变法失败,辛亥革命也不能说完全成功,但是清末民初是社会转型时期。清政府在最后的10年里实施新政:办学堂、废科举、修铁路、兴商业、整吏治、改律例、练新军、办警政；又派五大员出洋考察宪政、仿行宪政、定官制、改良法律，颁布《宪法大纲》，各省成立咨议局、设立中央资政院等。这样，经过几十年的西方文化洗礼，20 世纪初的中国社会面貌可谓精彩纷呈。文明和愚昧交替、新和旧嬗代、中和西并存，纷纭复杂。人们的社会生活发生着变化。去年考题涉及女子入学现象。其实不少民谣中反映了社会转型的方方面面。

浙江龙岩民谣《十巧歌》说的是十种清末民初才普及开来的新奇东西。我们选说几种：

第一巧变真灵通，有人识得造时钟。
日子长短伊也知，子时午时针对中。
第二巧变留声机，里头有了几台戏。
打锣打鼓铛咚响，弹琴吹箫都凑句。
……
第四巧变德律风，千里万路也会通。
讲话只凭一条线，无人看着有声音。
……

时钟、留声机、电影、德律风（电话机）、飞艇、火车、枪炮、轮船、潜水艇等在 19、20 世纪之交传入中国或者为中国人所知，大多数人或许未必亲见，但是毕竟感受到其存在。其魔法般的功能令人目瞪口呆，也感到世道迁移、社会转型的变化。

竹枝词是由古代巴蜀间的民歌演变来的诗体。唐代刘禹锡有不少传世的竹枝词诗作。作品大体可分为三种类型：文人搜集整理保存下来的民间歌谣；文人吸收、融会竹枝词歌谣创作出的有民歌色彩的诗；借竹枝词格调而写出的七言绝句。

竹枝词 1　报纸

报纸于今最有功，能教民智渐开通。
眼前报馆如林立，不见中央有大同。（《京华百二竹枝词》）

末民初的新事物中，新式报纸（新闻纸）是一种。有人以启迪民智为目的，创办各种报刊，登载大小新闻、广告，发表评论，传递消息和奇闻异事，很受知识阶层和大众欢迎。阅报成为风气，甚至不识字的人也关心。

竹枝词 2　画报

各家画报售纷纷，销路争夸最出群。
纵使花丛不识字，亦持一纸说新闻。（《京华百二竹枝词》）

国门被打开以后，大城市有了租界。城市管理也参照外国人管租界的办法。街道上禁止随地倾倒垃圾、随地大小便，并设立了公共厕所。搜集粪便的车辆以摇铃为号，居民闻铃声出来倒便桶，人们都觉得卫生、方便。说这些虽然不雅，但这是关系到国计民生的大事。

竹枝词 3　厕所、粪车

粪盈墙侧土盈街，当日难当两眼开。
厕所已修容便溺，摇铃又见秽车来。（《京华百二竹枝词》）

新式医院原来设在通商口岸外国人聚居的地方，多由教会创办管理。清末官方也有建立新型医疗设施的举措。民政部在北京设立内外城官医院，房舍整洁宽敞，种植树木，环境甚好。

竹枝词 4　医院

一从新立官医院，大益人民在卫生。
不见荒榛与沟堑，果然沧海有时平。（《京华百二竹枝词》）

在外国银行设立数十年后，中国人自己办的银行在世纪之交出现。银行门面辉煌，楼房高耸。

竹枝词 5　银行

但于国计民生便，善法何嫌仿外洋。

储蓄交通均有益，巍然开设几银行。（《京华百二竹枝词》）

晚清的公共文化设施原来由外国人开办。出洋考察的大臣回国后向政府建议设立图书馆、博物馆、万牲园（动物园）、公园等文化娱乐设施。

竹枝词 6　动物园

全球生产萃来繁，动物精神植物蕃。

饮食舟车无不备，游人争看万牲园。（《京华百二竹枝词》）

竹枝词 7　剧院

园自文明创始修，开通破例萃名优。

各家援例齐开演，男女都分上下楼。

竹枝词 8　交通

一平马路真如砥，信步行来趣更奢。

眼底耳根两清净，从今不见破骡车。

如果提供一首民谣给各位同学，让你们联系历史知识加以阐发，有困难吗？我们要学会从中捕捉历史信息——在什么时候？在什么背景下？有什么意义？

（本文为 2013 年 1 月和 3 月在周浦高级中学及新场中学为高三文科生以及学校部分文科教师所作报告的讲稿）

第四编

追　　念

纪念诗

赵　健

走跑汗泪马拉松，好似人生春秋梦。
令起征途各不同，愉悦艰辛都有终。

纪念词两首

朱志忠

浪淘沙·追思令愉教授仙逝一周年

2018 年 11 月 24 日

窗外雨潺潺，冬意阑珊。令愉一去不复返。看遍名家终不治，驾鹤西航。
毕生做学问，淡泊心甘。巨著鸿篇后人看。亲朋好友常思念，天上人间。

虞美人·追忆与令愉教授的交往

2018 年 11 月 24 日

跨行神交本珍稀，我俩却知己。你学历史我学医，风格雷同互敬情依依。
原本相约要长谈，而今徒长叹！耄耋老哥盼挚友，老泪纵横与汝梦中游。

哭王令愉

王加丰

谦谦老夫子，荣辱自愔愔。
论道兼中外，逢疑照古今。
东西皆宇内，善恶共人心。
前日升仙去，何时再驾临？

丁酉九月廿六晨梦别令愉兄

郭海良

素装入梦来辞行，泪眼沾衾忽正醒。
尝约同续万里路，却悲前程少君影。

悼吾师

田　润

光明法界无苦集，弥陀座上梦先生。
惜无文才祭吾师，依师行止自端正。

令愉先生千古

刘永翔

史述高卢，学界同钦，精博无惭名父子；
驾匆缑岭，士林相泣，悲摧来送大罗仙。

挽　联

卢少鹏

怀慈严教，中西兼通，谦谦君子，良师音容宛在世；
身则行范，古今谙熟，翩翩风度，如父身影永藏心。

纪念语

严林祥

令愉兄乃法国史专家，精研世界近代史、西方近代思想史。人称谦谦君子，为我同窗、同乡、挚友，其父母皆长寿之人，故我坚信必能与他长期交往，长期向他求教文史疑点。但人有旦夕祸福，天妒英才，导致其壮年早逝，真令人扼腕长叹，唏嘘不已！华东师范大学历史学系将于一个月之后举办令愉兄之追思会，届时我因事无法参与，甚感遗憾。故特挑选四十年来令愉兄音容笑貌之摄影若干，以期届时可作会议背景播放，聊表我对令愉兄之敬意和哀思一二。摄影主要选自于王钢兄与我四十年来所摄大量同窗之影集。斯人已去，所留摄影亦弥足珍贵矣！对影思人，浮想联翩，呜呼哀哉，肝肠寸断！

严林祥谨制于思齐斋

2017 年 11 月 18 日

（此处因篇幅所限，未刊出文中提及的影集）

追思会发言

朱　莉

尊敬的华东师范大学领导、历史学系各位老师、王令愉的各位同学以及亲朋好友们：

我的先生王令愉 35 天前即 2017 年 11 月 12 日辞世，永远地离开了我们。在他患病期间及病故之后，我们收到包括殷一璀主任，华东师范大学童世骏书记，历史学系各位领导，法国史研究会的端木美、王加丰等各位领导，王令愉敬重的恩师陈崇武老师，还有林火、郭海良、沈坚等老同事，以及项翔、戴扬本、严林祥、王钢、宋妍、周纪平等老同学，王佳芬、蓬蓬、吴明玲、程真等好朋友，从 1989 级到最近几年的好几届学生的慰问、关心、陪伴，也收到来自各方的唁电、唁函。在此请允许我代表王令愉的家属向今天出席及不能出席的所有关心他的人致以深深的谢忱（鞠躬）。另外要感谢追思会筹备小组的孟钟捷、李炜菁、肖琦、李凤华等各位老师为王令愉花心思、花精力筹办的这场追思会（再鞠躬）。

王令愉是在 2016 年 6 月学校安排的健康体检中偶然发现白细胞减少和肝功能异常，因为当时没有任何症状，我们只是每 2 个月复查一次血象。到 2016 年 12 月时白细胞下降到 2.4（正常值 3.5），肝功能检验异常加重，因为此时主观反映仍然没有什么不舒服的表现，医生让先用保肝药物，可是并没有阻止疾病进展，到今年 1 月白细胞下降到 1.4。我们听从长征医院血液科医生的安排做了第一次骨髓穿刺，从骨髓涂片中发现了异常的淋巴细胞，高度怀疑淋巴瘤，马上做了全身 PET/CT，结果：没有发现任何肿大的淋巴结。随后长征血液科又为我们安排了上海市疑难病例讨论，邀请了瑞金医院、华山医院、血液检验中心等专家，再次骨髓穿刺，结论倾向淋巴瘤，因为没有症状和体征，没有干预。之后我们也先后两次到北京北大人民医院血液研究所会诊，两次骨髓穿刺诊断都排除淋巴瘤和白血病。至今年4月肝功能损害日趋严重，已经出现腹泻、黄疸、腹水，人也出现疲劳、乏力、消瘦的情况。为了明确诊断，我们选择住进东方肝胆医院做了肝穿刺，发现50%的肝细胞坏死，没查见肿瘤细胞。因为考虑应用保肝药物完全不能控制病情，于是，急转院至长征医院血液科，按照淋巴瘤治疗方案应用化疗药物，之后肝损害迅速得到控制，腹水吸收，黄疸消失，出院休息。两周后病情反复，再入院接受第二次化疗。这两次化疗给王令愉的精神打击很大，以后复查时医生让他住院化疗，他坚决排斥，所以选择在家口服化疗药物，也确实收到良好效果，血液各项指标一度全部正常，血液科医生认为化疗药物可以减量，没有料到，减量后仅一周疾病反弹，同时出现了发烧。10月31日急诊入住长征医院血液科，连续4天持续高烧在39℃～40℃，继而转入昏迷，这时血液中红细胞、白细胞、血小板这些指标几乎都检查不到了，情况非常危险。在历史学系各位领导、殷一璀主任、魏国琳等同学的关心和帮助下，上海中心血站保证了血源的供给，每天都有血小板、血浆、红细胞这些珍贵的血制品输入到他的身体中，可是白细胞、血小板、红细胞这些指标都升不起来，最后合并严重肺部感染，血尿、便血、全身皮下出血、可疑颅内出血。尽管长征医院医护人员提供了最合适的救治方案，尽了最大的努力，然而无力回天。在昏迷了一周后于11月12日中午12时50分停止了心跳。这么多天来，我一直在自责，作为医生，我救治了无数的病人，为什么就留不住他……在我们没有任何思想准备下，他就这样突然离开了我们，在家养病期间我们还设计安排了他病愈后的休养计划，打算再次到他一直留恋的法国走走，到美国未来的亲家家里探亲，然而他没有给我们留下一句话就这样走了……所幸的是在他昏迷前他告诉我，他和他妈妈在一起，他们到了昆明，一起采花，一起吃饭，他还要作个报告，还要完成《法国大革命史》的下卷……我相信那时他的灵魂已经是轻松自在的了。

在王令愉病危昏迷期间，他的学生刘桂海组织了陪护群，田润、盛文沁、张智、肖琦、朱伟明、魏国琳、秦风、王芙蓉、李伟、陈渊等同学，与我们家属一起承担了许多护理的工作，还有专程从外地赶来的同学，陪护到很晚都不愿离开。看到他受到那么多学生的爱戴，我们都非常感动。在他昏迷期间很多同学、学生来探望他，在他耳边说话，我经常看到王令愉是流下眼泪的，他一定还有太多对这个世界的不舍……

作为老师，王令愉是成功的，他曾经带教的学生们如今各个学有所长，有的也承担着重要的社会角色，在各自的岗位上都做出了不平凡的业绩，王令愉应该是深感欣慰的。

另外，我们要特别向戴扬本老师致谢。我向他求助，希望帮王令愉准备挽联，于是戴老师邀请了古籍所刘永祥先生撰写，又邀请了书法家沃兴华先生挥毫：

史述高卢，学界同钦，精博无惭名父子；
驾匆缑岭，士林相泣，悲催来送大罗仙。

这幅挽联写得贴切，典故用得精妙，更不用提书法也写得漂亮。王令愉生前对刘先生的诗文和沃先生的书法也有特别的兴趣，戴老师以这样的方式为王令愉送别，我们感觉到他们同学之间真挚的情谊。

王令愉，我们的女儿王凌霜如今已经成熟成人了，我们彼此会相互照应，安排好接下来的生活。另外，王凌霜已经从单位辞职，她希望协助你完成你生前没有完成的她爷爷的论著汇编，将你的论文论著尽早整理出来，你安息吧！

2017 年 12 月 16 日

追思会上的发言

王凌霜

爸爸出生在1949年9月28日,去世之前一个多月才过了68岁生日。虽然短暂,不过他度过了有价值的一生。

他是一名教历史的老师。1977年的高考改变了很多人的命运,对于他来说也是这样,他离开了上海火柴厂,考进了华东师范大学,进入历史学系,后来又陆续考上了世界近代史硕士研究生、博士研究生,主要的课题是法国史。

在他一生大部分的时间里,他都是老师。他在华东师范大学历史学系的工作,主要指导本科生和研究生,爸爸也在华东师范大学二附中和进华中学,给中学生上过历史课,他还曾经接受过上海市教育考试院的任务,参与过高考历史卷的命题、审题这一类的工作。

他的心里总是记挂着学生。学生交的大大小小的作业、答的考卷,他都花时间批阅,甚至一个错别字、一个用错的标点符号他都要画出来;学生们写文章、找工作或者要继续深造,他愿意提供帮助,想着尽量为学生铺设好坦途。这些事情,对于一个老师,可以说是本分了,也没什么特别值得一提的,不过,碰上学生生病了、搬家了、结婚了、生娃娃要起名字了,这些事他也样样都放在心上,认认真真地操办。我觉得,我的爸爸和他的学生,和现在流行把老师喊成老板的那样关系,挺不一样。他和学生之间互相关心、互相信任,就像是对自己的家人一样。

爸爸从事历史学的教学和研究,并不是容易的事。古人说,文章是"经国之大业,不朽之盛事"。《法国大革命史(1789—1794)》这本书是爷爷和爸爸两个人合力完成的,在2007年出版。我不知道这本书的编写前后耗费了多少年,只记得我还是小学生的时候,爷爷的书桌上就有这书的稿子,修修改改,打了好多补丁。做科学研究,是要花些时间、下一些苦功夫的,爸爸不喜欢浅薄、浮夸的风气,不喜欢把文章著作当成换取名利的筹码,而是视作对教育的奉献。《法国大革命史(1794—1815)》,爸爸大约从十多年前就开始写作了,直到今年上半年,因为治病影响了体力和心力才搁笔。

在教学之外,他最喜欢有意思的字画,挂历纸上的印刷品都要装裱起来挂在家里。他也喜欢听戏,过年的时候要去天蟾戏院听一出《四郎探母》。我和妈妈有时候笑他酸溜溜,他也不改其乐。

他经常找认识的艺术家写幅字、画幅画、刻个章,花时间来慢慢欣赏。他给自己的书房起名"两知轩",用的是"知足知不足"这个意思。后来又起了一个名字,叫作"浣心山房",自称"浣心山房主人"。我以前问他:怎么别的房间都没名字,你的书房怎么还要两个名字呢?他说,因为这两个名字意思都很好,就都用了。为人处世上,他也确实是这样做的,他正直,善良,不与人争。所以,喜欢与他交往的人,脾气秉性也差不多是这样的。

2012年,我们一家三口一起参加了玉佛寺主办的慈善医疗活动。我们一起到了西藏,一路上经历高原反应导致的气喘、头疼,藏区的食物味道也单调,还要翻山越岭地从林芝赶路到拉萨的医院。这里有几个小朋友已经准备好接受治疗。小朋友们的眼疾有不同的情况,但是在开展慈善医疗活动之前,因为贫穷,也因为西部地区的医疗技术有限,今后恐怕要准备一辈子生活在没有光彩的世界里。

我的妈妈是眼科医生,我和爸爸是作为志愿者来帮忙的。我们在手术室门外陪伴着小朋友的家长,在最揪心的时刻分担他们的紧张;我们安慰手术后的小朋友,鼓励他们忍住治疗带来的暂时的疼痛;我们把从上海带来的训练视力用的教具送给拉萨盲校的老师,教会他们练习的方法。我的爸爸信奉佛教,是皈依的居士。这一点,他不太对外人说起,认为修行主要在心里,过于聒噪是没有益处的。爸爸参加这样的医疗活动,既是为了陪伴妈妈,路上相互照应,也是践行慈悲,对不一样的群体加以关注。

其实在2011年之后,爸爸和妈妈一起还去了不少地方。他自己开玩笑说"万卷书不一定读完了,万里路大约是走了不少"。事实上,在爷爷奶奶去世前,一直是爸爸服侍他们的生活起居。两位老人都享有期颐之寿,晚年的生活安稳也健康,这是和爸爸寸步不离的照料分不开的。爸爸的家庭观念,就是"一家人齐齐整整最为重要"。所以,是在料理好他们的后事之后,爸爸才能放心地出门,去做自己想做的事。他接受巴黎人文之家邀请在法国驻留,去了茫茫的戈壁重走古丝绸之路,他还去了国内国外好多地方,可以说这是他最自由的几年。

因为患病的关系,爸爸在最近一年里迅速地衰老和消瘦了。我现在终于知道,人老了之后,会变得多么脆弱、多么胆小和焦躁。我和我的爸爸,坦白来说相处起来并不总是容易的,很多时候我们对事情的看法并不一致,他对待家人的态度,也不如对待外人那样轻松和宽容。要想和平相处,我也要消耗许多耐心和忍让。但我有一根弦,总是越绷越紧,我越来越不敢惹他生气伤心,越来越希望他健康快乐,我希望跟爸爸再一起度过一些开心的日子。可是来不及。

爸爸是在昏迷中去世的。血液科的病房里生离死别并不罕见,每天都有人徘徊在生死边缘,总是听得到有人小声地哭泣,也会有人精神崩溃、忽然哭号起来。在这样的地方,"愿世界对你温柔以待"之类的鸡汤没有人信,因为死亡总是不分青红皂白地带走他想带的人。

德国的诗人席勒说,真正的价值并不在人生的舞台上,而在我们扮演的角色中。今天我们在这里追忆我的爸爸,他是一个怎样的人呢?他曾经是一个负责任的老师,一个认真的学者,一个可信赖的朋友,一个好丈夫、好爸爸,一个值得被记住的人。

深情追思王令愉同学

——致令愉夫人及令爱

华东师范大学二附中 65 届初中二班

令愉静静地走了,回归浩渺自然。在这特殊的时刻,我们和你们在一起,希望用我们的哀思稍稍稀释一点你们心头的悲伤;我们诚挚地送上心中的关爱,希望你们未来的岁月更加幸福,因为我们知道,这一定也是令愉在天国的期盼。

我们是华东师范大学二附中 65 届初中二班的全体同学,从 1962 年至 1965 年与令愉同窗 3 年,少年时期朝夕相处,从此同窗挚友似亲人,凝结起了长达 55 年、跨越半个世纪的珍贵友情。

令愉今何在?那音容笑貌分明犹在眼前。我们多么怀念那初中的生活,那个时期社会和谐、老师亲和、同学友爱,友谊如蓝天丽日般多彩,似高山流水般纯净。

令愉一向文静随和,从不与人争执,尽显书香门第之优良教养;令愉酷爱学习,成绩一如他那全班最高的个子,入校第一学期就以各科满分赢得师生赞誉;令愉喜欢历史,说起历史故事,美滋滋,娓娓道来,引人入胜。那时,我们共同的理想就是:好好学习,成名成家,不负师嘱,将来报效国家。

初中毕业后,众人天各一方,联系渐疏。数十年来历史变迁,令愉历经沧桑而初心不灭,矢志不渝且勤于书耕,终于守得云开见月明,迎来了盛事年华,步入华东师范大学殿堂,一圆做学问之梦。从此大鹏展翅,一发不可收拾,从讲师、教授一路健步走来,直至子承父志,著书立说,终成著名学者,受学生敬重,得同事赞誉,名满史学界。

年轮飞转,我们这些昔日懵懂少年皆已近耄耋之年,得以卸下社会的责任，又重新相聚，共度晚年时光。同学会上几度逢，微信群中谈人生，老同学其乐融融，无限温馨涌上心头，仿佛又回到了魂牵梦绕的二附中岁月。

令愉一生治学做人俱佳，不仅书生意气、才华横溢，而且谦谦君子、温文尔雅，是我辈同学之翘楚。能与令愉同学一场，不仅是人生之缘分，也是我们的骄傲。

令愉远行，灵魂不灭，无奈天妒英才，愿令愉一路走好。

今后，每当我们夜望星空，令愉一定是其中那颗最晶亮的星星，与我们彼此凝望，深情依旧。

我们的好同学王令愉的身影和精神将永恒地留在我们的心里。

王令愉同学安息吧。

华东师范大学二附中 65 届初中二班　敬呈

2017.11.15

忆令愉

周纪平

2017年11月12日，我的好朋友王令愉走了，永远地离开了我们。

令愉和我都是华东师范大学子弟，我们的父亲同在师大历史学系工作。我们从小生活在师大校园里，朝夕相处、嬉戏玩耍。令愉的姐姐常对人说，她的记忆中我穿着小背带裤去家里找令愉玩。我的记忆中则有在幼儿园里，老师让我们扮成炊事员，敲盘子、锅盖和啤酒瓶的镜头。似乎令愉手中还存有我们儿时的照片。

令愉的妈妈是位和善的妇女，她常捏着我的手腕，用广东普通话说："周纪平呀，你怎么这么瘦啊！"那个年头男孩瘦的多，我大概特别瘦一点。粗算一下，我跟令愉的交往有64年之久了。

令愉个子高，走路一颠一颠，极有弹性。他面孔白净，文质彬彬，待人谦和有礼，喜静不好动；而我又黑又壮，喜欢运动。从外表上看，两人差异很大。前几年同游欧洲五国时，东平兄说："你们俩是完全不同的人。"但外表和性格的差异没有妨碍我们做一辈子的朋友。

我们有共同的爱好，如书画、金石、诗词等。令愉的鉴赏水平、文学修养远在我之上。我们二人经常在他家，沏一壶好茶，一起欣赏他的藏品，听他讲每件物品后面的故事。令愉结识一位在老城隍庙那儿摆摊刻字的朋友，搞了大大小小不少印章。为了便于我欣赏，他在宣纸上将印章一一盖好，装在信封里，亲自送到二村我弟弟家，让弟弟转交给我。至今我还珍藏着这个信封。

令愉曾对我说，他很遗憾没有学会用文言文写作，我也有同感。不过我觉得他在书信、微信、题词中已能十分熟练地应用文言文，我很佩服。一次，朋友朱琥的父亲过生日，他拉我同去拜寿。他请人作画一幅，装裱好，还动了一番心思，写好祝辞，我们一起送去。这是他很得意的一件事。我跟着他，觉得有趣，也学到了不少。

我们俩的家在“文革”中都受到冲击，日子难过；令愉比我更甚。1957年，令愉的爸爸王养老被错划为“右派”，极大地伤害了他幼小的心灵，他总是郁郁寡欢，离群索居。小学毕业后，我离家住宿，较少回二村。20世纪70年代初，我去外地插队，经锻炼后招工进厂。有一年夏天回沪探亲，我妈告诉我，她在师大里遇到王养老，谈到令愉，王养老流露出对儿子的担心：令愉整天不出门，不与人交往，像纪平这样的老朋友都不联系。当晚我即去王家拜访。令愉爸妈看到来人是我，十分高兴。令愉爸爸数落儿子信佛不伤生，见苍蝇、蚊子只赶不杀，见蟑螂用报纸托起，丢到马桶里冲走，不肯踩死。令愉辩解说，万物进化都不容易，苍蝇、蚊子进化到这样也不容易，不可灭了它们。后来令愉告诉我他这几年的遭遇：他因身体原因没有上山下乡，但在居委会、里弄加工组里日子不好过，经常受到围攻、批判，又不能对父母讲。我觉得在这种情况下，心中向佛恐怕是最好的解脱办法。于是，讨论佛学也成了我们经常的话题。

令愉为人热心，乐于助人。附小的同班同学钱晓海说：“王令愉是个好人，别人有事求他，他都肯帮忙。在小学同学里，他有很高的威望。”此话不假。我们附小同学活动，他都积极参与筹划，逐个电话通知。他与我们附小的班主任陈蟾仙老师一直保持联系。陈老师九十大寿时，他还组织我们一起去祝寿。同学姚志成前两年不幸病故，令愉出面帮忙张罗，亲撰并致悼词。令愉在悼词中介绍了志成一生因受父亲的牵连（志成的父亲早年毕业于日本早稻田大学，20世纪50年代被定为历史反革命，“文革”后改正），家境贫寒，求学受阻，但他坦然面对、奋力拼搏的故事，感动了所有的同学。志成的女儿姚亮为父亲编了一本集子，令愉又在群里帮忙联络、统计人数、登记地址，对未收到集子的同学联系补寄。令愉的善举受到大家的好评。

我也得到过令愉的不少帮助。我有一张上海图书馆的借书证，多年未用。令愉陪我到上图，指点我如何上网查书号、如何借阅。因第一次借阅参考资料室的图书，需交1000元押金。我当时身边的钱不够，令愉倾其所有，帮我凑够了押金。我在阅读中遇到生僻字、难字，有时就发到群里求教于他，他和其他同学热情地帮我查找。每想到此，心中惨然。

令愉在同学中受欢迎的另一个原因是他有超强的记忆力。我们附小的全班40多位同学的学号他全都记得,小学六年中转入转出的同学,他竟能一一说出姓名。我们比赛背诵儿时学过的课文,无人能比过他。

恢复高考后,令愉进华东师范大学历史学系学习,后来跟他父亲一起研究法国大革命史,卓有成效。他总是和我分享他们父子的研究成果。现在我的书柜里还有《法国大革命史(1789—1794)》《下笔须论二百年》《市民社会》等书。这是我们友谊的见证物。我曾向令愉请教,究竟应当如何评价法国大革命史。他很认真地给我介绍当今世界对法国大革命史研究的动向、主要流派及主要观点,使我受益匪浅。

2004年,在端木老师的帮助下,令愉和华东师范大学的几位同仁受法国同行的邀请,组织去法意旅游。因名额有余,令愉邀请我们夫妇同行。我们以法国大革命为主线,游历了不少地方,参观了好多博物馆。在法国大革命的发源地格勒诺布尔,在当地学者的引导下,到了当年市民向军队抛投瓦片、大革命爆发的广场。在这次出行中我结识了沈坚、郭海良、章义和、林火等人,此后我们一起进行了多次旅游。旅游成了我和令愉的又一个共同爱好。

我们自行组团、自己制订路线,请旅行社帮助达成。记得在土耳其旅游途中,沈坚教授在车上介绍了土耳其民族的形成和语言的发展;令愉介绍了凯末尔建国的举措,如何从服饰、文字、宗教习俗、教育等方面入手改革,清除封建思想,尤其是宗教神权思想对社会各方面的影响和控制,在土耳其树立起现代生活观念,从而巩固了新生的共和国。我们的土耳其导游阿布被两位教授的讲述深深地折服,私下承认"他们知道得比我多"。在旅游中,我们二人多次合影,令愉戏称要发到附小同学群里去显摆一下。令愉走后,我们在圣索菲亚教堂前的合影成了永远的纪念,悬挂在我的书桌上方。

在上海,令愉组织了几次参观学习活动,我们参观了监狱博物馆、犹太人纪念馆等。有时他外出游览,看到感兴趣的东西就会告诉我,或者拍些照片来向我推荐。在令愉生命的最后一年,他同师大同事肖琦等去参观尔冬强先生在丝绸之路视觉文献中心举办的《法国汉学家在中国》的展览,展览展出了沙畹、伯希和、谢阁兰三人的文献资料。这是我印象中他最后一次外出活动。令愉拍了许多照片,要我一定去看看。我带了一帮朋友去了,见到了尔冬强先生,建立了联系,可是令愉却不在了。

2016 年,令愉在体检时查出白血球、肝功能等指标异常,随后不断检查诊断,住院治疗。他向我通报了病情,并叮嘱勿告诉其他同学。2017 年 5 月,令愉入住上海东方肝胆外科医院安亭分院。我提出要去探望,他答复说,路途遥远,免了吧。但他还是发了几个交通方案给我。他知道我一定会去的,也希望我去。我们夫妇到了医院,看到他被病魔折磨得面黄肌瘦,心中难受。令愉长期低烧、腹泻,但精神尚可。我们向他介绍了前不久广州之行的见闻,祝他早日康复,一起去周游世界。这是我们最后一次面对面地神聊。

2017 年 11 月 8 日,令愉夫人朱莉医生发来信息:令愉病危,在长征医院住院抢救。9 日早上,我们夫妇赶到医院,只见他浑身插满管子,人事不省,我们心疼不已,但愿能出现奇迹。朱莉告诉我们,他已经昏迷 4 天了。见到令愉的学生从全国各地赶来,自发组织起来照顾他们的老师,我心中多少有了点慰藉。我很感激朱莉女士让我见了令愉最后一面。

11 月 12 日中午,令愉的侄女李勤发来信息:"舅舅走了。"我回复:"他解脱了。"我的一位老朋友就这么走了。

令愉说过:"你和我志趣相投。"我深深地怀念这位好朋友。

那种与物质享受不相干的清贵之气

戴扬本

去年3月末的一天，令愉来家里小坐，我们坐在沙发上，正握着茶杯聊天时，他忽然说起自己近年来体检反映的血液指标似乎有一些疑问，已经开始在医院做检查，可能还要去北京咨询几位专家。令愉说话时的语气十分平静，然神色有些凝重。我听了感到非常震惊，但想到他的生活方式非常有节制，又有家族的长寿基因，尤其令我羡慕的是他行走时的轻快步履，不应该会有什么健康方面问题的，对他说起自己身体的疑问并没有想得太严重。时值正午，我们还是像往常一样，从师大一村走到校园里的河西食堂去用餐，沿路柳枝拂面，丽娃河水波光粼粼，阳光照在脸上，感觉已微微有点灼人。

校园里的这条路，几十年来，朝朝暮暮，我们不知走过多少回了，何曾会想到，这竟是我俩最后的一次比肩徜徉。入夏后，得知他终为造化小儿所苦，缠绵病榻，几次探望，似有了渐渐恢复的迹象，我遂在微信中向关心他的老同学们报告病况，大家还在满怀希望地为他祈福，万万没想到，入冬后病情突然急转直下，竟至于不起。

我们的相识，始于整整40年前。正是春意盎然的时节，得益于时代变革赐予的机缘，一群年龄参差不齐的青年人，冠以1977级之名，从天南地北汇集到丽娃河畔聚贤堂的教室里。因为上大课时经常坐在一起，又同属一个小班，我和令愉渐渐熟悉起来。文科的学习，同学间的讨论，与课堂听讲一样，都是获取新知的重要来源，我很快便感觉到，与令愉交谈，常能使我获取不少真知。初入史林者容易为五光十色的历史事件所惑，往往好奇之心多于理性的思索，以为史学就是对史事的熟知，所学之事便是努力追求历史知识的积累。其实这只是史学修养的一个方面，在浩繁的史事中寻绎社会发展的脉络，对历史思辨能力的培养，更是一种不容忽视的训练。我印象较深的一次是，他和我谈起了汤因比在《历史研究》中引用阿克顿的一句话，大意是说通过波旁王朝和斯图亚特王朝史事的比较，过程和结果都不一样，却不难发现二者背后都遵循着某些相似的法则，而史家的工作，便是去关注、探究和解释这些隐匿在现象背后的东西。这些话，对今天历史学系的学生来说，或许并不新鲜，但那时候汤因比的《历史研究》属于特定范围发行的内部书籍，以我之陋寡，连作者的名字都未曾知晓，遑论其著，因此，听了令愉讲的这段话，给我的感觉可想而知了。40年前，经历了长期的禁锢后，我们几乎是饥不择食地在图书馆里翻找一切相关的书籍来读，其情景今天是难以想象的。当时图书馆的藏书本来也非常有限，就我而言，还有一个显而易见的先天不足，那便是知识体系的杂乱。而令愉的阅读面显然较我要开阔而有序，不但思维缜密，记忆力也非常惊人，他感兴趣的一些文献史料的原文，多能逐句复述，故谈吐时条理明晰，且不乏个人的见解，不知不觉间我们的交往渐渐多了起来。40年来，我始终以“令愉兄”尊称他，不是因为他年长于我，更非客气之言，而是发自内心的一种以兄事之的敬重之情。

几乎每一位与令愉有交往的同学，都会对他待人接物时表现出来的谦谦君子之风留有深刻的印象。令愉身材颀长，衣饰整饬，与人相见时会习惯性地微微躬身以示敬意，谛听别人发言时神情凝注，与人交谈时言语虽不多，然措辞文雅谦逊，有会于心时便抿嘴轻轻一笑。他在待人接物时的谦恭，是一种发自内心的对人尊敬的自然显露，这使得他的言行举止间，很自然地带有一种清雅之气。后来我们渐渐得知令愉的尊人是系里著名的法国史教授王养冲先生，被学界尊为国内法国史研究和西方思想史研究的奠基人，故令愉读大学前就自学法语，我们一起读书时，他已经能直接阅读英、法两种语言的文献了。20世纪六七十年代，老先生未得上课教书，而是受命翻译了一些法文著述，令愉因此能读到一些社会上不易见到的书籍，家学渊源在他身上留下了显著的痕迹。后来我读到古人“颀然其长，薰然其和”一类句子的描写，自然而然地联想到了令愉的颀然长身，他那略带几分夫子气的优雅举止，想到他在家庭文化背景的熏染下形成的彬彬君子的魅力。

毕业后，我们先后留在学校工作，分别住在一村和二村，时常会在校园里不期而遇，相见时便会说上几句话，各自在附小上学的孩子正好在一个班级，又增加了我们之间的交流，相交愈益频繁而渐成相知，互相了解的程度也更深了。数十年来与令愉的交往，他待人行事时的热忱恳切，时时事事替别人考虑的细心周密，即便是一些生活中的细节，无不显示了他对个人道德修养的注重。早些年彼此间的交流以电话为主，偶尔会有打电话给他而没人应接，然过不多久必能接到他的来电，因令愉回家有查看记录的习惯，且必定会在第一时间回复。令愉曾多年参加高考试卷命题工作，按照保密条例，在考题公开前他须有一段封闭的生活，唯恐在这段时间里我们之间联系不便，他每每在出发前，都会将日程的安排用电话通知我。令愉还有一个习惯，每次通话结束后，没有听到对方挂机声之前，他绝不会主动挂断电话。虽然只是些微小的细节，却足见他待人之诚敬。还记得我曾有两次约定了傍晚上他家去，那段时间我因眼疾而视力较弱，令愉恐我有不便，早早在约定时间之前便站在二村的大门外等我了，手上握着一份晚报，且见面先对我解释说正好下来取报纸，顺便出来看看而已，显然是在减释我内心的不安。我们使用微信后，联络大为便利，每有求助，或遇疑难，令愉无不及时回复，甚至还会就我之所问，贴上搜索所得资料发给我。我的手机上至今还留着这些记录，翻看时依旧能感觉到他的热心。

令愉任职于历史学系世界史教研室，方向是法国近代史和近代思想史的研究和教学。如果以“儒者”一词来比喻以治学和教书为业的学者，我以为令愉完全可以称为“粹然儒者”，因为像他那样奉“为己之学”为治学目的的，现实中已不多见了。为己之学抑或为人之学，主要区别在于前者追求的是自己的学术理想，而后者则为迎合时尚，追逐功利。大学虽有象牙塔之喻，居于其中，还是能感觉到诸多利益的诱惑，如对教师而言，以论文和著作为学术研究成果的考核指标，本无可非议，然成果的数量与现实的利益之间呈正相关联系，若出于利益的考虑，必以数量的增加为追求目的，研究的内涵便难免受到影响，甚至还可能蜕变为学术发展的对立之物。令愉的粹然儒者之风在于他看到了这点后，还能具有坚实的定力，在利益面前能保持一种平静的态度。

早些年他送给我一首诗，“平生不谋鸿鹄志，简单自由最美好。从来罔顾高大上，淡泊岂忌门户小”，虽然是带有诙谐之语的戏撰之作，但甘于淡泊生活，崇尚单纯而自由的精神生活的追求，跃然纸上。不谋鸿鹄志，绝非没有进取之心，而是指不屑追随世俗，做一些大家都知道的“热闹”而缺少实际内容的事情。

令愉未必不知以我们常说的“短平快”方式能获取学术成果的利益，然能做到以其“不义”而不取。这种有所不为的价值理念，在他协助王养老于耄耋之年撰著《法国大革命史（1789—1794）》时，表现尤为突出。作为助手和合作者，文献资料的搜集核对，或文字撰写，令愉都付出了巨量劳动。然撰作的时间周期长，署名又是第二作者，依照通行的计算成果方式，对评定他的学术成果显然是不利的，事实上对令愉来说，他的职称升等确实是属于姗姗来迟的。《法国大革命史（1789—1794）》出版后，获得了多种令人瞩目的荣誉，被认为是学界盛事，令愉觉得十分欣慰和满足，则在于他认为他付出的劳动，符合他“文章千古事，得失寸心知”的行事准则。正如他在获奖致辞中所说的，撰著论文的价值在于学术，不是换取名利的筹码，对社会的奉献，才是自己劳动的意义。亦如他所言，作为一名教师，深知体现自己的价值，是要为社会创造价值，超越将治学与利益直接对接的世俗之见。平静的表面之下，我们可以感受到令愉内心世界的广袤和强大。令愉退休后，曾有海外学术机构提供资金，邀请他去巴黎做短期访问研究，可见他的学术成就，不仅为同道所称，也得到了海外同行的认可。

粹然儒者的学风，还表现为学风上的严肃认真，以及在学术上对完美的追求。令愉为人谦恭，性格温和，然对于不同的学术观念，必会当面表述自己的见解，不行苟且之事，尤其在评定学术成果或学生论文答辩相关的投票方面，他以绝不徇私情来违背自己学术良知而为人熟知。作为教师，为了上课的准备工作，令愉会投入大量的时间和精力。即便是讲课中的一些措辞，觉得不够满意的话，他也会反复琢磨，甚至还会打电话与人斟酌探讨。因此，他讲课的内容不但严谨丰富，且语言生动，学生评价很高，就连他为哲学系学生开设的通史课，因为持续得到学生的赞誉而成为广受欢迎的课程。我不止一次听说过，在听学生的讲课实习时，除了对课程内容的评价，学生有发音不标准、板书字体不规范的情况，令愉都会在课后悉加指出。经他审阅的研究生论文，往往布满了仔细修改的痕迹，字里行间，或就观点的提出，或为资料的引证，连语言表达的逻辑关系，都会逐一写出自己的意见，就我所见，这是极少的。在初夏的答辩季节，我不止一次遇到他拖着一个装着学生论文和参考书籍的拉杆箱在校园里慢慢行走，又有谁知道他为了审读这些论文耗费的精力？

我以为令愉之所以甘愿为之付出，是因为他像他十分欣赏的德国诗人席勒所说的那样，是在践行一名教师所应具备的道德和教养，“对于一位有责任心的教师来说，真正的价值并不在人生的舞台上，而在我们满意的教室中”。他对教师责任的理解，不但是作为一名知识的传播者，而且是具备了将教师之职视为至上的责任心。正是为了实现自己“满意的教室”的理想，令愉甘守淡泊，以拙于机巧之心，来追求他崇奉的事业。令愉生前曾和我谈起有一所大学希望聘他为客座教授，经过仔细考虑，他只承诺每年可以安排一个月的上课计划，却谢绝了客座教授的聘请，理由是自己手边还有许多要做的工作，剩余的精力，不足以做一个称职的客座教授。如果不了解令愉的为人，尤其是不理解他看重教师一职所需要的“道德和教养”，并将事业的价值高置于那些与物质利益相关的名位之上的话，恐怕难以理解他的这个决定的。

令愉虽在物质生活上淡然处世，对于世间美好事物则充满热爱。“万物静观皆自得，四时佳兴与人同”，是他喜欢吟哦的诗句，也可视作他内中心境的一种写照。

他住在二村，毗邻长风公园，读书写作之余，在园内漫步是他的主要休息方式。令愉在散步的同时，会留意观赏各种树木花卉的特征及生长过程，从中感受自然的魅力。我曾接到过他的电话，兴致勃勃地通知我某种植物花期即将到来，建议我前去观赏。他对欣赏传统字画也有着十分浓厚的兴趣，常会不辞辛劳地坐车到市里参观一些展览，还曾拉我一起到二玄社的门市部去看展示的高仿画品。我在他客厅墙上见过一幅兰花条屏，为清代“扬州八怪”之一的作者手笔，还有一副展堂先生书写的对联，一幅购自河南安阳旅行途中的行书立轴，非名家之作，因为喜欢便买下了，除了这几种真迹外，其余全都是仿制品。令愉经常在客人面前声明自己属于收集而非收藏，因为他收集的大部分属于画册或画页的普通仿制品，如黄宾虹、齐白石的山水花鸟，如黄庭坚、米芾、文徵明等的大幅法书，分门别类，收藏在柜子里。

十多年前，曾流行过一种将名家字画作品复制在宣纸上的挂历，令愉从中挑选了一些自己喜欢且印刷效果好的作品，加以装裱。挂在客厅的字画是经常更换的，显然欣赏这些作品，已经属于他休息的一种方式。当令愉在展玩和欣赏这些作品时，神情常常会变得有些兴奋，或若有所思，或喃喃自语，令人感觉到他对其中妙不可言的感动的一种体验。令愉虽然并非收藏珍异之家,却无疑是一个真正爱美而且懂得欣赏的行家,是这些作者的知音,发现并陶醉于会心之处,有如古人所云"翳然林水,便自有濠、濮间想也"的境界,是那些附庸风雅,或者仅以藏品的商业价值作为关注点的藏家无可比拟的。

令愉走了。因为住处相近,我还时常会走过令愉生前在二村的住所。临近金沙江路的那排小楼,晚上依旧还会透出温馨的灯光,想到他如果还在世的话,总有一盏灯是属于他的,我会忍不住朝小楼多看上几眼。我一次又一次地回忆起造访他居室的情景,清茶在手,细语论文,他会将购得的好书或字画作品取出来,逐一为我介绍,脸上带着快乐而满足的笑容。走过枣阳路口,恍然又看到他伫候在二村门口的颀长身影。这一切曾是那么亲切,那么熟悉,如今却成为永远翻不回去的一页历史,只能是我记忆中的回想了。

令愉逝没,我失去了一位可以时时请益的兄长,一位可以倾心交谈的朋友,我觉得身边忽然现出一片空白,怅然久之。令愉将毕生的精力都倾注在法国史的研究上,外人所不多关注的则是他对传统的中国文化的爱好和修养,并孜孜从中汲取养分。他看重道德的作用,看重人格的尊严和人性的良知,身上有一种时下不太多见的与物质享受不相干的清贵之气。他曾将"布衣暖,菜根香,诗书滋味长"作为自己微信号的题头,这既是他对生活意义的理解,也可以说是他奉行的生活准则。

令愉辞世之年尚未届七十,就他的学养和精力来说,正是为社会奉献自己学识的黄金时候,却只是留下了满箧文稿而匆匆离去,是最让人痛心的。扼腕叹息的同时,想到他一生的为人,不禁联想起司马迁慨叹伯夷命运时所言:"天之报施善人,其何如哉!"

写于王令愉先生逝世周年之日

悼念王令愉教授

端木美

令愉离我们而去了一个月，至今难以接受这个残酷的事实。记得就在不久前9月8日晚，2017年上海历史文化研讨班结束的当晚，我和李宏图、王加丰两位同仁前往王家探望令愉。那天令愉精神很好，说话底气很足，使我们很放心很高兴，相约明年研讨班见。临别前王夫人亲自为我们四人拍照留影，不想这一别竟成永诀！照片定格在令愉与我们相聚的最后的欢乐时光！

我没有机会与令愉长期一起工作，自从2003年我担任中国法国史研究会会长之后，与上海秘书处联系多了，才与华东地区的同事们，包括令愉，有了业务上的联系。自2004年起研究会主持的国际合作项目“中法（瑞）历史文化研讨班”在上海举办，几乎每年都有机会与令愉见面，而且他是研讨班计划最坚定的参与者、支持者之一。在我眼中令愉是一位为人正直正派、知书达理的名门之后，是我们这代人中不多的学问渊博、学贯中西的真正学者。

在研究会的工作和活动中，他一直持积极参与支持的态度，从不计较名利、处处谦让、默默奉献，是维护研究会团结和推动研究会发展的中坚力量。回忆起他为研究会所做的工作，我只举出印象深刻的几点。

其一，2003年9月28日至10月12日，中国法国史研究会一行六人应巴黎大学法国大革命研究所和（位于伊泽尔省省会格尔勒布尔附近的）维济尔市的法国大革命博物馆的联合邀请，赴法参加两个研讨会。这是研究会自1978年成立以来首次集体访法并与法国学者举行双边研讨会。9月29日在当时法国大革命史研究所所长让-克莱芒·马丁教授主持下，中国学者在巴黎大学做了专场中国的法国大革命史学介绍报告会。会上楼均信教授、高毅教授以及王令愉和李宏图两位教授合作，都作了很出色的报告。在令愉和宏图的《中国的法国大革命史教学》报告中不仅详细介绍了在我国中学和大学的法国大革命史教学情况，而且向与会者展示了令愉专门带去的上海市中学历史教材。马丁教授虽不懂中文，但从那些他极为熟悉的历史图片上，他看到中国人用大量的篇幅向中学生教授法国大革命史，他很惊讶感叹，认为法国对中国历史的介绍远远不能相提并论。后来我们去了维济尔市参加了两天的双边研讨会，六人都作了学术报告，引起法国同行的关注，当地报纸也作了报道。令愉在会上作了题为《自由平等国民主权原则：从确立到实践》的发言，非常有分量，受到法国同行的好评。

2009年研究会组团准备2010年第二次集体出访法国瑞士时，条件比较好，每人可以有一个月访问学者待遇，机会难得。我从巴黎三次打电话给令愉，希望他能参加，但是他是一个孝子，当时他的父亲、我们崇敬的王养冲先生已经去世，只有老母亲在病榻上，他便婉言谢绝了我们的邀请。我对他产生很大的敬意。后来安排了他个人2013年出访，在巴黎作了一场学术报告，据翻译及现场出席的法国学者反映，水准很高，大受欢迎。可惜这已成绝唱！

其二，从2004年起开办的中法（瑞）历史文化研讨班，已经举办过13届。除了2016年研讨班因故取消、2017年他本人生病外，令愉几乎每年参与，主持过9次报告会，而且由于他博学多才、学贯中西，我们总把最难主持的课题交给他。因此，他除了主持过有关法国大革命史的报告外，还主持过汉学家程艾蓝（Anne Cheng）的“古代中国宇宙空间的表征”、伊莎贝尔·朗德里·德龙关于“启蒙时期欧洲对中国的认识：传教士的作用”和弗朗索瓦·吉普罗的“亚洲的地中海：中国及其海洋活动传统”等涉及知识面很广、中西方交流很复杂的内容的报告会。他每次都能做好充分准备，应对自如、点评到位，使得外方学者和翻译都非常满意。在夏末余热未散的上海，令愉手持大纸扇潇潇洒洒并不时以折扇代教鞭的形象给外方学者留下深刻印象。

其三，在我初任会长之时，设在上海的秘书处还有许多杂事留在华东师范大学历史学系。令愉收到有关公文、信件必会打长途电话来询问处理意见，其认真负责态度很令我感动。开始，我对研究会工作不够了解，对于研究会内部的一些想法或遗留问题有点担心，因此会不时电话请教他。他总是让我想开了走自己的路，以大局为重、以团结为重向前看，还搬出过我父亲端木正20世纪90年代末在理事会上一次流传很广的发言。当时我父亲说法国史研究会从老一辈起就有很好的团结传统，没有争吵过，没有人告过状。令愉以此为例的劝慰是一种鼓励和支持。令愉不常出面，但是遇事能勇于承担责任，为研究会尽力。2008 年 9 月研讨班结束之后，法国驻华大使馆与德国驻华大使馆合作原定 11 月要在南京举行一个国际研讨会，由于情况突然变化，只能移至上海办，需要中国法国史研究会支持。可是当时沈坚、李宏图在研讨班结束后分别赴法国了，我也回到北京，杂事缠身，上海的事情只能委托令愉全权处理。很短时间里，他成功地发动了历史学系几位同仁一起去参加了在同济大学举办的对战争回忆与和解问题的国际研讨会，使研究会得到两个使馆的一致好评。

我与令愉都是老一代留法学人后代、中国法国史研究会创始人的子女。我父亲很钦佩王养老，认为王养老是中国研究法国大革命的第一人，与我谈及王养老必尊称王老师，年年都恭恭敬敬地亲笔写新年贺卡向王养老夫妇贺岁拜年。与令愉虽然交往时间不多，但我视他如同自己的兄弟。在某种程度上，我们都是父业的继承者，但他做得比我好。2003 年集体访法期间，我们寻访过王养老在巴黎的故居，而且一起去巴黎大学行政机构，想查阅父辈的档案。当时接待我们的女士得知我们的情况后，高兴地说："欢迎你们！你们是巴黎大学的孩子！"那一瞬间我们惊讶地对视了一下，深受感动。"巴黎大学的孩子"是父辈与我们血脉相连的历史印记，这个称呼注定我们应该肩负特殊的传承使命。如今作为研究会副会长的令愉驾鹤西去，令人不胜痛惜。相信他的女公子霜霜及众多弟子不会辜负他的期望，定将把法国史研究以及中国法国史研究会的工作传承下去，做得更好，告慰令愉在天之灵！

怀念令愉学兄

沈　坚

去年11月突然获知王令愉教授不幸离世，非常震惊和悲痛。转眼周年将至，沉痛和惋惜之情依然无法平复。

我和令愉教授相识30余年，谈不上深交，但印象深刻，非常欣赏他的学术涵养，也欣赏他的处世为人。我大学毕业留在母校杭州大学教书，在沈炼之先生门下从事法国史研究。杭州大学历史学系与华东师范大学历史学系一直有着紧密且良好的关系，沈炼之先生和令愉教授的父亲王养冲先生私人情谊也非常深，两校多有走动。我第一次遇到令愉教授就在他们的家中，20世纪80年代初我随我校楼均信和戴成钧二位老师拜访王养老，令愉兄陪同左右，为我们端茶送水，我们告辞时一直送至楼下，为人非常谦恭，那微微点头、轻轻弯腰的神态在脑海中久久拂之不去。

让我对令愉教授刮目相看的是20世纪80年代中期的一次学术报告会，会上他作了一个关于法国大革命前三个等级的学术报告。法国旧制度的三个等级在当时的描述仅限于教科书和一些通史著作，分析均不够深入，而令愉教授的报告则对三个等级的状况作了非常详尽的梳理，其中引述了许多法文的原始材料，由此看到令愉教授做学问非常认真踏实的一面。后来，我们在法国史研究方面逐渐活跃起来，相聚相谈的机会也多起来，再后来我们同投陈崇武门下攻读博士学位，他早我一年，算起应是我的名副其实的师兄，他是我国深入研究孔多塞的第一人，至今我国在这一题目的研究上无出其右者。

2003年10月中国法国史研究会在端木美率领下集体组团赴法国与法国大革命史的专家们进行交流，我和王令愉教授同行。在此次中法学术交流活动中，王令愉教授尽显学术风采。在巴黎第一大学，令愉教授和李宏图教授共同向法国同行介绍了中国中学和大学关于法国大革命教学的情况，图文并茂，资料丰富，引起法国大学师生的极大兴趣。随后我们在维齐尔一座古城堡里（现为大革命博物馆）举行学术会议，王令愉教授以翔实的史料和深入的分析，作了题为《自由平等国民主权原则：从确立到实践》的学术报告，引起了法国同行们的热烈讨论。

2007年，王养冲教授和王令愉教授父子合作完成的巨作《法国大革命史（1789—1794）》出版，在学界引起很大反响，我一口气通读了此书，为此书的系统性和资料丰富性叫好，欣然在《文汇报》上发表了书评《二十年的心血与成果》。该书的出版也了却了令愉教授的一桩心事，使他的学术水平更达到新的高度。

在精心教学和研究的同时，王令愉教授也积极为我国法国史研究事业做出贡献。王令愉教授非常支持研究会的工作，研究会的重要活动都积极参与并经常提出宝贵的建设性意见，他甚至曾经为研究会争取资源身体力行，希望能够拓展学术旅游项目。在担任法国史研究会副会长后，更是积极参与研究会的领导工作，特别为近几年的中法历史文化研讨班的顺利举行付出大量心血。去年9月，中法历史文化研讨班举行，我当时远在澳洲，听说令愉教授身体有恙而缺席，虽不知何病，但从令愉教授不会轻易缺席研究会重大活动的习惯来看，心里就有隐隐的担心，后又听说病情好转，才又放下心来。但想不到11月份却传来难以令人置信的辞世消息，令人扼腕痛惜：我国法国史研究痛失一位重要人才！

王令愉教授一生短暂，却活得精彩，他知识渊博，兴趣多样，中西文化贯通，会场上常见他一把折扇轻摇，颇有古代雅士之风，待人接物非常得体，还治得一手好印；他淡泊名利，是非分明，不计得失，积极从事公益活动；长期照顾多病的父母，是出了名的孝子；对待学生有如慈父，深得学生爱戴。

走在星空之下，我常仰望茫茫星海，总是想着令愉兄也许就化作其中的一颗，正注视着我们。令愉兄，您永远活在我们心中。

深切怀念令愉

李宏图

令愉兄辞世已过大半年了，在他刚刚去世的时刻，我的内心极为苦痛和凌乱，无法接受这一事实，也无法静下心来写点什么。

得知令愉兄生病的消息是2017年春天约他为出版人陈丰老师组织出版的《孔多塞传》写篇书评。因为他是国内研究法国启蒙运动，特别是思想家孔多塞研究的专家。在和他电话沟通中，他才告诉我他的白细胞减少，正在做进一步的检查，也无精力和时间来撰写此文。我一向觉得令愉兄身体很好，也就没有多想，只是劝诫他不要太累，注意休息。过了一段时间联络他时，他说从北京等地检查回来也没有检查出结果，只是觉得查找不出原因有些着急，我想应该无大碍。后来不知道为什么形势急转直下，8月份，我和项翔同去看望他，才知道这段时间病情发展很快，几经住院治疗才终于可以回家康复休养。的确，几个月不见，人很消瘦憔悴了许多。9月初，在举办中法历史文化研讨班期间，我和中国法国史研究会的端木美名誉会长、王加丰副会长一起前去看望，此时的他经过一段时间的调养，气色明显有所好转，人也胖了点，走路也有了力气。那个晚上，看到他身体恢复得不错，我们也感到释然了，大家谈笑风生，还合影留念。后来开学，大家都忙忙碌碌，一天，我的学生刘桂海告诉我，王老师突然病情复发，住进长征医院。我急忙赶到医院，此时他人已陷入昏迷状态，俯身呼喊，却无回应。我心情十分沉重，祈祷他赶快好起来，并坚信着他一定会好起来的，因为朱医生，令愉兄的爱人以前就在长征医院工作，这里的医疗条件也很好。谁知仅仅三天，他的病情就迅速恶化，被送进急救室抢救。我站在病床前，看着药水一点一滴地输入他的体内，期盼着奇迹的出现。可是，现代的医疗仍然无力救回，看着病床前的仪器已无波动，归于一条直线，我十分痛心，也无法相信，令愉兄怎么就这样辞世，离开了我们。至今这一幕仍然历历在目，难以忘怀，也让我感伤。

令愉兄走了，对社会来说，这样一位正直善良，而又坚守着文化和道德品质的君子离开了我们；可是对我而言，我们具有一种特殊的关系，这样一种心灵上的打击非常人所能理解。

这样的一种特殊关系不仅在于我和令愉相识多年，更需一提的是，令愉兄是我的博导王养冲先生的公子，这层关系也让我对他多了一份敬重和亲近。同样，我们也有很多共同的活动，当我作为博士生时，先生为我们开设了“西欧近代思想史”和“西方近代社会学思想的演变”两门课程，令愉兄也和我们一起听讲，进行讨论；后来我留校工作，作为工作中的同事，我和令愉同在法国史研究室，这个研究室在当时是中国法国史研究的一个重镇，老中青几代学人齐聚一起，形成一个既有各自分工，又有紧密合作的学术共同体，这也是一个蓬勃向上、相处愉快的学术大家庭。正是在这一氛围中，我们又增进了很多共同的理解，一起参与了很多学术活动，他也像一位宽厚的兄长一样给了我很多帮助。

令愉既有多年亲炙先生的教诲而养成的人格与志向，又在自己独立的生活和学习中形成了低调严谨、追求内在精神文化品质的特性。在学术上，令愉的学术研究精致凝练而有时代关切，犹如手工匠人在精心打磨自己的一件质地精良的制品，这件制品凝聚着匠人的情感和主旨，也体现着匠人的独特技艺和韵味。他对法国革命和近代西欧思想史的研究成果都获得了学界很好的评价，至今仍具极高的学术价值。例如他对法国启蒙思想家孔多塞的研究，早在 1995 年，他就在第 1 期的《华东师范大学学报》上发表了《孔多塞：法国最后一位启蒙思想家》一文，今天读来，仍觉选题独特，见解精辟，意蕴悠远。孔多塞是 18 世纪法国的启蒙思想家，也是见证了法国大革命爆发，并且在大革命当中受到雅各宾派专政迫害、自杀而亡的最后一位启蒙思想家。因此，研究孔多塞就具有非同寻常的意义。他揭示了一个犹如“托克维尔悖论”那样的问题，作为启蒙思想家，他的思想推动了革命的到来，但最后又被革命所吞噬。

对法国启蒙运动的研究，自 1978 年改革开放以后，学界即给予了极大关注，但真正潜心和使用法语资料进行研究的却不多。1984 年，我的导师王养冲先生在《历史研究》创刊 30 周年纪念号上发表了《18 世纪的启蒙运动》一文，对法国启蒙运动作出了高度凝练的整体性研究。令愉兄受其影响，开始进行一些个案研究，启蒙思想家孔多塞即是其中之一。父子俩人，志趣相同，风格各异，一时在学界传为佳话。一晃多年过去了，从学术上讲，这两篇文章成为推进启蒙运动研究的基石，仍然具有特别的学术价值。特别是对于启蒙思想家孔多塞而言，国内学界至今还是无人深入研究。正因为此，令愉兄的这篇文章，弥补了史学界研究的不足，较为系统地展现了孔多塞的思想，也传递了一位历史学者对时代的深切关切。孔多塞的思想遗产，不仅丰富了人们对启蒙运动的理解，也向世人表达了启蒙思想家的思想精髓：在理性的推动下争取恢复人的权利，确立人的尊严；必须改善人类的境况，让所有人都能得到幸福。

今天，我们无法得知为什么令愉兄能够写出这样能给人启迪的文章，但从文章中可以看出，他将启蒙思想家对人的尊严和人的权利的坚守与捍卫这一内在精神传递给了生活在另外一个空间里的世人，也许这正是他自己对早年遭遇的反思和控诉；或者正是基于学术研究和时代关切以及个人境遇这些交织在一起，才使其写出这样富有学理和思想价值的文章。

令愉兄的父亲王养冲先生一直强调作为教师，要尽到作为教师的责任，同样作为一个公民，也要承担起公民的使命。多年来，令愉兄正是秉持这一家训踏实而行。例如他不仅和学生魏国琳一起翻译了英国著名学者约翰·基恩的《市民社会：旧形象，新观察》一书，写作了很多具有思想内涵的文章，还面对着日益加剧的文化衰落，甚至学生连基本的常用词语也会写错和读错的现状，不仅痛心疾首，而且付诸行动，想用自己的微薄之力来挽救。为此，他不惜花费宝贵的学术研究的时间，为学生进行题为《写端正字，做正派人》的讲座，挑选出一些常用词语，让学生，特别是研究生进行默写，以此来纠正对文化的忽视，培养对中国文化的体认，以及内化为自身的文化修养，成为品德端方的正派人。他不止一次和我说起此事，我当时觉得他把时间花费在这些上面比起写学术论文有些得不偿失，但他认为从青年人的文化基础入手是一件很大的事情，是文化承续和如何做人的大事情。因此他不厌其烦地投入其中。正如他在讲座中所说：写字是中国文化的重要内容，通过写字，进而提高学养，改变自己的胸襟气质，即端正做人。同样，令愉兄常常有一种中国文化的自觉，例如中国法国史研究会会同法国人文之家基金会、巴黎第一大学和瑞士弗莱堡大学一道举办“中法（瑞）历史文化研讨班”，迄今已有13届了。

由于是在炎热的9月初举行，每次令愉兄主持一个学术单元讨论时，他都摇着折扇，拿出准备好的主持词。不管是主持词，还是即席的点评，都蕴含着丰富的文化内涵和学养。这让法国学者十分赞叹，也使听讲的中方师生很敬佩他的中国文化修养和造诣如此深厚。

浸染着中国传统文化，令愉兄身上带有几分古风；满载着中国传统的美德，大家都视令愉兄为堂堂君子。同时，他又受到西方优秀精神的熏陶，疾恶如仇，看不惯很多社会不良现象和风气。他对朋友、对同事热心帮助，我自己就得到他的很多支持和帮助。对家人，他给予了更多的关爱，特别是他侍奉双亲，精心照料两位老人的日常起居，使得两位老人颐养天年。我们都说令愉兄是个大孝子。连中央电视台都来拍摄两位老人长寿的秘诀，其实在这后面隐含着的是令愉兄多年如一日的辛勤付出。

对这样一位君子和孝子，上天却未能眷顾于他，致他罹患疾病，遽然而逝，这让我们根本无法接受。令愉兄的突然辞世，不禁让我想起我的博士生导师王养冲先生，也记得令愉在先生去世的追思会上的发言，今天重温令愉兄的这段话也许能够冲淡心中的哀伤。令愉兄说："张先生（指张芝联先生）说到'生'和'死'的问题。最近一个多月来，我也在想这些。死亡对任何人都是无可避免的，但是人生的意义的确千差万别。1850年，法国现实主义文学家巴尔扎克逝世。同时代的法国作家维克多·雨果为他写了《葬词》。对巴尔扎克的逝世，雨果说，上天在让人们面对崇高的奥秘，并对死亡加以思考的时候，知道自己做的是什么；死亡是伟大的平等，也是伟大的自由。雨果说，巴尔扎克离去，这不是黑暗，而是光明！不是终结，而是开始！不是虚无，而是永恒！现在，当然情况不同。先父只是平凡的中国学者，普通的中国教师。但是此时，我似乎觉得，我与雨果之间，在心灵上有相通之处。先父离去，他给我，或者说给世人留下的，应该是能够驱除黑暗的光明，是终结以后的新的开始，是化除了虚无的睿智的永恒。"

的确，今天不仅王先生，包括令愉兄业已逝去，但也都化作了永恒，其文章道德长存，更成为了一份驱除黑暗的启蒙之光、理性之光。由于上课和研究的需要，我时常阅读他们的著述，每次拿在手上，阅读其中的文字，也都仿佛觉得他们没有离开，更没有走远，一直在我的身边，在我的书房中，在我的学脉里永驻。

风骨永存

——悼王令愉老师

许　平

惊闻王令愉老师去世，泪水夺眶。

他的厚道优雅，他的仙风道骨，伴着往事一一在眼前浮现。我不由得写下几段文字，释放心中的悲痛，也是对王老师的怀念。

在华东师范大学跟王养冲先生求学的时候，与王令愉老师接触不多。他寡言，我们也无从多语。最多的接触，就是我们每两个星期到王先生家去一次，王令愉老师一脸谦和地开门，“你们来了”，“你们好”，“请进，请坐，喝茶”。还有一次，是王先生生病，我们送了点苹果。过几天，王令愉老师拎来两罐苹果酱，说是师母做的，“你们读书累，加强营养”。毕业后离开上海北上。由于对王先生的感情，节假日电话过去问候，王先生听力不好，王令愉老师代之，加之法国史开会等机会，反倒与王老师多了些联系。渐渐地，他的形象和风骨在我心中清晰、丰满起来。

王令愉老师是真君子，真正的精神贵族。从容优雅，朴实敦厚，谦和认真，尊重他者，乐于助人，担当责任，内心纯净，很真实，不世故，不做作，不矫情。这些美言送给他都恰如其分。他不耀眼，不醒目，但身上散发着一种因其独特的品质、修养、学识和秉性而形成的温润如玉的光泽，给结识他、了解他的人留下深刻印象。

王老师为人厚道宽容。一次，一原华东师范大学学生告诉我，某学者在公开场合对王先生有微词，说王先生只知马克思主义。原因大概是王先生没有应邀参加他的博士论文答辩。告诉我的这学生很气愤，准备反驳，问我到底怎么回事。我告诉他，王养冲先生生前，我们曾问过他这事。王先生脱口而出的回答是:“人类思想的宝库如此璀璨,是一代代思想家贡献出来的。你可以不同意,也可以批判他,但必须尊重他,读懂他。不能用‘数日呕吐’这样的语言来轻薄他。”这是老先生坚持的学术操守,涉及的只是为文的态度问题,不涉及其他。王先生在法国求学10年,先后师从让·瓦尔教授学习欧洲哲学史,从勒弗费尔教授学习法国革命史和历史编纂学,又从拉洛教授研究涂尔干的社会学思想,深得这些大家的学术传承。现在老先生已经去世,怎么又出现这说法?我去问王令愉老师究竟怎么回事。他说:“答辩确实没参加。但那篇文章评议时是给通过的,同时指出他引用的一段马克思话意思不准确。”王老师问我为什么想起这事。我告诉他,有学生要“捍卫”王先生。王老师马上用他一贯的口气说:“不要,不要,自清,自清。”是呀,面对这样的人品和学品,什么样的解释都是多余的,清者自清。

王老师做人认真,做事踏实。面对“绩效”“考核”的压力,他不为所动,没有任何浮躁之气。一面尽心尽力照顾好先生和师母,一面踏踏实实做好每一件事。他和王先生合著的60万多字的《法国大革命史(1789—1794)》,前后花费20年时间,仔细核对,审慎梳理,精心打磨出一部学术精品。这部书被评为上海市哲学社会科学特等奖。此外,他参与了《罗伯斯庇尔生平》《拿破仑生平》的资料整理,还翻译了《法国革命引论》等著作。

王老师对很多知识,包括中国史知识的来龙去脉,搞得极其准确,清清楚楚。一次,《探索与争鸣》约几个学者写各大国崛起过程中的忧患意识,要我写法国部分。我认为,所谓忧患意识,说到底是一个民族的自省能力。但自省能力是会受到当时政治形势影响的。拿破仑时期的极权统治,个人意志扼制了法兰西民族自省的能力,导致拿破仑的失败。文章发给王老师。没想到他很快回复,认真指出“极权”和“集权”不是一回事,及时纠正了我的疏忽。

论出身,王老师是地道的“学二代”,但在他身上没有一丝骄傲之气。接触过他的人都能感受到他发自内心的谦和,以及对他人的尊重。从没听到他讲起自己堪称源远的家世。一次,法国史学会在广州开会,王老师在黄花岗七十二烈士纪念碑前驻足很久。他告诉我,对广州有感情,有兴趣,可能要多待几天,多看看。联想到师母的早年经历,我斗胆问他:“听说师母是国民党主席林森的女儿,是吗?”他说:“不,我母亲和林森女儿是好朋友。因为林森女儿英文不大好,林森出去就总带着两个人,所以才有这传闻。”其他再无多言。

一次在杭州开会。参观的时候,从一个景点到另一景点开车后,突然发现王老师不在。车上所有人都把眼光盯上我和李宏图,意思大概是你们怎么把大公子丢了。后来才知道,他是看古迹入神了,没注意到旁边的人已经走了,所以才被落下。会议结束后,大家忙着收拾东西,王老师给我看他的印章册子。小小的册子,一页一页地翻看,跟我讲每个印章后面的故事。他说:“我没事的时候就拿出来翻看,看不够。”当时的王老师,一扫平日里老夫子的形象,眼睛里闪出孩子般欢喜的光芒。我脱口说:“把玩?”他说:“是的。”王老师就是这样,怡然自得地在文化的海洋和纯净的精神世界中。用他自己的话说,真是“布衣暖,菜根香,诗书滋味长”。

清楚记得在王养冲先生百年诞辰的会上,王先生说的一句话:“卢梭说,要做个有道德的人。我一生都在努力践行。”就是那次回来上海为王先生祝寿时,我跟王令愉老师说:“师从王先生,认识你们一家人,是我一生的幸运。”我说的是心里话。我的好朋友周洁曾跟我说:“你这么理解尊重王先生,是因为你身上也有与王先生相似相通的品质。”也许吧。我从他们那里得到的滋养,不仅限于学识,更加是品德、修养和精神。在王先生和王老师父子面前,我高山仰止。

王先生的精神常在,王老师的风骨永存!

心中的令愉兄

沈　坚

王令愉兄走了，悄然而去。如他惯常的那样，静静地，不事声张，唯恐扰及旁人。

他远行于11月12日，碰巧是孙中山的诞辰日。由此想到，他的先尊养冲先生早年曾追随中山先生的思想，为追求建设一个繁荣昌盛的新型国家而做过的努力。想到改革开放初年养冲先生为我们历史学系很多77、78级同学开设的那些课程，这已成为那个年代思想解放、睁眼看世界的一个表征。由此也想到，令愉兄父子两代多年来潜心致力于法国大革命史、西方近代思想史的研究之于中国所具的特殊意义和苦心所在。

令愉兄的正直谦和、博雅好学之风，广为传颂，有口皆碑，但凡同他接触过的人都不会忘记。我们同龄人中言行举止像他那样的，怕已很少，他几乎不受世俗风气的什么熏染，洁身自好，纯净度高，所以人们常戏称他为“老夫子”，而且是“最后的老夫子”，意思是从今往后再也不会有了。这样的君子品性恐也源自家风，是一种传承。

令愉兄长我一岁，我们共事多年，同年退休，我一直十分敬重他，把他视作兄长，良师益友，同他交流、讨论，总能获得收益。尽管我们各自的专业领域有别，他重世界近代史、法国史、思想史，我则偏重世界古代史、中世纪史、民族史，但常常还是能说到一块，共同语言多，与他聊天，总能得到不少启示，汲取学术营养。每年春季研究生论文答辩，我们教研室几位同事总要邀请令愉兄来做答辩委员会主席。他也总是一如既往，认真审阅每篇论文，履行职责，完成任务。学生们一说起王老师，就会满脸感佩、尊崇，有人至今还提起哪次答辩时王老师拉着个小行李车来，上面装了一大沓书本供备查。答辩差不多成了学术研讨会，这里的一丝不苟，反映了他一贯的做学问的态度，认真、严谨而又不乏温和、宽容。这样的老师，难能可贵，令人肃然起敬，真正称得上大学教师的楷模。对知识的渴求和关注，同样贯穿在他日常生活的许多方面。

我这里有一份令愉兄最后的来信（9月25日的电子邮件）：

沈兄：

昨日，四位冒雨探病，至谢至谢。

《陕北地名与边塞文化》提到的有些事原来并不知道的。镇北台的确雄伟，与山海关、嘉峪关并列为三，是首次知道。未曾注意过范仲淹曾到陕北。查了一下，康定元年（1040年）范文正公与韩琦同任陕西经略安抚招讨副使，旨在"屯田久守"。筑城，谓之"定边"。忽然想起，大约是2000年暑假在河南安阳游览。某日闲走城中（可能的城郊结合部分），见一家的院子中有大牌一方，上书：祝贺北宋名臣韩琦第某代孙考取硕士研究生。

照片甚好。确实想不到在陕北还会有那么广阔深邃的湖泊（淖尔）。红石峡，把摩崖石刻多照些更好。

我似乎下午精神比较好。服药治疗，也寄希望于无法解释的"霍然而愈"。

谢谢！晚安！

王令愉

大病之后的他，所关注所谈论也最钟情的依然是学问之道，对病况也还抱着乐观态度。

今年上半年令愉兄开始生病，原先约好的春天埃及、以色列之旅，他不能去了。约好的6月陕北榆林讲学兼考察，也无法成行。他的病况时好时坏，辗转反复，医院几进几出。我们一直想去看他，又恐一再搅扰。直至9月24日，他的身体比较稳定了，我们才登门探望他。那天他很兴奋，谈了许多，也谈到了去榆林。他说本来要去给当地学生讲课的讲稿也准备好了，写了很多……看他那天回来后，我便将考察后写的一篇自己的文章《陕北地名与边塞文化》

以及实地拍摄的照片发给他看,以便一起分享。如同往常我们的交流一样,令愉兄经过自己的思考和查证资料,回了我以上这封电子邮件。然后我又按照他的要求,补发了更多的摩崖石刻等照片,我想那必定会让他高兴的。然而,无论如何没有想到的是,这份回函,竟成了他留给我的绝笔。

令愉的知识面和兴趣爱好相当宽泛,他对许多事物都有自己的看法,有着从不枯竭的好奇心。他对文化的那种热爱和执着,你一眼即可感知,在这一代人中称他学贯中西,也并不为过。他确实术业有专攻,但又不光只是在法国史、欧洲史领域转悠,而是有着更多方面的涉猎,他喜爱和熟知中国传统的诗词、书画、文物,与很多同样有此爱好的朋友谈得来,聊得欢。这就是他作为一个大学文科学者所具备的淳厚学养,也是他的人格魅力所在。

令愉是出名的孝子,前些年因忙于照料高龄父母,为他们的医疗、服药耗费大量精力,不得不谢绝、放弃了多次旅行、聚会活动。退休后这些年,才有所弥补,我们和他走得更近,也更自由了。国内国外行走看世界,相继去了近二十个国家、数十座城市,彼此切磋、探究,从中可获得新知和精神上的满足,还有比这更令人愉快的么?

令愉兄,如今却再也无法见面相叙,畅快同行,甚至连我们都出自母系方面的第二母语广东话也无人可讲了。请一路走好,寒流之下,当自珍重!

我们喜欢和敬佩的令愉教授

王佳芬

我们都是令愉教授的太太朱莉所在的中国 ShEO 合唱团闺蜜好友。我们爱朱莉医生，也因为朱莉对令愉教授的尊重和仰慕，令我们对令愉教授充满敬重和爱戴。

2017 年令愉生病期间，我们陪伴朱莉随着令愉教授病情的起伏变化一起担忧、一起祈祷、一起祝福。9 月份我和蓬蓬到家里探望他时，那天他感觉特别好，声音洪亮，脸色红润，与往常一样和我们谈生活谈健康。就像我们和朱莉、令愉教授一起在冬天游武夷山，夏天游英国。在武夷山的禅茶之旅，令愉教授才思敏捷，朱莉主动抱着我小孙子威琏过山涧溪流，不慎摔倒，令愉教授一边安慰朱莉，一边鼓励痛哭的小威琏勇敢坚强。有他在，我们的英国之行谈古论今，旅途多了很多历史感和现代感，再多的学术问题都问不倒他。有很多个春节，蓬蓬和朱莉夫妇一起在异国他乡听着令愉教授的故事愉悦度过。令愉聪明敏捷，看蓬蓬的博客过目不忘，经常会在博客和电话里与蓬蓬讨论文字表达的准确和修改标点符号。

令愉儒雅、学识非凡。在数年前我们有幸听过令愉教授讲过一堂欧洲史，从英国光荣革命到法国大革命，真是深入浅出，让我们对历史产生了真正的探究学习的兴趣。他治学严谨，在资料上听说有波斯人的后裔在泰州，就找到朱莉的好友泰州眼科医院张勤，张勤夫妇陪着令愉找到村里 80 岁的佴姓爷爷，也去了佴姓家族的墓。令愉教授即使生病期间，也始终幽默风趣，是大家的学识，也是平等平和的人品。

我们很欣慰令愉教授的精神和学养被他的学生和孩子继承了，他书稿里的智慧也将绵延惠泽以后的学人们，他拥有朱莉这样的贤妻良母为伴侣，有凌霜这样聪慧阳光的女儿，还被无数的学生、朋友、亲人所爱戴，尊敬的令愉老师得诸佛菩萨慈悲接引，往生西方净土世界，在莲花中绽放至善的生命。安息吧，令愉教授！

悼念王令愉教授

吴明玲

王令愉教授离世了,这么多人在一起缅怀他,或许也是最后一次了。我们每个人一辈子就是不断地送别和迎新。送别亲友或他人离去,迎接新生命的到来。这本是一件寻常的事,然而有的人虽然离去了,却让人痛惜和缅怀。王令愉教授就是这样的人。

我和王教授交往的次数不多,联络也不频繁,但我们很熟悉很投缘。这种感觉很有意思。我们在生活中往往都有过这样的体验,有的人,你可能和他认识了一辈子,但依然是陌生的。而有的人你可能只跟他见过数面,却如同熟悉的老朋友。很感谢王教授给了我这样的感受。

王教授退休以后给我们民建会员讲过法国大革命史。这次课程是他为我们民建会员度身定制的。为什么说度身定制呢?因为课题很大,时间却只有两个半天。听众呢,更是对法国大革命史知之甚少,大多数连皮毛都不了解。所以实在是难为了我们这位大教授!当然,结果是没有悬念的,王教授的课比预想的还精彩。他从大革命前旧制度末期的法国讲起,一直讲到拿破仑帝国失败结束。重点给我们讲了改革在大革命过程中的地位和作用,让我们认识到法国大革命不仅是一场激烈的政治革命,也是一场深刻的社会、经济、思想和文化革命。我们知道,王教授一辈子研究世界近代史和法国史,也出版过大部头的专著,其实他随便讲一讲,就足以让我们醍醐灌顶,受益匪浅。但他的太太朱教授告诉我,他了解了我们民建会员的具体情况后,针对性地备课,为了和大家更好地互动,还制作了内容丰富的PPT。所以现场效果非常好,结束以后大家围在王教授身边继续请教,不愿离开。我至今还记得他讲课时的情形。有一次,他将孙中山一百年前用粤语演讲的一段录音发给我，特别强调是一百年前的粤语。我说，以当时的录音条件，能把语音资料保存到现在真是很不容易，弥足珍贵！他用粤语说："就系！中山先生话'现在'，唔话'衣家'。"王教授真是处处认真仔细。这是我最早认识的王教授，严谨又认真的王教授。

后来，有过和王教授一同出游的经历。一次去朝鲜，一次是去希腊。在朝鲜旅游，吃住不那么好，大家多少会有几句抱怨。但我从没听王教授抱怨过，一句也没有。哪怕他吃坏了肚子，头晕目眩，只能终止参观，回到车上休息，也没听他有过半句怨言。我后来想，我们清楚自己去往的是哪里，在当时当地那样特殊的地方，抱怨和牢骚都是无聊和多余的。这件事也算窥斑见豹，让我见识了王教授安之若素、泰然处世的心态。

王教授很谦和，但又很有原则，他似乎是天生的好人，有着与生俱来的正人君子的品行，待人诚恳醇厚，这应该是所有认识他的人都有的共识。他也很符合我心目中民国那些大教授的风范。但是王教授并不古板，他的幽默风趣也很上品。王教授是广东人，我呢，是在广东长大，有的时候在旅途中或是在微信里，我们会就粤语和沪语的语言特点聊一聊，这时候的王教授风趣幽默，同样令人难忘。

两年前，我有幸得到王教授惠赠的他和他父亲合著的《法国大革命史（1789—1794）》。这样一部历时20年写就的学术专著，以我学浅才疏的浅薄和对法国历史知识的空白，不足以通读此书，所以一直读读停停。遗憾的是，我再也没有向王教授请教求问的机会了。

我眼中的王教授很特别，也很平凡。英国诗人威廉·布莱克在《天真的预言》中说："一沙一世界，一花一天堂。无限掌中置，刹那成永恒。"我要把这首诗送给王教授。他就是我们身边平凡人的永恒。

有人说得好，其实，我们每个人都是一朵花，每朵花都有自己的世界；每个人都是一片叶，每片叶都有自己的绿意。一花而见春，一叶而知秋，窥一斑而见全豹，观滴水可知沧海。低调内敛、彬彬有礼的王教授，是我近距离接触到的少有的世间真君子。他的人格魅力已经对他周遭的人产生了影响和投射，他敦厚从容与人为善的品行，我在他太太和女儿身上都有感受。王教授依然活着，他只是换了一种活法，那就是永远活在亲朋好友的心里！

追忆王令愉先生

齐赵园

2017 年 11 月 12 日中午，惊悉王令愉老师因病医治无效不幸逝世，顿时我的眼泪止不住地流下来，内心悲痛不已，一连数日只要提起王老师便哽咽落泪。家人不太理解一位与我交往并不算太多的上海教授的逝世为何令我如此悲伤，我回答道："他是少有的好人，是真正的君子。"

12 月 16 日赴华东师范大学参加王令愉教授的追思会，在聆听了王老师诸位亲友、同事、同学、学生的发言后，我更加深切地感受到他的人格魅力。会后我对华东师范大学的肖琦老师说，非常羡慕她能有这样一位学识渊博、道德高尚的导师，人生得遇良师，是莫大的幸福！虽说今生我无缘跟随王老师学习，非常遗憾，但能结识这样一位谦谦君子、忠厚长者，已觉十分幸运。

2010 年 9 月我在中法历史文化研讨班上第一次见到王令愉老师，与王老师简短交谈，当他得知我不久后将赴法国攻读博士学位，便鼓励我努力学习，争取早日学成归国。当年的圣诞节我收到了王老师寄来的电子贺卡，点开后可以播放理查德·克莱德曼演奏的几首钢琴曲，今天我又重新点开这张贺卡，发现最后一首竟是《记忆》。敬爱的王老师啊，您可知道，您给我留下的记忆，对我产生了多么大的影响？

2015 年 9 月，我已博士毕业返回西安工作近一年，学院安排我承担法语专业法国历史文化方向相关课程的教学任务。我自知才疏学浅，要想把这项工作做好，需不断努力，补习历史学方面的知识。于是我想到了王令愉老师，我知道他是国内法国史研究专家，加之 2010 年曾与他有一面之缘，遂壮起胆子给王老师写了一封邮件，跟他谈了谈自己的工作情况，并提出了希望能在国内法国史研究专家们的指导下不断成长的愿望。十多天后王老师回信，他一开始即表达歉意，为住院手术未能及时回复我的邮件而自责不已。他将我的邮件转发给了法国史研究会的几位会长，并附上了个人推荐意见。2015 年 11 月 7 日法国史研究会理事会扩大会议通过了我的入会申请，我被正式吸收为会员，在此之后我与王老师的交往逐渐多了起来。

记得有一次我写了一篇关于法国一战后海外驻军问题的论文寄给王老师，请他提提意见，王老师非常认真地作了批注，并提出了十分中肯的修改意见，但他在邮件里说自己对论文所探讨的问题知之甚少，读后获益良多，所提意见仅供参考。从这件小事上，可以看出王老师不仅做事认真，而且为人谦逊。王老师对我的论文给予了充分肯定，对我这个刚刚转向历史研究的外语教师来说，能得到国内法国史研究专家的嘉许，内心无比激动，也坚定了我继续从事法国历史研究的决心。

2016 年下半年，我们学院拟邀请王老师来西安讲学，让我与王老师联系，当时王老师家里正在装修，暂居别处。但他一收到我的邮件后，马上给我回信，不仅慨然应允，还就讲座内容、讲座时间等问题与我协商，并一再声明讲座不要张扬，待遇上也无须过分认真。讲座事宜商量好后，我有幸在当年法国史研究会年会上与王老师又见了一面。

2016 年 11 月 4 日至 6 日，法国史研究会在温州召开年会，会议结束后研究会老中青三代一起去楠溪江游览，徜徉山水之间，一边欣赏秀美的风光，一边切磋学问。至今想起，其情其景犹历历在目。回到西安后，我将校园里飘落的银杏叶拍了几张照片发到研究会的微信群里，并附上了贾岛的诗句“秋风吹渭水，落叶满长安”。王老师就我的照片题了一首诗：“瓯江即渭水，鹿城亦长安。古今可穿越，落叶结诗缘。”此诗流露出王老师对即将开始的西安讲学之行的期盼。我一时高兴，大胆地和了一首：“浣纱楠溪畔，心涤怡情馆。长空雁字鸣，安得伯牙唤？”“浣心”二字契合王老师的微信名“浣心山房主人”，“怡情”是王老师一枚印章上的铭文，彼时王老师拿它作微信头像，“长安”二字不言而喻，我们在古都西安期待着他的到来。

11 月 14 日，王老师乘坐 G1924 次列车抵达西安北站，我去接站，隔着很远我就看见了王老师，不仅仅因为他个子高，更因为他与周围人相比，多了一分儒雅的气质。一路上我们聊了很多，王老师博学多闻，令我佩服不已，及至来到学校宾馆，我向他再次转达了学院有意请他下学期来给研究生授课的想法。本来我们是希望聘请王令愉老师为讲座教授，但他在10月份给我的邮件里婉拒了，他说自己一生只致力于教学与科研，对于讲座教授需承担的“国际交流”与“学科建设”工作既无经验也无兴趣。接着又说到可以不要讲座教授的名头，也不计较个人待遇，愿意为我们学院做些力所能及的教学工作。“君子喻于义，小人喻于利。”王老师淡泊名利，是一个诚恳实在的人、古道热肠的人，当今社会像他这样的人真的不多。14日那天王老师愉快地答应了我们的请求，并就课程名称和内容同我初步讨论了一下，谈话中他不经意地提到在体检中发现肝功能有些微异常，但估计问题不大，王老师看上去气色很好，很健康，我便也没有多想。谁料到一年之后，这样一位可亲可敬的老师竟溘然仙逝。

17日上午的讲座，题为《解读法国大革命(1789—1815)》，王老师通过对大革命中的事件、人物、历史文献、艺术作品等的介绍和分析，对法国大革命的发展脉络及其影响进行了剖析和阐述。王老师准备了很多内容，幻灯片图文并茂，讲解深入浅出，我院师生纷纷表示受益匪浅，但因为时间有限，王老师未能将准备的内容全部讲完，留下了小小的遗憾。但现在想起王老师当时在报告厅侃侃而谈，忘却时间的情形，我不禁感慨，这是怎样的一种师德啊，王老师堪当我们青年教师的楷模。上午的讲座结束后，学院领导给王老师赠送了《兰亭集序》拓本作为纪念，王老师显得很开心，一边展开拓本，一边背诵序文，可见王老师学养之深厚。

当天下午的讲座主要面向法语专业研究生，题目为《漫谈18世纪法国启蒙运动》，以主要启蒙思想家为线索，分析了启蒙运动的实质和意义。讲座同样获得了学生们的一致好评。

讲座结束之后，王老师在西安又逗留了几日，参观了市内的一些古迹和博物馆，到21日才乘飞机回上海。王老师是一个喜欢访古探幽的人，他向我问明唐代天坛的位置后，欣然前往陕西师范大学老校区寻找这个少有人问津的遗址，此事足见他对历史文化的热爱。

我们满心欢喜地期待王老师下学期来校授课，却不料天不遂人愿，2017年1月6日我收到他发来的微信，他的健康出了问题，医生建议治疗期间不要外出，王老师非常遗憾，无法如约来西安授课，在微信中他一再表达歉意。那年的春节和端午节我与王老师联系，虽然病情反复，但他一直保持着乐观的精神，相信会康复。中秋节，我给他发去祝福，收到的微信字数明显比原来少多了，后来我才知道那会儿他已病重，想到身体已极度虚弱的王老师为了礼数还坚持给我回信息，我的内心就特别沉重。他是怎样的一个人？他是一个始终以君子标准要求自己的人。现在一想到您，王老师，我的脑海里总会浮现颜渊说过的那几句话："仰之弥高，钻之弥坚……博我以文，约我以礼……"

王老师，虽然您已离我们远去，但您高尚的德操会永远留在我们心中，我会以您为榜样，做一个正直的人、一个真诚的人。

致敬爱的王老师

魏国琳

要写一篇小文纪念最敬爱的王令愉老师的想法已经在我脑中盘恒了许久，每次写上一点，总觉得有千言万语，断断续续不知如何去组织文字，才能表达好自己的心情。

算起来我与王老师的师生缘已有 19 年。我是王老师招的第一个、也是 1998 级唯一一个硕士研究生，从入师门之初起，他就给予了我极大的关心和期待，精心带教。由于我本科学的是法语，虽侥幸跨专业考取了研究生，历史的专业基础其实很薄弱。王老师安排我跟随他的本科生听课，有时课后，会对我进行一些小灶式辅导和提问，每次都布置我多看一些专业书。听王老师讲课是一种享受，他总能把艰深晦涩的欧洲思想家学说、令人晕头转向的法国大革命史讲得深入浅出、生动有趣。他经常说，教学相长，有时还会用法语与我交流日常生活和一些专业内容。

王老师是谦虚温和的，即使是感觉到我书读得少、思想史研究能力有限，他也和蔼地给我提出读书建议，鼓励我发挥好自身的优势，尽可能多看一些原版著作，为法国史专业研究多做些事情。写到这里，我顿时觉得很羞愧。那时的自己是多么浮躁！遇到很多问题绕道走，不感兴趣的史学著作时而就囫囵吞枣、翻几下不求甚解就告诉王老师我看完了。他一定是希望我能沿着学术之路走下去的，而那时的自己对未来发展根本没有方向、目标，随大流考取了公务员后就终止了学业。现在回想起来，有点愧对恩师的栽培。

王老师治学严谨，做任何事情都认真负责。我研二接近升研三时，在上海人民出版社工作的一位师兄找到他，希望承接翻译《市民社会》一书。我那时真是初生牛犊不怕虎，就向王老师保证接了下来。可后来越翻译越觉得难……正是王老师的宽厚体谅、鼓励肯定给予了我继续前行的力量。翻译到了后期，我毕业了，但我们依然经常通电话、发邮件，讨论著作的修改。后来还经历了原著版权过期、出版社调整等问题，王老师都积极协调解决，终于大功告成！现在回想起来，那是多么难忘的一段日子！我感觉到了什么是老师与学生的平等切磋、字斟句酌，什么是老师对学生的悉心带教以及兜底式帮助。

王老师是个大孝子，父母都高寿。照顾好两位老人家曾经是他要花很多时间和精力要做的事情。那时的他，几乎从不远游，也基本不参加任何聚会。在尽孝道方面，他一直被我们历史学系师生所称颂，堪为榜样。

我的儿子蔚蔚2003年春季出生后，曾经泪管堵塞，眼屎不断。王老师知道后，马上专门和师母一起来到我家，身为眼科专家的师母教给我一种按摩的手法，不需要做手术就解决了问题。这件事我至今记忆犹新。

令我感到自责、内疚、遗憾的是，毕业后这十来年，我去看望王老师、与王老师见面的次数并不多。工作忙、带孩子忙当然可以作为理由，王老师从来不会怪罪我，但说到底，还是自己的懒惰，以及觉得没啥事，今后反正有时间。2008年冬季，我曾组织师弟师妹们有过一次师门聚会，没想到竟成为仅有的一次。有些人、有些事，一旦错过就不再，从此天地两茫茫……今年春节后，我们曾共进晚餐，王老师还兴致勃勃地谈到新一年的讲学、旅行计划，没想到天妒英才，后来王老师所患的病来得那么突然，那么凶险。

每年的教师节、春节前，我们基本会通个电话，王老师每次接到我的电话都特别高兴，我们要聊很长时间。他向我讲述他的近况、师弟师妹们的情况，以及计划要做的事情。他还向我分享了他的旅行见闻，去西班牙、葡萄牙、雁荡山等地拍摄的照片。与王老师一起旅行一定是件收获感极强的事，他熟知中外各国人文历史，对很多文化艺术名人的典故也是信手拈来，为旅行增添文化气息。记得他与法国史学会同仁的欧洲之旅结束后，我们有过一次见面，他向我详细介绍一路的考察见闻，令我羡慕不已，很想日后找个时间同游，只可惜斯人已逝，再也不会有这样的机会了。

王老师是个温文尔雅的饱学之士，他是我心中最纯粹、有风骨的知识分子，是一个令我十分敬佩、几乎找不出缺点的教师。华东师范大学的校训是“学高为师、身正为范”，他正是这个样子。我时常在他面前自惭形秽，意识到自己学识的浅薄、思想的庸俗，以及做事的浮躁。后来与师弟师妹们交流时，他们都说有同感。

王老师从不盛气凌人，也从不花言巧语，恰恰相反，他是那么的低调质朴慈爱，淡泊名利，专心做人做学问，在这个花花世界，秉承知识分子的操守，为我们这群学生做出表率，给予我们温暖的力量。他不仅是我们学业上的导师，也是我们做人的导师。他的学识、品德、修养，将令我们终生受益。

师从王老师，是我今生莫大的荣幸。若有来世，若您不嫌弃，愿能再成为您的弟子。

敬爱的王老师，您将永远活在我们心中，永远不会远离。我们师门将更加团结，紧密陪伴在师母、凌霜的身边。

怀念我的老师

刘桂海

我是华东师范大学体育学院老师，经过一番曲折，2003 年考进华师大历史学专业，有幸忝列王师门下。因为我的教师身份，家也距离老师家较近，在枣阳路、金沙江路上，在校园里，经常遇见老师，与老师交谈机会非常多，也常说一些家长里短。有时候路上匆匆忙忙与老师打个招呼，晚上一定电话再叙。回忆与老师往来的点点滴滴，老师留给我更多的是教诲。

老师是一本厚书。因为我在职读书，不仅需要上课，也需要读书听课。老师一般先要等我的课程安排好，再排上我们的专业课时间，免得影响我的工作与收入。由于跨专业原因，老师在专业指导上更为关照。印象非常深刻的与老师讨论的话题有顾拜旦复兴奥运会问题、现代体育起源思想基础等，老师拓宽了我的思路与视野，使我受益匪浅。记得毕业论文选题准备写古奥运会内容，老师帮我牵线搭桥，联系专门研究古希腊史的孙道天老先生，老师带我登门拜访，我罗列好问题一一请教，老师也一直陪着我。老师在指导我写论文时，从段落到句子都一一旁注，提出意见，从不大而化之地空谈，这也为我指导学生树立了榜样。老师常与我讲一句话："我是体育外行，你写论文要让我外行读懂你的意思。"这句话一直鞭策我、鼓励我。现在这句话成为我指导学生的基本要求，成为我在审稿、论文答辩中常常说的一句话。事实上，老师对体育并非是外行，老师有自己独特见解，我一篇论文《回答：体育本质是什么》，老师提了非常中肯的意见，提升了论文的思想境界。这篇论文得到学界认可，包含着老师的心血。

老师是一道风景。老师经常从校园经过先锋路、枣阳路，到师大二村的家，高大身躯，手拎着黑色包，步履安详，与人打招呼必然停下脚步，举上右手，轻声细语，温文尔雅，“再见”之后必然转身目送。老师与人打招呼的一套礼节，一些因我认识老师的同事，无不赞赏。平时与老师电话叙叙事，后来发现，老师每次都等我先挂上电话，后来我提出要求老师先挂上，他才作罢。去老师家，离开时老师必然送出门。我外出开会、旅游，要带点土特产，老师都反复嘱咐不要为他带礼物，会影响行程，耽误事情。一件件小事，折射出老师的涵养与为人。老师孝顺父母在华师大二村最为有名，我认识的居委会工作人员无不夸赞。有一段时间，我常与老师一起照顾他父亲，家里阿姨告诉我，你老师脾气“世上少有”，“老先生”（老师父亲）百岁老人常常夜里无意识地喊人，你老师一喊就答，一夜要起床四五十次，这样下去肯定会吃不消的。在照顾父母上，我从来没有听过老师的一句怨言，老师自始至终，无微不至，任劳任怨地照顾父母，两位老人都是百岁高寿过世就是最好的证明。

在生病期间，老师让我不要惊动同门师弟师妹。后来，老师病情恶化，我才告诉大家。看见同门师弟师妹从四面八方过来，看见荣芳师妹来看老师时号啕大哭，看见田润师弟在老师昏迷中与老师轻言细语交谈，看见卫东师弟在老师弥留时紧拉老师的手，这一幅幅场景深刻在我脑海里，常与老师交往的点点滴滴的画面交织在一起，有时在梦里，有时候在一个人独处时，不由自主地呈现出来。怀念我的老师。

忆恩师王令愉教授

盛文沁

恩师王令愉教授于11月12日离世，至今月余，每每想起师生相识、相交的点滴往事，既暖且悲，难以忘怀。

我是17年前被历史学系专门史专业录取，成为王老师的研究生的。进校之时，对欧洲思想史懵懵懂懂，只凭着对“自由、权利”的微末的情怀而来。王老师领着我们进入这宏大深邃的殿堂，用严谨、认真、深邃、平实的学养，和通透的悲悯情怀，给我们讲解分析从洛克、伯克、霍布斯、托克维尔到密尔等人的思想，锻造我们的学术兴趣和志向。我尤其记得王老师与我们一起精读欧洲思想家的原典，逐字逐句，师生之间问答、质疑、释义。一堂课下来，很多“想当然”，或囫囵吞枣咽下去的观点说法都能看出新的问题出来。

“知行合一”，学术研究与道德人格在王老师身上是完美契合的。正因如此，他才能在所有学生心中占据最崇高的位置。

王老师是君子如玉、品性高洁之人，对待我们学生也非常平等、有礼，坚守师德，是我们心中最敬爱的老师。王老师淡泊低调，我做学生之时，从未和他吃过饭，我想这大约是他对自己的一种要求。课后，就是在教师节等节日里，我们一班思想史、法国史专业的师兄弟、同学一起去王老师家坐一坐、聊聊天。那时的温馨场景记忆犹新，我们从师大三村到二村，一路去洪波老师、尤天然老师、王老师，还有李老师家里，叽叽喳喳，吃了不少巧克力、水果。但这些学生时期少许的私人交往一点也不影响我们对老师的敬爱、老师对我们的关爱。我和刘琛2003年硕士毕业的时候，王老师请他的朋友为我们制作了印章，以作纪念。收到礼物的那一刻是绝大的惊喜。14年来，这枚印章一直是我的珍藏之物，每次搬家都要首先放置好。毕业之后的14年里，我倒是有时与老师相约吃饭聚会了。王老师关爱学生,处处有心。我结婚之时,他请书画界朋友作画,赠与我。我每年大年三十白天会给他打电话,向他拜个早年。有一年大年三十早上,他给我打电话,说春节要出门旅游,恐我打电话到家里没人接听,于是先打个电话告知一下,并给我拜年。这是一件小事,却是我铭记不忘的。

王老师对学生太体贴了。至今每每想起,令我,也令我们一班学生难过的就是,他在与病魔抗争,辗转京沪两地看病的时候,硬是不让学生知道。直到老师今年6月入住长征医院之时,刘桂海师兄才忍不住告诉我们几个人老师的病情。而王老师还多次嘱咐桂海师兄不要告诉我们。为什么?他想到的是,有的学生要出国开会,有的学生要照顾小孩,学生们都工作繁忙,不要去打扰他们!暑假时,我们陆续看望过老师。从师母、凌霜和桂海师兄那里,我们得知王老师的身心备受折磨,十分痛苦。可是在我们学生面前,他从来都是从容、镇定、乐观的。他如此低调,总是想着别人,我们学生才有这么多遗憾、懊悔,后悔没有多去看望他。当老师陷入昏迷躺在医院里的时候,我们去了,去了好多次,在外地工作的师弟师妹们也都赶来,我们久久地在病床前,在病房外守着,祈祷他清醒过来。可是,老师已经不知道了,不知道他的学生都来过,不知道我们带着无尽的爱戴、依恋、不舍而来,他也再不会醒来看我们一眼,再不会用他那顿挫有力、温文儒雅的声音叫我们每个人的名字!

2017年11月12日12点50分,这个时刻让我们学生的世界变了。在此之前,我们有爱戴的老师;在此之后,我们失去他了。我是第一次直面生命中一个重要人物的离开的全过程,我不知道我的同门是否如此。那一天我们环绕在老师的床前,倾诉对他深怀的爱戴之情。那是我们学生一直想对他说的,却以为以后还有大把时间可以说,或者是心里害羞,故而一直没能说出口的。那一天,死亡不令人恐惧,它是悲伤、是告别,有最温暖的陪伴和最炽烈的告白。

文字其实无力,哀思却也无尽。在求学、求知、成长的过程中,有王老师这样的导师,以思想为启蒙、以人格为垂范,是我们学生之大幸;王老师有我们这班学生,是欢喜还是不甚满意呢?现在我们也无从得知了。老师走了,留给我们的除了刻骨铭心的学术教诲与师生情谊,还有他对我们的期望。我们能做的就是尽力地奋斗、工作、生活和做人,不辱他的名誉,不负他的期望。

老师的研究生中,有一些继续从事学术研究,还有一些是中学老师,教书育人,还有在政府机关工作的。老师去后,师兄弟们互相安慰,田润师弟写了一句诗:"依师行止自端正。"不管从事何种工作,都要继承老师的道德人格,这是我们纪念他的最好方式。

怀念王令愉老师

王　骁

震惊！突然！令愉老师走了，回忆点点滴滴，不争气的眼泪就落下来。

我读初一的时候，令愉老师来二附中代课，他讲课生动幽默，吸引着大家的目光，以今日之见，未必是某些中学教育教学专家说的好课，鲜有互动和讨论，但真的是很吸引学生的课。我读高一的时候，令愉老师又来二附中代课，依然那么风趣幽默，学识渊博，因为他姓王，又和我父亲一样戴着眼镜，头发半黑半白，我又是历史课代表，同学们误以为他是我父亲。多年后，令愉老师也很喜欢回忆那段代课时光，还念念不忘说要问候我的父亲，因为他代课时候使用的办公桌就在父亲办公桌的正前方。

读了大学，我慢慢了解到令愉老师的研究方向，知道了他们家两代家学渊源，其实令愉老师的书并不多，但他课上得好，深受学生欢迎。读研究生时，我的专业是历史社会学，他是专门史(西方思想史)的导师，但我每次不落地去蹭课，所记笔记至今有用，课前他会说骁公子你的博客(百度空间)我关注了，很有意思，课后他会问我，王骁，今天讲的你有没有困惑的？我曾写过一篇有关五月风暴的文章，登载在自己的博客上，他看了后还给了我颇多鼓励。

毕业拍照那天，所有学生和系里老师都已经站好了位置，照相师傅问系领导怎么还不拍。原来是有学生骑自行车接令愉老师过来，当他出现时，响起了雷鸣般的掌声。

我太太是这本《法国大革命史(1789—1794)》的责任编辑，令愉老师在此书再版过程中对出版工作的支持让我们一直铭记在心。

偶尔碰到令愉老师，会去华东师范大学食堂和枣阳路蔡先生一起吃一点,他得知我在二附中工作很高兴,原来他也是二附中 20 世纪 60 年代的校友,我说,我能喊您老学长么? 他听了眯起眼睛笑起来。

11 月 22 日我要开公开课,备课时很不安稳,现在我反而平静下来,也许这课又多了层神圣的意义,为了恩师令愉老师,纪念一位深受学生爱戴的好老师,愿他一路走好。

怀念我的老师

肖　琦

老师的离开,就像空气中突然缺少了氧气,走在校园的小道上,我感觉得到自己的呼吸。生活如常,可是心里空荡荡的。这个冬天,冷得太早。

老师两年前查出身体指标有异,我们都觉得这也许是现代人常有的亚健康状态,并未感到严重。仔细说来,这四五年,应该是老师一生中最为快乐的时光。2013 年他受邀去法国人文之家基金会交流访问,在那里从容逗留参访一月有余,将他教授了一生的法国史中所记载的名胜古迹一一化为亲见。端木美教授说,老师在父母在世的时候,因为父母在,不远游,曾经多次放弃这样的访问机会。送走了两位百岁老人,老师开始有机会去看一看这个世界了,他去了法国、英国、土耳其、伊朗、希腊、朝鲜等许多国家。老师有一张照片,是与师母在外旅行时,双手各拖着一个拉杆箱,脖子上还挂着一个小包的模样,实在有点儿可爱。那就是理想中爱情的模样吧。妻贤女孝,还有着对大千世界无穷的好奇和向往,老师本该拥有一个多么美好的晚年!今年 5 月 8 日,我们去老师在松江试住的养老院探望游玩,当时还想,先来认认路啊,以后当来这里看老师了。不想,这竟成了与老师最后一次出游。

第一次听到老师的名字是在大学一年级的时候。学长们来宿舍里指导我们学习,论及系里的老师们,说到其中有一位,“永远拿着一个蓝色的水杯,裤腿永远不长不短,正好在皮鞋跟上方,走路一阵轻快”。对老师有更多的认识,是在上了他的课后。老师继承了王养冲先生与陈崇武先生的学脉,专治法国史与西方近现代思想史。他在历史学系为本科生和研究生开设“西方近代思想史”“西方名著导读”“大革命史前沿研究”等课程。老师上课时,对知识点的讲授总是条分缕析、深入浅出、语速适中,用词精炼典雅。上过他课的学生无不感叹他对“授业”的严谨态度。课堂上,具体到专有名词的外文原文,外国人名的原文与中文译名,他都会一一标注在黑板上。老师于语言文字上尤有“洁癖”。师弟师妹们不会忘记老师的一次“发火”(事实上,我见过老师“严厉”批评人的次数不会超过 3 次),原因是他们把某位著名外国思想家的名字写错了。老师还为此专门编写了一份长达 50 多页的《容易写错的字》的文档。后来师弟做了老师,说他愈发能理解老师了。记得有一年学校古籍所 30 周年所庆,老师读到由刘永翔先生执笔撰写的一份邀请函,极为喜欢,特意发给我欣赏,他感叹说“措辞行文何其典雅工丽,远在一般俗人之上”。我对于这些优美的词句不能全懂,但总想着以后尚有许多时间向老师慢慢请教。从本科三年级开始追随老师写学年论文、毕业论文,然后是硕士论文,那些被老师大片大片修改,写满批注的文章至今还珍藏着。博士毕业后,我自己也成了教师,偶有文字、教案,也常发给老师过目,仿佛他看过,就是盖上了质检合格章。老师仍然逐字逐句地修改,有些问题是从学生时代就延续至今的“积习”,他不厌其烦地帮我改正。在老师的面前,我觉得自己永远没长大,永远是他的“小朋友”。

老师的学问是家学渊源,中西贯通。每当看到老师与知交同好的诗词唱和,我总是自觉惭愧。他们那代人的学养之深厚,是我永远无法企及的。老师最爱王羲之和郑板桥的书画,他名片上印着的王令愉三字,是从王羲之的书法作品库中择选出的字样。师大二村家中的客厅墙上曾常年挂着郑板桥的诗句。板桥君的碑碣“布衣暖、菜根香、诗书滋味长”被老师用来当作微信签名。我还多次听老师提及启功先生的墓志铭——“中学生,副教授。博不精,专不透。名虽扬,实不够。高不成,低不就……”从老师喜欢的这些诗句中,能看出他豁达的心境与高贵的品格。近几年不时有机会与老师去看一些展览。印象最深的一次是去静安嘉里中心附近看国画展览。我以前只知道老师精通古典诗词字画,却不知他对当代国画画家也是如数家珍,好些画家都是他从青年时代就开始关注的。

“君子博学于文,约之于礼。”老师尊礼。在很长的时间里,他在写给我的邮件中,都是用您来称呼。后来似乎找到了一个变通的方式,就是叫我的微信名(法语名),这样随着网络语言的惯例,可以自由些。老师对礼的恪守,直至病魔缠身时都不曾忘记。7 月底,在老师第二次住院化疗期间,我有一天向师母申请要去医院陪护。上午 8 点半,我赶到病房,老师已经端坐在床的一侧。他告诉我,医生来查过房了,并说“我待会儿如果累了,可能就会睡过去,不能和你说话,要失礼了”。老师当时承受着化疗和疾病带来的巨大痛苦,心心念念的却还是“失礼”一事。他用一生在诠释着“文质彬彬,然后君子”这句话的含义。

我入师门也晚,印象中师门从未组织过聚会(魏国琳师姐告诉我,有过一次,也仅此一次)。但是在老师最后昏迷的这段日子里,学生们纷纷从全国各地赶来看望。小师妹得知老师病危的消息后,转了一下午的车到上海,默默地在病房外放了一束百合花。老师当辅导员时带的学生们也来看他。在沪的师兄们下班后赶过来,一个个男子汉,眼睛都红红的,看着让人心疼。他们在老师清醒的时候没机会,也未及来见他,在他昏迷的时候,都想来守在他身边,做些什么。师母说,老师偶尔醒来,还曾表示“不该让学生来”。老师一生都不愿麻烦他人,可是他的言传身教,他的正直善良,他的君子之风,为师之道,让我们这些学生看到了世界上还有这么美好的一种坚守,一种理想中老师的模样。大家都说老师是真君子,说他“君子能弘道”。师兄说“惜无文才祭吾师,依师行止自端正”,学生们不才,但都愿意按照您的模样,做一名好老师。

罗曼·罗兰说,生活中只有一种英雄主义,那就是在认清生活真相之后,依然热爱生活。老师就是那么一个人。老师的女儿凌霜曾经组织过一次活动,那次,我和老师、师母一起去看了巴黎木十字童声合唱团的演出。我一直觉得老师的内心里住着一个小男孩。我看过一张老师的幼儿园毕业照,记得当时第一眼就从照片上认出了他,就是那样一个英俊的、懵懂孩童的模样。老师少时历经了生活的磨难,却能在此后一直保有一颗童真的心。有一年夏天老师要出远门,电话里说及行前准备。老师说,“我正在把家里的短袖衫都洗了,挂在阳台上晒,看哪件干得快,就带哪件出门”。多么珍贵的童心!我与老师,还有另一位同为老师学生的朱伟明老师有一个名为“三人行”的微信群。老师虚怀若谷,他常常称我和朱老师为“三人行”之“必有我师”。虽然他的法语为王养冲老先生亲授启蒙,但遇有不确定的地方,还是愿意征询朱老师的意见。今年 3 月我们三人一同去看尔冬强先生的《丝绸之路——法国汉学家在中国》展览,行前在南站的必胜客用午餐。老师对吃食从无讲究,但跟我们在一起时,也愿意随着我们"胡闹",不时去吃点我们眼里的美味。记得那次我们尝试了榴莲比萨,老师也是第一次吃,我们担心他吃不惯榴莲,不想他吃过一口后说"似乎不难吃"。我们的小聚基本奉行 AA 制,他总是付现金,见我们都用手机转账付款,不免好奇。终于有一天,他高兴地告诉我们,霜霜也给他的微信绑定了银行卡。我们说,那您下次也可以转账付款了。老师对新兴的事物,都有一种开放的心态,他坚守德行,恪守礼数,但并不守旧。老师始终不能"与时俱进"的一件事儿,大概是喝酒。他自己回忆说,20 世纪 70 年代中期还在街道工作的时候,有一回被差遣去市里办事,天太热,他在一个地方要了一壶"酸梅汤",一口气喝下去,觉得不太好喝还头晕,事后才知道那原来不是酸梅汤而是啤酒。从此以后就与酒无缘。不过他近两年倒是小小地对酿制葡萄酒产生了一点兴趣,还为此搜集过很多中外文资料,研究葡萄酒的营养价值。这就是我的老师,始终对大千世界充满了孩童般的好奇,始终拥有一颗赤子之心。

写老师太难,千言万语说不尽。这么多年来,在我的心中,老师早已是如师如父般的存在。遇到问题拿不定主意时,首先想到的是问问老师的看法。有开心的事,想着立刻向老师汇报,让他高兴。不开心的时候,也会在老师面前泪流不止,难以掩饰。老师心境高远,处事平和。但遇到问题时,他会坚定地告诉我,这是对的,这是不对的。在法国读书进展不顺利,老师鼓励我多向其他同在法国有着留学经验的学长们请教。妈妈生病,老师和师母帮忙联系医生和医院。我扭伤脚不能下床,老师一个又一个电话打来,教我如何恢复。我要买房,老师请来在房产公司就职的学长为我提供建议。老师一直想成为我们的依靠,为我们解惑,却从来不曾要求过任何回报。这些年,唯一能够为他做的一些事情,大概就是帮他这两年在编纂的陈崇武先生与王养冲先生的文集核对一些资料的出处。即便是这么一小点工作,他也唯恐给我多添麻烦,他知道我们这些"青椒们"有忙不完的事情。9 月底,老师在微信里说,想请我去把老先生的档案看完(前几年曾经看过一部分,后来不知怎么就中断了)。我当时意识到这是老师的心愿,得赶紧做好,于是立刻联系相关部门,办好了查档手续。但是 9 月 30 日去老师家中探望时,得到了各项指标都恢复正常的好消息,一时满心欢喜,加之十一长假过后,各种事情纷至沓来,查档计划就暂时搁置了下来。11 月初正想着要赶紧去办这件事,4 日就接到刘桂海师兄的消息,老师住院昏迷。

老师走得那么匆匆,一定是累极了,痛极了。他昏迷时,我在他病床前和他说话,分明看见他眼角流下的泪水。他知道,什么都知道。老师总想着为我们解惑,他自己却还有太多太多的未解之惑。老师一定是去到了一方净土中,在那里继续谦谦君子,逍遥神仙。

毕业求职的时候,曾请老师写过一封推荐信。他在信上写下的第一句话是"我认识肖琦同学已有十二载"。十二年实在太短,我还有太多的东西想跟老师学习,他的为师之道,君子禀性,赤子之心,就像和煦的春风般,温暖宁静,给我力量。老师,您会在那里看着我们的吧。

2017 年 11 月 19 日

人生如此，不知说言

——悼王令愉老师

刘　晖

昨天见到讣告，震惊多过来不及的悲伤。我以为还有好多时间可以和您同行，还有好多机会可以相遇，还有好多个教师节、春节可以电邮递上对您的问候，等来您最新的消息。

当我打开邮箱，翻看着150多份我们往来的邮件，此去再无增减，不觉恍然，这已是告别。

于是，我忍不住提笔。为您的一生拼凑一块小小的图景，带给更多认识和不认识您的人，展现一个真正老师"可爱可敬"的风仪。

本科时，我一心梦想参加联培去法国读书。寻遍历史学系，那时只有您真正专攻法国史方向，加之您的温和与严谨，于是保研时，我毫不犹豫地选择您作为导师。只是没想到一年后，您不得不退休，我就这样成了"关门弟子"。想起仍不禁莞尔，算不算一个被门夹住的关门弟子呢？

一晃行将毕业，梦想随风去，2012的冬天我犹有不甘地奔走于各大招聘会场，您在邮件里问我："工作的事情解决到什么程度了？念念。"当年教师节，做了中学老师的我第一次收到学生送的贺卡，我说这种变化让我觉得既新鲜又惊喜还有些困惑。您说："你我都是教师呢，我们同健康同快乐。学生祝贺你，是他们的心意，接纳它，也要对得起它才行。"

老师啊，"对得起它"这句可一点都不简单。

入职初期，面对身份的转变，有时我也会钻牛角尖。您告诉我："在学校上班的年轻人，难免'忙忙碌碌'。学会自得其乐，让生活轻松多彩才有益身心。"可是老师，我觉得我已经过劳肥了，于是您在邮件的最后PS了一下，"胖不是很好的事情,要控制”。

老师啊,您一本正经的提议好难。

您每次来邮件都会分享一些退休后的近况,于是我知道您这几年行了好多路。去了新疆和西藏,去了曼谷和清迈,去了西安,去了土耳其和伊朗。有一次春节您说,刚从北方回来,十几天里“时而云淡风轻,阳光明媚,时而雨雪交加,寒气逼人。人生也是如此。至今,书尚未读到‘万本’,路却一定过万了。走走看看,只要不太疲劳,兴味盎然”。

人生也是如此,人生当是如此。我极喜欢这段文字,认真抄下来像小学生一样贴在办公桌上。去年春节,您终于说哪里都没有去。“只在家宅着。退休之后,活动时间可以与人们相反,大家上班了,我再外出也不迟,还不那么拥挤。”

老师啊,您前几年春节可没少往外面跑,这才发现门道。只是如今,那么远的地方您一个人去干吗呢?

今年春节您的邮件里分享了一方“启程日利”的印章,等我把它刻出来。

我结婚,您说:“男大当婚,女大当嫁,双方合意即是好姻缘。促成双方结合的缘分很重要,水到渠成,互相珍惜,互尽责任,幸福一生。”我当恪守。

至今最后一封邮件中,您说几个月来是有些不适,遵医嘱治疗,自己觉得在好转中,只是恢复比较慢,只得安心对付。

不曾想到,再听闻您的消息是讣告。

那个一句句修改我论文句读的老师,那个在地铁站偶遇却在细察文明公告栏上是否有错字的大教授,那个多次相邀我们碰碰面的先生,如今再碰不见了。

老师,您的博学、严谨、谦逊、宽容、豁达早已刻在了我和所有您学生共同的记忆里了。老师,您一定不知道,每次向您寄邮件,我总是反复修改格式、句读和文字,怕您“责罚”。

如今,语无伦次,不知所言,不知所言。

2017 年 11 月

忆王令愉先生

李云逸

11 月 12 日上午,巴黎的雨倾盆地下着。在宿舍做完早读,我翻看手机,师友的朋友圈都是同一个内容:王令愉先生已经仙逝。我的心咯噔一下,最近还与先生有邮件联系,实在不敢相信也不愿相信先生已经离去。我矗立许久,望着窗外,只听见雨滴敲打玻璃的声音,悲伤侵袭,往事历历在目。

初识先生是在 2008 年的经典文献导读课上。当时还是 2007 级本科生的我被先生清晰、有条理而不失幽默的讲课风格带回到了那个风云激荡的欧陆变革年代。在先生的课上,我第一次体会了近代法国启蒙运动的思想基础,也理解了卢梭的《社会契约论》对 1789 年大革命所带来的深远影响。至今仍忘不了先生为解释卢梭理论体系在黑板上画的那几个圈圈,忘不了商务印书馆的《社会契约论》在师大校园里的“洛阳纸贵”,也忘不了同学们一起刷网以期能选到先生的选修课的日子。那时的先生是谦谦君子,温润如玉,成为了我们 2007 级心目中知识分子的理想形象。

先生治学处世认真严谨,让我印象深刻。2010 年,我邀请先生为青年史学社作一次关于法国启蒙运动的讲座。从选题到讲稿再到幻灯片的制作,每一个步骤先生都和我认真讨论,以便能让讲座达到最佳效果。先生讲稿上布满注释,俨然一篇正规的学术论文。在此之前,我只听学长学姐说过先生对论文的每一个出处都严格把关,容不得半点错误。而对待一篇讲稿也能如此,我被先生的严谨与认真之风深深地震撼与折服。后来,先生的那场讲演成为 2009—2010 学年青年史学社最为出彩的活动之一。

本科毕业后,我进入了师大的中法班学习,为到法国留学做准备。我和先生经常交流。我们聊历史,聊文化,聊学习与生活近况。先生对我在法国的学习提供了宝贵的建议。每次听到我取得一点成绩，先生总是夸奖和鼓励我。先生也十分关心我们留法的师大学子，总是问起我们在法国是否安好，并时常在来信中回忆起他的法兰西岁月。上月的联系，先生并未提及自己身体的异样，谁能想，当再次得到先生的消息时，竟然是晴天霹雳。

斯人已逝，松柏常青。先生在课堂上的声音仍在耳边回响、在记忆里飘荡。先生的音容笑貌依然在心里、在文章里年轻。

先生，走好！

此时，巴黎的雨不停地在下。

2017 年 11 月 12 日于巴黎

虚怀若谷　温润如玉

——悼王令愉老师

虞　洪

王令愉老师是我学年论文和毕业论文的指导老师，如果说所有上过王老师课的同学都能感受到老师的博学儒雅，术业精进，虚怀若谷，温润如玉，那有幸作为被王老师指导论文的学生，更加能体会到老师的治学严谨，又处处为学生着想的亲切随和。

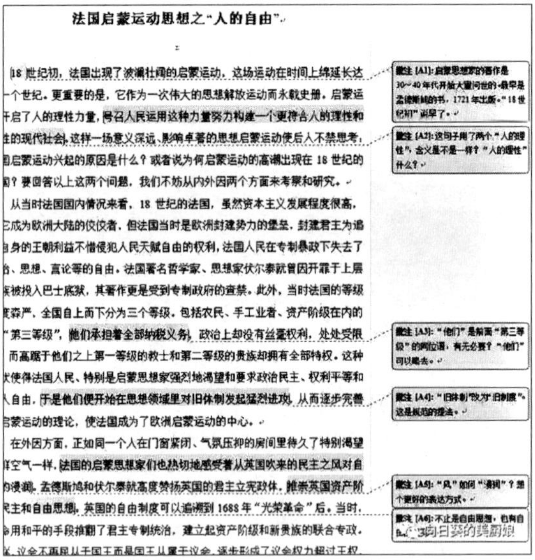

法国启蒙运动思想之"人的自由"

18世纪初，法国出现了波澜壮阔的启蒙运动，这场运动在时间上绵延长达一个世纪。更重要的是，它作为一次伟大的思想解放运动而永载史册。启蒙运开启了人的理性力量，号召人民运用这种力量努力构建一个更符合人的理性和性的现代社会。这样一场意义深远、影响卓著的思想启蒙运动使后人不禁思考，国启蒙运动兴起的原因是什么？或者说为何启蒙运动的高潮出现在18世纪的国？要回答以上这两个问题，我们不妨从内外因两个方面来考察和研究。

从当时法国国内情况来看，18世纪的法国，虽然资本主义发展程度很高，已成为欧洲大陆的佼佼者，但法国当时是欧洲封建势力的堡垒，封建君主为追自身的王朝利益不惜侵犯人民天赋自由的权利，法国人民在专制暴政下失去了治、思想、言论等的自由。法国著名哲学家、思想家伏尔泰就曾因开罪于上层族被投入巴士底狱，其著作更是受到专制政府的查禁。此外，当时法国的等级度森严，全国自上而下分为三个等级，包括农民、手工业者、资产阶级在内的"第三等级"，他们承担着全部纳税义务，政治上却没有丝毫权利，处处受限而高踞于他们之上第一等级的教士和第二等级的贵族却拥有全部特权。这种状使得法国人民、特别是启蒙思想家强烈地渴望和要求政治民主、权利平等和人自由，于是他们便开始在思想领域里对旧体制发起猛烈进攻，从而逐步完善启蒙运动的理论，使法国成为了欧洲启蒙运动的中心。

在外因方面，正如同一个人在门窗紧闭、气氛压抑的房间里待久了特别渴望鲜空气一样，法国的启蒙思想家们也热切地感受着从英国吹来的民主之风对自的浸润。孟德斯鸠和伏尔泰就高度赞扬英国的君主立宪政体，推崇英国资产阶民主和自由思想。英国的自由制度可以追溯到1688年"光荣革命"后。当时，命用和平的手段推翻了君主专制统治，建立起资产阶级和新贵族的联合专政。

批注 [A1]: 启蒙思想家的著作是30～40年代开始大量问世的，最早是孟德斯鸠的书，1721年出版。"18世纪初"说早了。

批注 [A2]: 这句子用了两个"人的理性"，含义是不是一样？"人的理性"什么？

批注 [A3]: "他们"是前面"第三等级"的同位语，有无必要？"他们"可以删去。

批注 [A4]: "旧体制"改为"旧制度"，这是规范的提法。

批注 [A5]: "风"如何"浸润"？想个更好的表达方式。

批注 [A6]: 不止是自由思想，也有自

王令愉老师在虞洪毕业论文上的批注

王老师有着谦谦君子的大师风范。犹记得，我的论文从提纲到正文，过程中几易其稿，王老师每次都是第一时间回复邮件，逐字逐句修改论文，细化到句读，翔实到注解，并不断给予我以写作思维的启发拓展、提醒我以历史资料的求实求真。阅读着凝聚王老师心血的一段段论文批注，我感到十分汗

颜，也就此更加认真严谨地对待我的每一篇学术文章，这也正是王老师言传身教对我的影响。

王老师有着心系学生的慈父情怀。犹记得，那时撰写毕业论文正值求职的繁忙之际，因此我把写作的"战线"拉得有点长。王老师知道这一情况后，经常鼓励我，每次邮件回复论文修改内容时都不忘关心我的求职情况，及时告知我系里关于论文提交、答辩的进度要求，令我倍感温暖。

这两天，同学们都在回忆着与王老师有关的点滴。我们都惊讶地发现，毕业若干年后，王老师依旧记得学生毕业时送的"甜到心里"的巧克力，依旧在路上偶遇时能认出学生们，依旧记得我们曾经跟他汇报过的工作单位……就像文倩说的那样："这件事真的很厉害，第一是因为，其实每一个学生对他讲的话，他都会当成极其重要的事情来对待，不是只有我，是真的每一个！"是的，是真的每一个学生！

王老师告诉过我，生活中蕴藏着美好，等待人们去发现和享受。这样一个充满生活情趣、可爱可敬的老师，怎不叫学生们喜爱和思念呢！

难忘恩师，永存师恩！

2017 年 11 月

此去经年，应是良辰好景虚设

——悼王令愉老师

朱文倩

比起我的同学，比起我的学长，我好像和王老师在专业学术上并没有太多的交流，我也自知在专业领域真的没有什么造诣，不敢主动和老师亲近，不是害怕老师责怪，而是害怕辜负老师的期望，不知道这一刻意的保持距离，是否已经辜负了老师的善意与关爱。

大概是我眼瞎，没有在第一时间喜欢上老师的风度、学识和品格，但是突然有一天，我茅塞顿开，不可自拔地喜欢上老师的说话方式、他饱含深情但又内敛平静的陈述方式、他谦逊平稳又带着律动的行走步伐，还有他暖得能让每一个学生都觉得自己是他最重要的学生的那种平易近人。就像小侠说的那样："明明不喜欢法国，对思想史也苦恼到不行，但一遇到王老师的课就会铆足劲认真听讲、努力消化！"

然后我把我小迷妹般的热情，写在了博客里，写在了人人里。现在也找不到写在了哪里。然后有个要好的学长，把这段文字告诉了要好的王老师，后来王老师有一天在课前，就来认识一下这个小迷妹到底是谁了，从此以后，只有这一次交谈，他就记住了我的高中、我的家。

这件事很厉害，第一是因为，其实每一个学生对他说的话，他都会当成极其重要的事情来对待，不是只有我，是真的每一个！第二是因为，这世界能记住我高中的人，大概真的不多！

我努力想多找一些和老师有关的记录，但是如果记录是为了告别的话，那我宁可不要了。

王老师：
您好！
莺飞草长，春暖花开～
我们05级历史系的同学也即将告别生活学习了四年的大学校园，在这宝贵的四年中，您给我们上过的“外国文史原著导读”、“西欧文化专题研究”、“世界近代史问题探讨”都给大家留下了深刻的印象。您的谆谆教导、翩翩风度、渊博学识都将成为我们永恒的记忆！
在此，我们真诚地希望您能在百忙之中抽出时间给我们这届毕业生留下一份**毕业寄语**，您的一字一句都是对我们莫大的激励和鼓舞，我们将永远铭记在心！
最后，再次感谢您对我们的关心和爱护～
我代表05级全体同学祝您身体健康，一切顺利！
学生：朱文倩
2009年5月22日

文倩：再发一遍。稍有改动。注意第二行“睡觉”该读“睡 jue”，即睡醒。不是“睡 jiao”。　　王令愉

闲来无事不从容，
睡觉东窗日已红。
万物静观皆自得，
四时佳兴与人同。
道通天地有形外，
思入风云变态中。
富贵不淫贫贱乐，
男儿到此是豪雄。

北宋程颢（明道先生）谓，“学者须先识仁。仁者浑然与物同体，义、礼、知、信皆仁也。识得此理，以诚敬存之而已，不须防检，不须穷索。”（《遗书》卷二上）　谨录其《偶成》与诸毕业同学共赏。

王令愉 二〇〇九年初夏

朱文倩同学：
请看附件。我把文字稍改动了一下。对“睡觉”一词作了说明。晚安。
王令愉 5 - 26

朱文倩同学：请看附件。在一张纸上有上、下两部分，内容是一样的。上面是简体字，下面是繁体字。你们爱用那部分都可以。这样的内容行不行？
收到请回复我。谢谢。
王令愉 5 - 25

朱文倩同学，
刚看到来信。前些日子我收到过一封。我曾回信问，如果有几句话写在哪里呢？是写在纸上交给你吗？☺ 我很愿意从命。
晚安。
王令愉 5 - 22

毕业的时候，请王老师给我们这一届学生写点寄语，老师真的真的很认真地准备了，一来一回地好几封信，确保寄语及时送到。

特别想回到从前，把没有认真听的课再重新听一遍，把认真听的课再好好看一遍。特别想回到从前，把不好意思叫你的时候都重新倒带一次，认认真真叫你几次。

2017 年 11 月